U0925968

王阳明全集

全译本

石玉　译著

三

天津出版传媒集团
天津古籍出版社

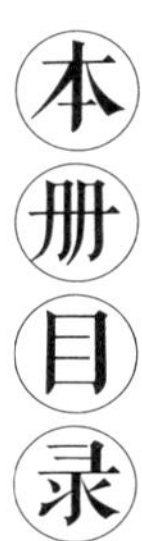

本册目录

卷之九　别录一

卷之十　别录二

卷之十一　别录三

卷之十二　别录四

卷之九　别录一

奏疏一

陈言边务疏

弘治十二年时进士

迩者窃见皇上以彗星之变，警戒修省，又以虏寇猖獗，命将出师，宵旰忧勤，不遑宁处。此诚圣主遇灾能警、临事而惧之盛心也。当兹多故，主忧臣辱，孰敢爱其死，况有一二之见而忍不以上闻耶？

译文

近来，我私下听闻皇上因为彗星的出现而警视防备，反省更正自身；又因敌寇凶猛放肆而诏令出兵镇压，日夜忧心勤勉，没有安宁的时候。这实在是陛下见到灾异能及时警醒、遇到祸事能谨慎处置的英明之处。当前正处多事之秋，主上忧虑，臣子也感到耻辱，怎能贪生怕死，况且有几点见解却忍心不禀告陛下呢？

臣愚以为今之大患，在于为大臣者外托慎重老成之名，而内为固禄希宠之计；为左右者内挟交蟠蔽壅之资，而外肆招权纳贿之恶。习以成俗，互相为奸。忧世者谓之迂狂，进言者目以浮躁，沮抑正大刚直之气，而养成怯懦因循之风。故其衰耗颓塌，将至于不可支持而不自觉。今幸上天仁爱，适有边陲之患，是忧虑警省、易辕改辙之机也。此在陛下，必宜自有所以痛革弊源，惩艾而振作之者矣。新进小臣，何敢僭闻其事，以干出位之诛？至于军情之利害，事机之得失，苟有所见，是固刍荛之所可进，卒伍之所得言者也，臣亦何为而不可之有？虽其所陈未必尽合时论，然私心窃以为必宜如此，则又不可以苟避乖剌而遂已于言也。谨陈便宜八事以备采择：一曰蓄材以备急，二曰舍短以用长，三曰简师以省费，四曰屯田以足食，五曰行法以振威，六曰敷恩以激怒，七曰捐小以全大，八日严守以乘弊。

译文

微臣认为，当下的主要弊病在于大臣对外假托慎重老成的美名，私下里却谋划着巩固俸禄、博得宠幸；内侍近臣在内拥有盘根错节、只手遮天的权势，在外却大肆招揽权臣，收受贿赂。朝臣争相效仿，成为风俗，共成奸恶。忧心时世的人被称为迂腐狂傲，进献忠言的人被视作轻浮急躁，阻碍压制坦荡刚正的习惯，培养形成胆怯守旧的风气。因此朝廷衰颓凋敝，将达到不能支撑的程度，自己却毫无察觉。幸好现在上天有仁爱之心，恰好遇到边境的危机，这是我国忧心自省、易辕改辙的良机。这对于陛下来说，必须要有革除弊病源头，惩治奸恶，奋发图强的作为。微臣是新上任的小官，不敢越礼谈论此事，甚至引来杀身之祸。不过谈到军事情况的利弊、政策大事的成败，假如有所见解，就是割草采薪的樵夫、士兵走卒也能提出观点，微臣又有什么不能说的呢？虽然微臣所陈述的不一定合乎当前的论调，但私心里认为必须进言，不能为了避免犯下违逆之罪而说出顺从守旧的话。在此恭敬地提出八条方便合宜的建议供陛下挑选采纳：一是储备人才，应对急难；二是摒弃缺点，唯才是举；三是精简军备，节省经费；四是开荒种地，自给粮草；五是推行法令，提振君威；六是施予恩惠，激发愤怒；七是舍弃小利，保全大局；八是严加防守，伺机而动。

何谓蓄材以备急？臣惟将者，三军之所恃以动，得其人则克以胜，非其人则败以亡，其可以不豫蓄哉？今者边方小寇，曾未足以辱偏裨，而朝廷会议推举，固已仓皇失措，不得已而思其次，一二人之外，曾无可以继之者矣。如是而求其克敌致胜，其将何恃而能乎！夫以南宋之偏安，犹且宗泽、岳飞、韩世忠、刘锜之徒以为之将，李纲之徒以为之相，尚不能止金人之冲突；今以一统之大，求其任事如数子者，曾未见有一人。万如虏寇长驱而入，不知陛下之臣孰可使以御之？若之何其犹不寒心而早图之也！臣愚以为，今之武举仅可以得骑射搏击之士，而不足以收韬略统驭之才。今公侯之家虽有教读之设，不过虚应故事，而实无所裨益。诚使公侯之子皆聚之一所，择文武兼济之才，如今之提学之职者一人以教育之，习之以书史骑射，授之以韬略谋猷；又于武学生之内岁升其超异者于此，使之相与磨砻砥砺，日稽月考，别其才否，比年而校试，三年而选举；至于兵部，自尚书以下，其两侍郎使之每岁更迭巡边，于科道部属之内择其通变特达者二三人以从，因使之得以周知道里之远近，边关之要害，虏情之虚实，事势之缓急，无不深谙熟察于平日，则一旦有急，所以遥度而往莅之者，不虑无其人矣。孟轲有云："苟为不畜，终身不得。"臣愿自今畜之也。

译文

什么是储备人才，应对急难？微臣认为，将领是军队行动作战的保障，有合适的将领能克敌制胜，没有合适的将领则会一败涂地，怎能不预先储备？现在边境只有弱小的敌寇，还不曾扰乱大局，但朝堂上开会举荐时，已经仓皇失措，没有办法，只能考虑次一等的人选将就，除了那一两个人以外，竟然没有可以接替他们的人。像这样还希求军队克敌制胜，军队将倚仗什么来达成呢！像南宋那样苟安于南方领土，还有宗泽、岳飞、韩世忠、刘锜之流做将领，李纲之流做宰相，尚且不能阻止金人的侵略；当今我朝大一统的局面下，想要求得像上述一样的重用之才，竟连一人都不可得。万一敌寇长驱直入，不知道陛下的臣子哪个可以派去迎敌？这样为什么还不警惕戒备，及早谋划人才之事呢！微臣认为，当今的武举考试只能选拔出擅于骑射搏击的兵士，却不能选拔善于谋略统率的人才。当下的贵族官宦之家虽然设有家教，但不过是徒有其表，其实不能使人受益。如果将官宦之子聚集在一处，选择文武兼济的人才，派一名担任提学之职的官员进行教育，教导他们经学、史学、骑射之术及用兵的谋略；再从武学生中每年选拔优异人才来此，让他们相互切磋磨砺，定期考核，确定良莠，满一年进行测试，满三年进行选举；至于兵部，选派尚书以下的两名侍郎每年交替巡视边关，从监察御史和给事中队伍中选拔两三名机敏灵活、通达事理的官员作为随从，使他们可以了解道路的规模、边关的机要险地、敌情的虚实、军势的缓急，这些都在平日里就掌握熟知，一旦发生急情，就无需担心没有坐镇指挥及前线作战的人了。孟轲曾说："如果不储备，一辈子都得不到。"微臣希望从现在开始准备。

何谓舍短以用长？臣惟人之才能，自非圣贤，有所长必有所短，有所明必有所蔽；而人之常情，亦必有所惩于前，而后有所警于后。吴起杀妻，忍人也，而称名将；陈平受金，贪夫也，而称谋臣；管仲被囚而建霸，孟明三北而成功，顾上之所以驾驭而鼓动之者何如耳。故曰：用人之仁，去其贪；用人之智，去其诈；用人之勇，去其怒。夫求才于仓卒艰难之际，而必欲拘于规矩绳墨之中，吾知其必不克矣。臣尝闻诸道路之言，曩者边关将士以骁勇强悍称者，多以过失罪名摈弃于闲散之地。夫有过失罪名，其在平居无事，诚不可使处于人上，至于今日之多事，则彼之骁勇强悍，亦诚有足用也。且被摈弃之久，必且悔艾前非，以思奋励；今诚委以数千之众，使得立功自赎，彼又素熟于边事，加之以积惯之余，其与不习地利、志图保守者，功宜相远矣。古人有言"使功不如使过"，是所谓"使过"也。

译文

什么是摒弃缺点，唯才是举？微臣认为，每个人都有才能，但人本身不是圣人，有优势必然会有不足，有聪明的时候必然也有愚钝的时候；先遭到惩创，之后才引起警戒也是人之常情。吴起杀害妻子，是残忍之人，却成为将军；陈平收受钱财，是贪婪之人，却成为谋士；管仲被囚后辅佐齐桓公称霸，孟明视三败晋国最终得以胜利，就在于统治者如何鼓励激发他们罢了。所以常言道：任用人的仁爱，摒弃他的贪婪；任用人的智谋，摒弃他的奸诈；任用人的勇敢，摒弃他的暴躁。在艰难急迫的时候提拔人才，还用严苛的规矩要求他们，微臣深知这是不可能的。微臣曾经听到过传闻，以前以勇猛强悍著称的边关将士，大多因为疏忽犯错而不再任用。有疏忽罪名的将士，在没有战事的平时，确实不能让其任职，考虑到现在局势的混乱，他们勇猛强悍的特质也实在可以发挥作用。况且被罢官许久，一定会悔改以前的过错，更加勤奋刻苦；现在如果派给他几千部众，让他能立功赎罪，他又一向熟悉边关事务，经验丰富，这样的人与不熟悉地理环境，思想保守、不知进取的人相比，能建立的功劳肯定要多得多。古人有谚语道“任用有功绩的人不如任用有过失的人”，这就是所谓的“任用有过失的人”。

何谓简师以省费？臣闻之兵法曰：“日费千金，然后十万之师举。”夫古之善用兵者，取用于国，因粮于敌，犹且“日费千金”；今以中国而御夷虏，非漕挽则无粟，非征输则无财，是故固不可以言“因粮于敌”矣。然则今日之师可以轻出乎？臣以公差在外，甫归旬日，遥闻出师，窃以为不必然者。何则？北地多寒，今炎暑渐炽，虏性不耐，我得其时，一也；虏恃弓矢，今大雨时行，筋胶解弛，二也；虏逐水草以为居，射生畜以为食，今已蜂屯两月，边草殆尽，野无所猎，三也。以臣料之，官军甫至，虏迹遁矣。夫兵固有先声而后实者，今师旅既行，言已无及，惟有简师一事，犹可以省虚费而得实用。夫兵贵精不贵多，今速诏诸将，密于万人之内取精健足用者三分之一，而余皆归之京师。万人之声既扬矣，今密归京师，边关固不知也，是万人之威犹在也，而其实又可以省无穷之费，岂不为两便哉？况今官军之出，战则退后，功则争先，亦非边将之所喜。彼之请兵，徒以事之不济，则责有所分焉耳。今诚于边塞之卒，以其所以养京军者而养之，以其所以赏京军者而赏之，旬日之间，数万之众可立募于帐下，奚必自京而出哉？

译文

什么是精简军队，节省经费？微臣听闻兵法有言："每日耗费千金准备，这样以后十万大军才能动身。"古代擅于指挥作战的将领，从本国得到装备，从敌国截取粮草，尚且需要"每日耗费千金"；现今我国抵御敌寇，不靠水陆运输就没有粮草，不靠征收赋税就没有军费，更加不必说"从敌国截取粮草"了。然而现在的军队可以轻易奔赴战场吗？微臣因公事出差，刚回来十余天，听说大军将要出发，私心认为不妥。为什么呢？北部地区常年寒冷，现今暑热愈盛，敌寇性不耐热，天气条件对我军有利，这是其一；敌寇倚仗弓箭，现今时有大雨，弓箭上的筋胶制品软化松弛，这是其二；敌寇追寻水草之地居住，猎捕牲畜为食，现今已驻扎停留两月，边关的牧草消失殆尽，没有可以捕捉的猎物，这是其三。微臣预料，我军刚到，敌寇已走远了。作战本来有先放出声势再实际出兵的方法，然而现在大军已经出发，说这些已来不及，只有精简军队一事，还可以节省不必要的花费，得到实际利益。兵士贵在质量而不是数量，现迅速诏令诸位将领，秘密从一万人里选取三分之一精壮强悍、能堪大用的兵士，其余都划归京城。军队有万人的消息已经传播出去，现在部分兵士秘密回到京城，边关也不会知晓，因此万人的威势还在，实际又可以节省大量军费，难道不是双赢吗？况且现在军队出兵，有战役就后退，有战功就争前，也不受边关将领的喜爱。他们请求朝廷出兵，只是因为战事失利，可以分摊责任罢了。现在如果按照京城军队的给养奖励标准去供养边塞军队，不出十日，就可以招募到数万兵士，何必从京城调拨军队呢？

何谓屯田以给食？臣惟兵以食为主，无食，是无兵也。边关转输，水陆千里，踣顿捐弃，十而致一。故兵法曰："国之贫于师者远输，远输则百姓贫；近师贵卖，贵卖则百姓财竭。"此之谓也。今之军官既不堪战阵，又使无事坐食以益边困，是与敌为谋也。三边之戍，方以战守，不暇耕农。诚使京军分屯其地，给种授器，待其秋成，使之各食其力。寇至则授甲归屯，遥为声势，以相掎角；寇去仍复其业，因以其暇，缮完虏所拆毁边墙亭堡，以遏冲突。如此，虽未能尽给塞下之食，亦可以少息输馈矣。此诚持久俟时之道，王师出于万全之长策也。

什么是开荒种地，自给粮草？微臣认为军队以粮食为核心，没有粮食就没有军队。粮草从水陆周转运输到边关要经过千里，一路上倾倒抛弃，只有十分之一能抵达边关。因此兵法有言："国家因作战而贫穷的原因是长途运输，长途运输会导致百姓贫困；临近军队的地方物价高涨，物价高涨会掏空百姓的财产。"就是这个道理。现今军队既然在战场上不堪大用，又放任其白白消耗粮草，加重边关的贫困，这是在帮助敌方啊。北、东、南三边正在与敌方作战，没有耕地务农的时间。如果派遣京城军队分别开荒种地，提供种子，教授农器的使用方法，等到秋天收获时，使他们能依靠收成养活自己。敌寇到来就发还兵甲，在田亩附近遥遥营造声势，互相牵制夹击；敌寇离去仍然恢复农务，当他们空闲时，修缮加固敌军拆毁的城墙堡垒来遏止战争。这样，即使不能供给边塞所需的全部粮草，也可以稍稍减轻内地运粮的压力。这实在是长久可持续的方法，是我军优异的万全之策。

何谓行法以振威？臣闻李光弼之代子仪也，张用济斩于辕门；狄青之至广南也，陈曙戮于戏下。是以皆能振疲散之卒，而摧方强之虏。今边臣之失机者，往往以计幸脱，朝丧师于东陲，暮调守于西鄙，罚无所加，兵因纵弛。如此，则是陛下不惟不置之罪，而复为曲全之地也，彼亦何惮而致其死力哉？夫法之不行，自上犯之也。今总兵官之头目，动以一二百计，彼其诚以武勇而收录之也，则亦何不可之有！然而此辈非势家之子弟，即豪门之夤缘，皆以权力而强委之也。彼且需求刻剥，骚扰道路；仗势以夺功，无劳而冒赏；懈战士之心，兴边戍之怨。为总兵者且复资其权力以相后先，其委之也，敢以不受乎？其受之也，其肯以不庇乎？苟戾于法，又敢斩之以殉乎？是将军之威固已因此辈而索然矣，其又何以临师服众哉！臣愿陛下手敕提督等官，发令之日，即以先所丧师者斩于辕门，以正军法。而所谓头目之属，悉皆禁令发回，毋使渎扰侵冒，以挠将权，则士卒奋励，军威振肃。克敌制胜，皆原于此。不然，虽有百万之众，徒以虚国劳民，而亦无所用之也。

译文

什么是推行法令，提振军威？微臣听闻李光弼取代郭子仪后，在辕门将张用济斩首；狄青到云南平定叛乱，在军帐外将陈曙处刑。这些都能使疲软散乱的兵士提振士气，帮助他们击败强大的敌人。现今守边的将领打了败仗，往往想方设法侥幸脱罪，早上在东边战败，晚上就被调到西边戍守，不对其施加责罚，军纪就会放纵松弛。像这样，陛下非但不判处他的罪行，反而迁就保全罪人，他还有什么可畏惧的，又如何能拼死奋战呢？法律不能推行，是因为从陛下这里就触犯了它。现今总兵官的头领，动辄有一二百人，他们如果是因作战勇猛而被招录的，又怎么会不能拼死奋战呢！然而这些人不是权势之家的子孙，就是豪强大族的攀附，都是利用权力而强行取得官职。他们尚且欲壑难填，盘剥百姓，扰乱秩序；倚仗权势抢夺功劳，没有出力就冒领奖赏；使兵士们精神松懈，使边关的矛盾激化。担任总兵的人又根据他们的权势排高低，上级委派的任务，下级敢不接受吗？上级接受了贿赂，怎么会不包庇下级？假如他们违反了法律，谁敢依法惩处他们？这样一来，将军的威严一定会因为这些人的存在而消失，他又凭什么在军队面前令众兵士信服呢！微臣希望陛下亲自敕令提督等官员，下令的那一天起，就先将违反军纪的人在军营门前问斩，以此匡正军队的法纪。所谓头目之类的人，全都下令召回，不让他们扰乱军纪、侵扰百姓，阻碍将军行使职权，这样就会兵士奋发勤勉，军威提振肃清。军队能克敌制胜，都是因为这个原因。否则，即使有百万军队，只是白白地消耗国力、劳民伤财，也是无用。

何谓敷恩以激怒？臣闻杀敌者，怒也。今师方失利，士气消沮，三边之戍，其死亡者非其父母子弟，则其宗族亲戚也。今诚抚其疮痍，问其疾苦，恤其孤寡，振其空乏，其死者皆无怨尤，则生者自宜感动。然后简其强壮，宣以国恩，喻以虏仇，明以天伦，激以大义；悬赏以鼓其勇，暴恶以深其怒；痛心疾首，日夜淬砺，务与之俱杀父兄之仇，以报朝廷之德，则我之兵势日张，士气日奋，而区区丑虏有不足破者矣。

译文

什么是施与恩惠，激发愤怒？微臣听闻杀死敌人，靠的是愤怒。现今我军刚刚失败，军队的战斗意志下降，三边的戍守，在冲突中死去的人不是他们的父母子弟，就是族人亲戚。现在如果能安抚他们的创伤，体问他们的困苦，照顾他们的家人，补贴他们的贫窘，死去的人全都没有怨怼，幸存的人也会感激不已。这样以后选择强壮的兵士，向他们宣扬国家的恩典，使他们知晓敌人仇寇，明白父子伦常，用家国大义激励他们；提供赏赐来鼓励他们的斗志，展示敌寇的凶恶来加深他们的怒火；使他们痛恨到极点，日夜鞭策他们，务必赋予他们杀父弑兄的仇恨，从而报答朝廷的恩惠，这样我军的威势会越来越强，士气越来越高涨，区区敌寇没有不能战胜的了。

何谓捐小以全大？臣闻之兵法曰："将欲取之，必固与之。"又曰："佯北勿从，饵兵勿食。"皆捐小全大之谓也。今虏势方张，我若按兵不动，彼必出锐以挑战；挑战不已，则必设诈以致师，或捐弃牛马而伪逃，或掩匿精悍以示弱，或诈溃而埋伏，或潜军而请和，是皆诱我以利也。信而从之，则堕其计矣。然今边关守帅，人各有心，虏情虚实，事难卒办。当其挑诱之时，畜而不应，未免必有剽掠之虞。一以为当救，一以为可邀，从之，则必陷于危亡之地；不从，则又惧于坐视之诛。此王师之所以奔逐疲劳，损失威重，而丑虏之所以得志也。今若恣其操纵，许以便宜，其纵之也，不以其坐视；其捐之也，不以为失机。养威为愤，惟欲责以大成，而小小挫失，皆置不问，则我师常逸而兵威无损，此诚胜败存亡之机也。

译文

什么是舍弃小利，保全大局？微臣听闻兵法有言："要想得到他的东西，一定暂时先给他。"又有言："敌人假装败逃，切勿追击；敌人以小利引诱，切勿上钩。"这都是所谓舍弃小利，保全大局。现今敌寇士气正当高涨，我军如果按兵不动，他们定会派出精锐士兵前来激怒我军与其对战；作战到一半，就一定会使用诡计吸引我军追击，也许是放弃牛马假装逃跑，也许是藏匿起精悍部队假装不敌，也许是假装溃败暗中偷袭，也许是隐藏军队假意求和，这都是用小利引诱我军。如果相信并追击他们，就落入了他们的陷阱。然而当今守卫边关的统帅，每个人都有私心，敌情真假难辨，很难不中计。当敌军骚扰边关，引诱我军作战时，如果按兵不动，不予理睬，则敌军难免会劫掠伤害百姓。有人认为既应当保护百姓，又可以趁机邀功，追击敌军，就必然会陷入到危难的境地；不去追击，又有人害怕会因坐视敌军侵扰百姓而被问罪。这就是我国的军队奔波疲惫，损失惨重，敌寇反而得利的原因。现在如果能放任统帅指挥军队，为其提供便利条件，军队放纵敌寇骚扰时，不因其无动于衷而问罪；放弃追击敌军时，不计较其丧失机会的罪过。保存威势，激发斗志，只谋取大局的胜利，微小的失败损失，都搁置不予计较，那么我军将保持安逸又不损伤士气，这实在是战场上胜败存亡的关键。

何谓严守以乘弊？臣闻古之善战者，先为不可胜，以待敌之可胜。盖中国工于自守，而胡虏长于野战。今边卒新破，虏势方剧，若复与之交战，是投其所长而以胜予敌也。为今之计，惟宜婴城固守，远斥候以防奸，勤间谍以谋虏；熟训练以用长，严号令以肃惰，而又频加犒享，使皆畜力养锐，譬之积水，俟其盈满充溢，而后乘怒急决之，则其势并力骤，至于崩山漂石而未已。昔李牧备边，日以牛酒享士，士皆乐为一战，而牧屡抑止之；至其不可禁遏，而始奋威并出，若不得已而后从之，是以一战而破强胡。今我食既足，我威既盛，我怒既深，我师既逸，我守既坚，我气既锐，则是周悉万全，而所谓不可胜者既在于我矣。由是，我足，则虏日以匮；我盛，则虏日以衰；我怒，则虏日以曲；我逸，则虏日以劳；我坚，则虏日以虚；我锐，则虏日以钝。索情较计，必将疲罢奔逃。然后用奇设伏，悉师振旅，出其所不趋，趋其所不意，迎邀夹攻，首尾横击。是乃以足当匮，以盛敌衰，以怒加曲，以逸击劳，以坚破虚，以锐攻钝。所谓胜于万全，立于不败之地，而不失敌之败者也。

译文

什么是严加防守，伺机而动？微臣听闻古代的善战之师，先使自己足够强大，不可战胜，再等待可以制胜敌方的时机。我国在军事上擅长防守，而敌寇擅长野外作战。现今边境刚刚被攻破，敌方士气正当高涨，如果再与他们交战，就是顺应他们的长处，把胜利拱手让给他们啊。从当前的情况来看，只能围绕城墙加以防守，派遣侦察兵四处勘探，预防敌方设下奸计，经常派出间谍打探、干扰敌军；勤加训练，发挥兵士的长处，严控军令，肃清怠惰之风，再常常加以犒赏，使兵士们养精蓄锐。好比是积水之道，等到水积满将要溢出来，然后趁着水势强盛疾速释放，这样就会水势集中，水力强大，能够击碎山岳、冲浮巨石也不停下。昔日李牧守备边境，每日用牛肉美酒犒赏兵士，兵士都愿意为其作战，李牧却多次制止他们；等到不能遏止的程度，兵士们就会勇猛无匹，这样被迫地顺应他们主动出击的愿望，所以才能一战就击败强大的敌人。现今我国补给充足，威势强盛，怒恨极深，军队安逸，防御坚固，士气高涨，已经有了万全的准备，正是所谓不可战胜的一方。这样一来，我方充足，敌寇会日益匮乏；我方强盛，敌寇会日益衰微；我方怒深，敌寇会日益软弱；我方安逸，敌寇会日益疲乏；我方坚固，敌寇会日益空虚；我方气锐，敌寇会日益迟钝。他们评估、对比双方条件，预测战况后，定会胆寒逃跑。然后我军用计设下埋伏，整顿好军队，挺近敌军空虚的地方，进攻敌军意想不到的方向，迎击拦截，首尾夹攻。这就是用充足对抗匮乏，用强盛对抗衰微，用怒恨对抗软弱，用安逸对抗疲乏，用坚固对抗空虚，用锐气对抗迟钝。这就是所谓面面俱胜，处于不会失败的境地，也不会放过任何可以击败敌方的机会。

右臣所陈，非有奇特出人之见，固皆兵家之常谈，今之为将者之所共见也。但今边关将帅，虽或知之而不能行，类皆视为常谈，漫不加省。势有所轶，则委于无可奈何；事惮烦难，则为因循苟且。是以玩习弛废，一至于此。陛下不忽其微，乞敕兵部将臣所奏熟议可否，转行提督等官，即为斟酌施行，毋使视为虚文，务欲责以实效，庶于军机必有少补。臣不胜为国惓惓之至！

译文

微臣上面所说的，并没有独特、超出常人的见解，本就都是行兵作战的人经常说的理论，也是现今统军的将领共同认可的观点。但是如今守边的将领，有些人虽然明白这些道理却不能施行，大多是将其视为老生常谈，放任而不加反省。我军一时失利，就推脱是无可奈何之事；遇到复杂困难的情况，就因循守旧，敷衍了事。所以导致玩忽职守，军纪废弛，竟然到了如今这样的地步。陛下不要忽视这微小的弊病，希望陛下命令兵部仔细商议微臣上奏的内容，并将其转达给提督等官员，现在就考虑实施，不要让他们将其看作无用的言论，务必要求他们做出实际的效果，也许可以对军事机宜有稍微的弥补。微臣一片赤诚，恳切为国至极！

乞养病疏

十五年八月时官刑部主事

臣原籍浙江绍兴府余姚县人，由弘治十二年二甲进士。弘治十三年六月除授前职，弘治十四年八月奉命前往直隶、淮安等府，会同各该巡按、御史审决重囚，已行遵奉奏外，切缘臣自去岁三月，忽患虚弱咳嗽之疾，剂灸交攻，入秋稍愈。遽欲谢去药石，医师不可，以为病根既植，当复萌芽。勉强服饮，颇亦臻效，及奉命南行，渐益平复。遂以为无复他虑，竟废医言，捐弃药饵；冲冒风寒，恬无顾忌，内耗外侵，旧患仍作。及事竣北上，行至扬州，转增烦热，迁延三月，尫羸日甚。心虽恋阙，势不能前，追诵医言，则既晚矣。先民有云：“忠言逆耳利于行，良药苦口利于病。”臣之致此，则是不信医者逆耳之言，而畏难苦口之药之过也。今虽悔之，其可能乎！

译文

微臣原本是浙江绍兴府余姚县人，弘治十二年（1499）殿试第二等进士，弘治十三年（1500）六月被任命为前官职，弘治十四年（1501）八月奉命去往直隶、淮安等府，与各府的巡按、御史一同审理判决犯有重罪的囚犯，遵照陛下的旨意执行的情况都已上奏禀明，此外，都因为微臣从去年三月开始，忽然患上了虚弱咳嗽的病症，药剂及针灸疗法并用，入秋之后渐渐痊愈，于是想要停下药物，医生却不允许，认为已经种下了病根，应该还会复发。微臣尽力服药，很是取得了一些成效。等到微臣奉命前往南方，病情也逐渐转好。于是微臣以为不再有其他需要担心之处，最终忘却了医嘱，不再服药。顶着寒风，冒着严寒，心安理得，不顾忌身体，内部消耗加上外寒入侵，导致旧病再次发作。等到事情结束回到北方，走到扬州时，辗转增添了心烦发热的症状，病情持续了三个月，日渐消瘦。微臣心里虽然思念朝堂，但情势不允许我继续前进，回想起医生的叮嘱，却已经迟了。先人曾说过："教人向善的语言不太动听，但有利于人们改正缺点；好的药味道苦涩，却有利于治疗疾病。"微臣到了这个地步，是因为犯了不相信医生不动听的言论，畏惧苦涩难喝的药剂的过失。即使现在后悔，又有什么用呢！

臣自惟田野竖儒，粗通章句。遭遇圣明，窃录部署。未效答于涓埃，惧遂填于沟壑。喽蚁之私，期得暂离职任，投养幽闲，苟全余生，庶申初志。伏望圣恩垂悯，乞敕吏部容臣暂归原籍就医调治，病痊之日，仍赴前项衙门办事，以图补报。臣不胜迫切愿望之至！

译文

微臣自认为是乡野粗鄙之人，粗略通晓一些文章，受到陛下高明的赏识，无功受禄，行使职权。还未从点滴之处报效陛下的恩情，恐怕就要离开人世被填埋在沟壑中了。微臣有微小的私心，希望能暂时离开任职的岗位，去幽静清闲之地休养，姑且保全余下的性命，也许还能达成最初的志愿。恳求陛下赐予恩惠，诏令吏部容许微臣暂时回到故乡看病调理，等到病情痊愈的时候，微臣仍然会回到以前任职的部门做事，以此来补偿回报陛下。微臣的祈愿迫切已极，望陛下批准！

乞宥言官去权奸以章圣德疏

正德元年时官兵部主事

臣闻君仁则臣直。大舜之所以圣，以能隐恶而扬善也。臣迩者窃见陛下以南京户科给事中戴铣等上言时事，特敕锦衣卫差官校拿解赴京。臣不知所言之当理与否，意其间必有触冒忌讳，上干雷霆之怒者。但锐等职居谏司，以言为责。其言而善，自宜嘉纳施行；如其未善，亦宜包容隐覆，以开忠说之路。乃今赫然下令，远事拘因，在陛下之心，不过少示惩创，使其后日不敢轻率妄有论列，非果有意怒绝之也。下民无知，妄生疑惧，臣切惜之！今在廷之臣，莫不以此举为非宜，然而莫敢为陛下言者，岂其无忧国爱君之心哉？惧陛下复以罪恍等者罪之，则非惟无补于国事，而徒足以增陛下之过举耳。然则自是而后，虽有上关宗社危疑不制之事，陛下孰从而闻之？陛下聪明超绝，苟念及此，宁不寒心！况今天时冻浸，万一差去官校督束过严，号等在道或致失所，遂填沟壑，使陛下有杀谏臣之名，兴群臣纷纷之议，其时陛下必将追咎左右莫有言者，则既晚矣。伏愿陛下追收前旨，使锐等仍旧供职。扩大公无我之仁，明改过不吝之勇。圣德昭布远迩，人民胥悦，岂不休哉！

译文

微臣听闻君王仁义臣子就会正直。舜帝统治圣明的原因，就是能隐匿恶行，发扬善行。微臣近来私下得知陛下因为南京户科给事中戴铣等人进言商讨时事，特意命令锦衣卫带领官吏将人抓捕押送回京。微臣不知他们进言的内容是否合理，以为言语间一定有触犯忌讳，使陛下大发雷霆的地方。但戴铣等人在谏言部门任职，进谏是他们的职责。他们的进言是有益的，自然应该仁慈地接纳施行；若是无益的，也应该包容隐瞒，以此开拓忠诚正直的臣子进谏的道路。而陛下现今猛然下令，远远地逮捕他们，在陛下心里，只是想稍作惩处给别人看，让臣子们以后不敢轻易地擅自议论朝堂，并不是真的想要处死他们。下层的百姓不明事理，胡乱产生了疑惑畏惧之心，微臣实在为之惋惜。现今朝堂上的臣子，没有不觉得这件事不适当的，然而没有人敢对陛下说，难道他们没有担忧国家、爱护君王的心吗？只是因为害怕陛下再用戴铣等人的罪过来惩治他们，这样不但对政事没有益处，反而白白增添了陛下过激的举动罢了。这样从今往后，即使发生了关系到国家安危，不合礼制的事情，陛下又能从谁那里得知呢？陛下敏捷聪颖、明察秋毫，如果考虑到这些，怎能不寒心呢！何况当下天气严寒，万一遣去的官吏管束过于严格，戴铣等人在途中失去安身之处，最终丧命，让陛下从此背负杀害谏臣的恶名，导致臣子们议论纷纷，到那时陛下一定会追究臣子不进言的罪过，就已经晚了。恳请陛下收回前面的旨意，让戴铣等人继续担任以前的官职。扩展为国为民、不计私利的仁爱，彰显改正过失、不再追究的胆气。陛下圣明的德行能传播到远近各处，人民都感到欣悦，难道不是美事吗！

臣又惟君者，元首也；臣者，耳目手足也。陛下思耳目之不可使壅塞，手足之不可使痿痹，必将恻然而有所不忍。臣承乏下僚，僭言实罪。伏睹陛下明旨有“政事得失，许诸人直言无隐”之条，故敢昧死为陛下一言。伏惟俯垂宥察，不胜干冒战栗之至！

译文

微臣还认为，君王，是国家的领导者；臣子，是君王的眼耳手足。陛下如果考虑到不能使耳目堵塞，不能使手脚萎缩麻痹，一定会感到悲伤，不忍心伤害他们。微臣官职低微，说出僭越之言实乃罪过。只是看到陛下公开颁布的诏令，有“政治上的利害得失，允许你们直言不讳”一条，因此敢冒死向陛下进言。恳望陛下宽恕微臣，仔细考察此事，微臣为冒犯陛下而惶恐不已。

自劾乞休疏

十年时官鸿胪寺卿

臣由弘治十二年进士，历任今职，盖叨位窃禄十有六年，中间鳏旷之罪多矣。迩者朝廷举考察之典，拣汰群僚。臣反顾内省，点检其平日，正合摈废之列。虽以阶资稍崇，偶幸漏网，然其不职之罪，臣自知之，不敢重以欺陛下。况其气体素弱，近年以来，疾病交攻，非独才之不堪，亦且力有不任。夫幸人之不知，而鼠窜苟免，臣之所甚耻也；淑慝混淆，使勤惩之典不明，臣之所甚惧也。伏惟陛下明烛其罪，以之为显罚，使天下晓然知不肖者之不得以幸免，臣之愿，死且不朽。若从末减，罢归田里，使得自附于乞休之末，臣之大幸，亦死且不朽。臣不胜惶恐待罪之至！

译文

微臣自弘治十二年（1499）成为进士，历经多个职位，最终担任了如今的官职，忝居官位，无功受禄已有十六年，其间独身一人荒废时日的罪过很多。近来朝廷推行考察制度，挑选、淘汰众臣子，微臣反省从前，检查平日所为，正符合被摈弃废黜的行列。即使因为资历较深，侥幸逃脱，然而不称职的罪过，微臣自己清楚，不敢再欺瞒陛下。况且微臣的身体、精气神一向衰弱，最近几年经常患上疾病，不仅才能不能胜任，而且精力也有所不济。侥幸其他人不清楚，才能遮遮掩掩姑且得以幸免，这是微臣万分耻辱的地方；做的好事和坏事混杂在一起，使得奖赏和惩罚的措施也不分明，这是微臣恐惧不已的事。希望陛下指明微臣的罪过，将其作为明白惩处的例子，让天下人都能清楚地知道品行不正的人不能得到幸免，这是微臣的愿望，死后也不会磨灭。如果能减轻罪行，罢黜职位，让微臣回归故里，使微臣能够勉强排在祈求辞官回乡的队伍中，将是微臣莫大的荣幸，也是死而无憾的幸事。微臣惶恐不已，听候陛下发配。

乞养病疏

十年八月

顷者，臣以朝廷举行考察，自陈不职之状，席藁待罪，其时臣疾已作，然不敢以疾请者，人臣鳏旷废职，自宜摈逐，以彰国法，疾非所言矣。陛下宽恩曲成，留使供职，臣虽冥顽，亦宁不知感激自奋！及其壮齿，陈力就列，少效犬马。然臣病侵气弱，力不能从其心。臣自往岁投窜荒夷，往来道路，前后五载，蒙犯瘴雾，魑魅之与游，蛊毒之与处。其时虽未即死，而病势因仍，渐肌入骨，日以深积。后值圣恩汪濊，掩瑕纳垢，复玷清班；收敛精魂，旋回光泽；其实内病潜滋，外强中槁。顷来南都，寒暑失节，病遂大作。且臣自幼失母，鞠于祖母岑，今年九十有六，耄甚，不可迎侍，日夜望臣一归为诀。臣之疾痛，抱此苦怀，万无生理。陛下至仁天覆，惟恐一物不遂其生。伏乞放臣暂回田里，就医调治，使得目见祖母之终，臣虽殒越下土，永衔犬马帷盖之恩！倘得因是苟延残喘，复为完人，至齿未甚衰暮，犹有图效之日。臣不胜恳切愿望之至！

译文

近来，微臣因为朝廷进行考察工作，自行陈述了不称职的罪状，正在等待陛下降罪，当时微臣的病情已经发作，然而不敢因病请辞，微臣独自一人玩忽职守，本就应该被罢黜放逐，来彰显律法的威严，疾病不能成为借口。陛下宽容仁慈，千方百计成全，留下微臣在朝廷任职，微臣即使昏庸顽钝，又怎能不知感恩努力呢！微臣壮年时，能贡献才力，担任相应的官职，稍微尽到犬马之劳。然而微臣现在疾病缠身，精神不足，心里想做而力量不够。微臣前些年在荒凉的边境带兵，奔走各地，前后总共五年，不顾瘴气毒雾，与精怪毒虫为伴。那时虽然没有立即死去，但病根保留延续下来，逐渐透过肌肤渗入骨髓，日夜积累。后来陛下恩情深厚，使微臣掩盖缺点，隐瞒过错，忝列清贵的官班，看似养精蓄锐，逐渐恢复了元气。实际上内里的疾病在悄然滋长，外表强壮，内在已经虚弱。后来来到南边的都城，寒暑节序失常，病情就爆发出来了。况且微臣从幼年时就失去了母亲，由祖母岑氏抚养，祖母今年九十六岁，年事已高，不能再迎候侍奉，日夜盼望臣回去一次与她诀别。微臣身患疾痛，又有这样的苦衷，万万没有活下去的道理。陛下仁慈至极，福泽万民，唯恐有人不能顺遂地过完一生。恳求陛下让微臣暂且回到故乡看病调理，让臣能见到祖母最后一面，这样即使臣死去到达黄泉，也会永远记得陛下爱惜臣子的恩情！倘若得以勉强维持生存，再变回健康的人，微臣还不算衰老，还有时间来报效陛下。微臣的愿望恳切至极，望陛下怜悯！

谏迎佛疏

稿具未上

臣自七月以来，切见道路流传之言，以为陛下遣使外夷，远迎佛教，郡巨纷纷进谏，皆斥而不纳。臣始闻不信，既知其实，然独窃喜幸，以为此乃陛下圣智之开明，善端之萌孽。郡臣之谏，虽亦出于忠爱至情，然而未能推原陛下此念之所从起。是乃为善之端，作圣之本，正当将顺扩充，溯流求原。而乃狃于世儒崇正之说，徒尔纷争力沮，宜乎陛下之有所拂而不受，忽而不省矣。愚臣之见独异于是，乃惟恐陛下好佛之心有所未至耳。诚使陛下好佛之心果已真切恳至，不徒好其名而必务得其实，不但好其末而必务求其本，则尧、舜之圣可至，三代之盛可复矣。岂非天下之幸，宗社之福哉！臣请为陛下言其好佛之实。

译文

微臣从七月份以来，私下得知市井传言，传言说陛下派遣使者前往国外，远远地接迎佛教进来，臣子们接二连三地以忠言规劝，陛下全都排斥不予接纳。微臣刚得知的时候不相信，知道这是实情后，反而暗自欢喜庆幸，认为这是陛下智慧的启迪，仁善的开端。臣子们的谏言，虽然也是出于至忠至爱的感情，但是没能从本源上推究陛下这一思想的产生。这是从事善举的开始，成为明君的根本，正应当顺从并扩大充实，探求思想过程，发掘其本源。臣子们拘泥于社会上读书人崇尚正统的观点，徒然地争执阻挠，合该陛下拒不接受，忽略不进行考量。唯独微臣的见解和他们不同，只是怕陛下推崇佛教的信念没有那么强烈罢了。假使陛下推崇佛教的信念真的诚恳至极，不只是想赢得信佛的名声，而是一定要取得实际成效；不只推崇最末流的形式，而是一定要探求其本质的话，那么陛下就能够达到尧、舜那样的圣明，夏商周时的繁荣昌盛也可以复兴了。这难道不是天下的幸运，国家的福分吗！请让微臣为陛下分析推崇佛教的本质。

陛下聪明圣知，昔者青宫，固已播传四海。即位以来，偶值多故，未暇讲求五帝、三王神圣之道。虽或时御经筵，儒臣进说，不过日袭故事，就文敷衍。立谈之间，岂能遽有所开发？陛下听之，以为圣贤之道不过如此，则亦有何可乐？故渐移志于骑射之能，纵观于游心之乐。盖亦无所用其聪明，施其才力，而偶托寄于此。陛下聪明，岂固遂安于是，而不知此等皆无益有损之事也哉？驰逐困惫之余，夜气清明之际，固将厌倦日生，悔悟日切。而左右前后又莫有以神圣之道为陛下言者，故遂远思西方佛氏之教，以为其道能使人清心绝欲，求全性命，以出离生死；又能慈悲普爱，济度群生，去其苦恼，而跻之快乐。今灾害日兴，盗贼日炽，财力日竭，天下之民困苦已极。使诚身得佛氏之道而拯救之，岂徒息精养气，保全性命？岂徒一身之乐？将天下万民之困苦，亦可因是而苏息！故遂特降纶音，发币遣使，不惮数万里之遥，不爱数万金之费，不惜数万生灵之困毙，不厌数年往返之迟久，远迎学佛之徒。是盖陛下思欲一洗旧习之非，而幡然于高明光大之业也。陛下试以臣言反而思之，陛下之心，岂不如此乎？然则圣知之开明，善端之萌蘖者，亦岂过为谀言以佞陛下哉！陛下好佛之心诚至，则臣请毋好其名而务得其实，毋好其末而务求其本。陛下诚欲得其实而求其本，则请毋求诸佛而求诸圣人，毋求诸外夷而求诸中国。此又非臣之苟为游说之谈以诳陛下，臣又请得而备言之。

译文

陛下机敏灵透，贤明聪慧，过去还是太子的时候声明就已经传遍四海。继承皇位以来，偶然遇到变故多发的时候，没有时间讲求五帝三王的圣人之道。即使有时候旁听讲席，那些文官所讲的，也不过是老生常谈，刻板敷衍。短短讲谈之间，怎能使人立刻有所启发？陛下听了他们讲课，认为圣贤的思想不过是这样，又有什么值得高兴的呢？因此渐渐把志趣转移到骑射之术上，纵情游戏，一心享乐。大概也是因为没有地方给陛下使用智慧，施展才能，才姑且寄托在这些事上。陛下智慧贤明，怎么会就这样安于现状，不知道这些都是没有好处，只有坏处的事呢？游乐后感到疲倦的时候，夜晚月色清澈明朗的时候，一定会增加厌倦，加深悔悟之情。但身边的臣子又没有人为陛下讲授圣人的思想，于是陛下想到了西方的佛教，认为佛教思想能让人清除杂念，保持内心的宁静，拥有完满的生命，脱离生死的界限；又能慈善怜悯，普度众生，免除人民的烦恼，使他们快乐无忧。现今灾害日益增加，贼寇日益猖獗，国家的财富日益减少，天下百姓已经困苦到了极点。假使真的能习得佛教的道理，拯救他人，难道陛下只是蓄养精神，达到生命的完满吗？难道只是追求自己一人的安乐吗？天下所有百姓的困难痛苦，也能因此解脱恢复啊！因此陛下特意颁布圣旨，支出钱财，派遣使者，不惧怕遥远的路途，不吝惜巨大的花费，不顾惜数万百姓的困窘，不追究一来一回持续多年的长久，将佛教的学徒远远地迎接过来。这大概是陛下想要洗清旧习俗的错误，迅速彻底地投入贤明高尚的事业中去。陛下尝试根据微臣所说的反过来思考，陛下的想法，难道不是这样的吗？然而这样启迪智慧，激发善行的事，又怎能超过界限变成谄媚之言来哄骗陛下呢！如果陛下推崇佛教的信念坚定至极，那么微臣请求陛下不要只追求信佛的名声，而是要得到实际的效果；不要只追求末流的形式，而是要探求其思想的本源。如果陛下想要得到实际的效果，探求其思想的本源，那么恳请陛下不要向佛求教，而是向圣人求教；不要向国外求助，而是向国内求助。这并不是微臣暂且说出劝说之言来诓骗陛下，请允许微臣为陛下详细解释。

夫佛者，夷狄之圣人；圣人者，中国之佛也。在彼夷狄，则可用佛氏之教以化导悬顽；在我中国，自当用圣人之道以参赞化育。犹行陆者必用车马，渡海者必以舟航。今居中国而师佛教，是犹以车马渡海，虽使造父为御，王良为右，非但不能利涉，必且有沉溺之患。夫车马本致远之具，岂不利器乎？然而用非其地，则技无所施。陛下若谓佛氏之道虽不可以平治天下，或亦可以脱离一身之生死；虽不可以参赞化育，而时亦可以导群品之嚣顽。就此二说，亦复不过得吾圣人之余绪。陛下不信，则臣请比而论之。

译文

佛，是国外民族信奉的品格高尚、智慧崇高的人；我们信奉的古代的圣人，本就是中国的佛。对于国外的人来说，可以用佛教思想来教化百姓，引导愚昧；在我国，自然应该用圣人的思想来协助教育百姓。就好像走陆路的人一定要用车马代步，走海路的人一定要用船只航行。现在在我国居住，却向佛教学习，好比是用车辆马匹渡过大海，即使让造父作为驾车大夫，让王良担任副手，不仅不能顺利渡海，还一定会有沉没溺水的危险。车辆马匹本来是到达遥远地方的用具，难道不是精良的工具吗？然而用错了地方，就发挥不出本来的作用。陛下如果觉得佛教即使不能治理国家，或许也可以使人超脱生死；即使不能协助教化百姓，当下也可以用来引导嚣张顽劣的品质。这两种说法，也不过是我国古代圣人遗留下来的部分。陛下如果不相信，请允许微臣将二者对比论述。

臣亦切尝学佛，最所尊信，自谓悟得其蕴奥。后乃窥见圣道之大，始遂弃置其说。臣请毋言其短，言其长者。夫西方之佛，以释迦为最；中国之圣人，以尧、舜为最。臣请以释迦与尧、舜比而论之。夫世之最所崇慕释迦者，慕尚于脱离生死，超然独存于世。今佛氏之书具载始末，谓释迦住世说法四十余年，寿八十二岁而没，则其寿亦诚可谓高矣；然舜年百有十岁，尧年一百二十岁，其寿比之释迦则又高也。佛能慈悲施舍，不惜头目脑髓，以救人之急难，则其仁爱及物，亦诚可谓至矣；然必苦行于雪山，奔走于道路，而后能有所济。若尧、舜则端拱无为，而天下各得其所。惟“克明峻德，以亲九族”，则九族既睦；平章百姓，则百姓昭明；协和万邦，则黎民于变时雍；极而至于上下草木鸟兽，无不咸若。其仁爱及物，比之释迦则又至也。佛能方便说法，开悟群迷，戒人之酒，止人之杀，去人之贪，绝人之嗔，其神通妙用，亦诚可谓大矣，然必耳提面诲而后能。若在尧、舜，则光被四表，格于上下，其至诚所运，自然不言而信，不动而变，无为而成。盖“与天地合其德，与日月合其明，与四时合其序，与鬼神合其吉凶”，其神化无方而妙用无体，比之释迦则又大也。若乃诅咒变幻，眩怪捏妖，以欺惑愚冥，是故佛氏之所深排极诋，谓之外道邪魔，正与佛道相反者。不应好佛而乃好其所相反，求佛而乃求其所排诋者也。陛下若以尧、舜既没，必欲求之于彼，则释迦之亡亦已久矣。若谓彼中学佛之徒能传释迦之道，则吾中国之大，顾岂无人能传尧、舜之道者乎？陛下未之求耳。陛下试求大臣之中，苟其能明尧、舜之道者，日日与之推求讲究，乃必有能明神圣之道，致陛下于尧、舜之域者矣。故臣以为陛下好佛之心诚至，则请毋好其名而务得其实，毋好其末而务求其本；务得其实而求其本，则请毋求诸佛而求诸圣人，毋求诸夷狄而求诸中国者，果非妄为游说之谈以诳陛下者矣。

译文

微臣也曾私下学过佛学，无比尊崇信仰，自以为领悟了其中的奥妙。后来觉察到圣人思想的博大精深，于是才放弃了佛教学说。微臣请求不提佛教的缺点，只说它的优越之处。西方的佛教，以释迦牟尼最为崇高；我国的圣人，以尧、舜二帝最为崇高。请让微臣用释迦牟尼与尧、舜作对比论述。世人最崇敬仰慕释迦牟尼的地方，在于羡慕他能脱离生死，超出于社会之外，独自存在于世间。现今佛教的书籍详细记载了他的生平，提到释迦牟尼居住于世间讲授佛法四十多年，活到八十二岁去世，他的寿命实在可以说是很长了；然而舜帝享年一百一十岁，尧帝享年一百二十岁，他们的寿命比起释迦牟尼就更长了。佛能做到慈善怜悯，把财物送给有需要的人，甚至不惜舍弃头颅、眼睛和脑髓，来拯救别人于危机之中，他的仁慈惠及万民，也实在可以说是仁爱到了极点；然而他必须要在雪山中用常人难以忍受的痛苦来磨炼自己，到各地奔走修行，然后才能有所成就。尧帝、舜帝为政清简，清净无为，而天下的每一个人都得到了合适的安顿。他们只是“彰显自己崇高的品德，使族人能够亲和团结”，各族就和睦相处；他们为百姓彰明善恶，百姓就能明晰清楚；他们协理调和诸国，天下百姓也相应友好和睦起来；鼎盛时包含草木鸟兽，没有不听从他们教化的。他们的仁爱惠及万物，比起释迦牟尼更进一步。佛能因材施教，传授佛法，开解众人的迷茫，使百姓戒掉饮酒的恶习，制止百姓的杀戮，去除百姓的贪念，杜绝百姓的愤怒，他神奇的能力和高超的手段，可以说是非凡的了，然而必须严厉恳切地教诲才能实现。如果是尧、舜，他们的光辉普照四方，思虑囊括天地，心思诚恳至极，自然不必言说就能取得百姓的信任，不必行动就能产生变化，顺其自然就能治理好国家。大概是“与天地的功德等同，与日月的光辉相当，与四季的时序契合，与鬼神的吉凶相符”，圣人的教化没有常法，神妙的作用没有常规，比起释迦牟尼更加不凡。如果是要借用佛教施展诅咒幻象，制造怪力乱神的事情，以此来欺骗无知百姓，这是佛教深恶痛绝，看作是妨害正道的言论和行为，恰好与佛教追求的道义相反。不应该推崇佛教却推崇与佛教教义相反的部分，追求佛学却追求与佛学相互排斥的内容。陛下如果认为尧、舜已经逝去，才一定要追求佛教，那么释迦牟尼离开人世也已经很久了。如果陛下认为那些传习佛法的人里有能传授释迦牟尼思想的高僧，那么以我国疆域的辽阔，难道就没有人能传授尧、舜的思想吗？是陛下没有去寻求罢了。陛下尝试在大臣里寻找，也许能找到通晓尧、舜思想的人，每日与他讲习探讨，就一定会有明白圣明贤君的道理，达到与尧、舜同等水平的一天。因此微臣所说陛下推崇佛教的信念如果坚定到了极点，就请不要只追求信佛的名声，而是要得到实际的效果，不要只追求末流的形式，而是要探求其思想的本源；如果陛下一定要得到实际的效果，探求其思想的本源，那么恳请陛下不要向佛求教，而是向圣人求教；不要向国外求助，而是向国内求助的话，果真不是毫无根据地说出劝说之言来诓骗陛下啊。

陛下果能以好佛之心而好圣人，以求释迦之诚而求诸尧、舜之道，则不必涉数万里之遥，而西方极乐只在目前；则不必縻数万之费，毙数万之命，历数年之久，而一尘不动，弹指之间，可以立跻圣地。神通妙用，随形随足。此又非臣之缪为大言以欺陛下。必欲讨究其说，则皆凿凿可证之言。孔子云：“我欲仁，斯仁至矣。”“一日克己复礼，而天下归仁。”孟轲云

"人皆可以为尧、舜"，岂欺我哉？陛下反而思之，又试以询之大臣，询之群臣。果臣言出于虚缪，则甘受欺妄之戮。

译文

如果陛下真的能用推崇佛教的信念来推崇圣人思想，用寻求释迦牟尼的诚心来寻求尧、舜的道理，那么不必远行数万里的路程，西方净土就在眼前；不必耗费数万两银钱、牺牲数万条性命、持续数年的时间，不需要作任何改变，弹指之间，就可以跻身圣人的行列。高超的手段和本领，随时都能具备。这也不是微臣胡乱说大话来哄骗陛下。一定要追究这个说法，也都是确切可以证实的言论。孔子道："我想追求仁，仁就会来到。""一旦克制自己，按照礼的要求去做，天下的一切都归于仁了。"孟子道"每个人都能成为尧、舜"，这难道是欺骗我们的吗？陛下反过来思考，再试着将其询问大臣，询问众臣。如果微臣所说的是出于虚假的，那么甘愿因欺骗君主而受重罚。

臣不知讳忌，伏见陛下善心之萌，不觉踊跃喜幸，辄进其将顺扩充之说，惟陛下垂察，则宗社幸甚，天下幸甚，万世幸甚！臣不胜祝望恳切殒越之至，专差舍人某具疏奏上以闻。

译文

微臣不清楚忌讳，见到陛下萌发善心，不禁欢喜雀跃，就立刻上奏了这些顺应陛下想法，扩充陛下思路的言论，恳望陛下明察，那么将国家大幸，天下大幸，世世代代大幸！微臣诚挚祈盼，惶恐至极，专门差遣舍人撰写了这篇奏疏奏禀陛下。

辞新任乞以旧职致仕疏

十一年十月时升南赣佥都御史

臣原任南京鸿胪寺卿，去岁四月尝以不职自劾求退，后至八月，又以旧疾交作，复乞天恩赦回调理，皆未蒙准允。黾勉尸素，因循日月，至今年九月十四日，忽接吏部咨文，蒙恩升授前职。闻命惊惶感泣之余，莫知攸措。窃念臣才本庸劣，性复迂疏，兼以疾病多端，气体羸弱，待罪鸿胪闲散之地，犹惧不称，况兹巡抚重任，其将何才以堪！夫因才器使，朝廷之大政也；量力受任，人臣之大分也。膴仕显官，臣心岂独不愿？一时贪幸苟受，后至溃政偾事，臣一身戮辱，亦奚足惜，其如陛下之事何？况臣疾病未已，精力益衰，平居无事，尚尔奄奄，军旅驱驰，岂复堪任！臣在少年，粗心浮气，狂诞自居，自后涉历渐久，稍知惭沮，逮今思之，悔创靡及。人或未考其实，臣之自知，则既审矣，又何敢崇饰旧恶，以误国事？伏愿陛下念朝廷之大政不可轻，地方之重寄不可苟；体物情之有短长，悯凡愚之所不逮，别选贤能，委以兹任。悯臣之愚，不加谪逐，容令仍以鸿胪寺卿退归田里，以免负乘之诛。臣虽颠殒，敢忘衔结！

译文

微臣原本担任南京鸿胪寺卿，去年四月曾经因为不称职，自行认罪请求引退，后来到了八月，又因为旧病复发，再次乞求陛下恩典，下诏令微臣回乡养病，都未得到准许。勉强占着职位，拖延时日，到今年九月十四日，忽然接到吏部的咨文，蒙受恩典升任之前的职务。微臣听闻敕令，震惊惶恐、感激涕零，不知道怎么办才好。私下想到微臣才能本就平庸，性格又迂腐粗疏，加上疾病多发，身体瘦弱，在鸿胪寺这样清闲的地方供职，犹且惧怕不能胜任，何况这样巡抚的重任，微臣又有什么才能可以担当呢！根据才能加以任用臣子，是朝廷清明政治的体现；依照自己的能力担任职务，是臣子本来的责任和义务。高官厚禄，难道只是微臣不愿意享受吗？一时侥幸贪求，姑且接受，后来致使政治受损，败坏正事，微臣一人耻辱赴死，也没有什么可惜的，但是对陛下会怎么样呢？况且微臣病情未愈，精力日益衰竭，日常起居尚且还虚弱无力，行军跋涉，又怎么能够胜任呢！微臣年少时心浮气躁，自以为是狂傲不羁之人，后来经历的事情逐渐多了，渐渐知道羞愧，到如今再去思索，后悔痛苦已来不及。别人或许没有考察过微臣的本性，微臣自己知道，已经清楚自己的罪过，又怎么敢掩饰以前的罪行，耽误国家大事呢？恳望陛下念及朝廷的大政方针不能轻忽，地方重大的托付不能随意；体察事物各自有优劣，怜悯平庸之人能力不足，另外选择贤能之士，委托此重任。怜悯微臣的愚钝，不予贬谪驱逐，容许微臣以鸿胪寺卿的身份引退回乡，以免因才不配位而受到惩罚。微臣即使殒没也不敢忘记陛下的恩情。

臣自幼失慈，鞠于祖母岑，今年九十有七，旦暮思臣一见为诀。去岁乞休，虽迫疾病，实亦因此。臣敢辄以蝼蚁苦切之情控于陛下，冀得便道先归省视岑疾，少伸反哺之私，以俟矜允之命。臣衷情迫切，不自知其触昧条宪，臣不胜受恩感激，渎冒战惧，哀恳祈望之至！

译文

微臣幼时失去慈母，由祖母岑氏抚养，祖母今年九十七岁，日夜希望微臣去见她最后一面。微臣去年乞求辞官，虽然是受到病情的逼迫，但实际上也是因为这件事。微臣怀着蝼蚁般凄苦急切的心情上告陛下，希望能得到便利先行回故乡探望岑氏的病情，稍微尽到奉养祖母的孝心，等待陛下垂怜准许。微臣的心情十分急切，不知道是否触犯了法令，蒙受圣恩，感激不尽，冒犯陛下，惶恐至极，恳求陛下准许！

谢恩疏

十二年正月二十六日

臣原任南京鸿胪寺卿，正德十一年九月十四日，准吏部咨为缺官事，该部题："奉圣旨，王守仁升都察院左佥都御史，巡抚南、赣、汀、漳等处地方，写敕与他。钦此。钦遵。"臣自以菲才多病，惧不胜任，以致偾事，当具本乞恩辞免，容令原职致仕。随于十月二十四日节该钦奉敕谕："尔前去巡抚江西南安、赣州，福建汀州、漳州，广东南雄、韶州、惠州、潮州各府及湖广郴州地方。抚安军民，修理城池，禁革奸弊。一应地方贼情、军马钱粮事宜，小则径自区画，大则奏请定夺。钦此。"钦遵外，十一月十四日续准兵部咨，为紧急贼情事，内开都御史文森迁延误事，见奉敕书切责：“乃敢托疾避难，奏回养病。见今盗贼劫掠，民遭荼毒。万一王守仁因见地方有事，假托辞免，不无愈加误事？”该本部题：“奉圣旨，既地方有事，王守仁着上紧去，不许辞避迟误。钦此。”

译文

微臣原本担任南京鸿胪寺卿，正德十一年（1516）九月十四日，吏部填补官职空缺的咨文被批准，该部写道：“奉圣旨，王守仁升任都察院左佥都御史，巡视安抚南安、赣州、汀州、漳州等地，颁布敕令给他，旨意在此，遵命行事。”微臣认为自己没有才能，体弱多病，恐惧不能胜任，以致败坏正事，当即上奏，乞求陛下开恩，容许微臣以原本的官职引退。随后，在十月二十四日收到陛下的圣旨：“你前去巡视安抚江西南安、赣州，福建汀州、漳州，广东南雄、韶州、惠州、潮州各府及湖广郴州等地。安抚军队百姓，修筑城池，革除诡诈欺骗等行为。一切涉及地方贼盗情势、军队人马、财政、粮草等事的安排处理，小事就自行决断，大事就奏请陛下决定。旨意在此。”微臣遵命行事后，十一月十四日接着有兵部咨文被批准，因为发生贼寇作难的紧急情况，兵部内赦免都御史文森请辞，导致拖延误事，受到诏书的严厉斥责：“你敢假托病情回避祸难，奏请回乡养病。现今盗贼劫掠百姓，生灵涂炭。万一王守仁因为看见地方发生祸事，也推托辞官，岂不是更加贻误事情？”这个题本写道：“奉圣旨，既然地方发生祸事，王守仁抓紧前去，不许推辞回避，延误事机。旨意在此。”

闻报忧惭，不遑宁处。一面扶疾候旨，至浙江杭州府地方。于十二月初二日复准吏部咨：“该臣奏为乞恩辞免新任仍照旧职致仕事，奏奉圣旨：王守仁不准休致；南、赣地方见今多事，着上紧前去，用心巡抚。钦此。”备咨到臣，感恩惧罪之余，不敢冒昧复请。随于本月初三日起程，至次年正月十六日，已抵赣州接管巡抚外，伏念臣气体羸弱，质性迂疏，聊为口耳之学，本非折冲之才。鸿胪闲散，尚以疾病而不堪；巡抚繁难，岂其精力之可任！但前官以辞疾招议，适踵效尤之嫌；而圣旨以多事为言，恐蹈避难之罪。遂尔冒于负乘，不暇虞于覆悚。黾勉莅事，忽已逾旬。受恩思效，每废寝食。顾兵粮耗竭之余，加之以师旅，而盗贼残破之后，方苦于疮痍。尚尔一筹之未展，敢云期月而可观？况炎毒旧侵，惧复中于瘴疠，尪衰日积，忧不任于驱驰。心有余而才不逮，足欲进而力不前，徒切感恩之报，莫申效死之诚。臣敢不勉其智之所不足，竭砥砺于己；尽其力之所可为，付利钝于天。亮无补于河岳，亦少至其涓埃。稍俟狐鼠巢穴之平，终遂麋鹿山林之请。臣不胜受恩感激！

译文

听闻消息，微臣忧心惭愧，没有安宁的时候。一边抱病等候圣旨，前往浙江、杭州府等地。在十月初二那天吏部再次奏请批准咨文："该臣子为了乞求圣恩，辞退新任职务，仍旧按照原来的职务引退上奏一事，上奏后接到圣旨：王守仁不能辞休；南安、赣州地区现今多发事故，令其抓紧前往，用心巡视抚察。旨意在此。"旨意传达到微臣，微臣感激惶恐，不敢再不顾情况地请辞。随后在本月初三出发，到转年正月十六日，已经抵达了赣州接管巡抚之处，考虑到微臣身体虚弱，性格迂腐粗疏，姑且传授了一些肤浅的皮毛之见，并没有制敌取胜的才能。鸿胪寺清闲散漫，微臣尚且因为患病不能承担；巡抚一职繁重困难，微臣的精力怎能胜任！但前面的官员由于因病请辞招到非议，臣再请辞有效仿恶行的嫌疑；圣旨言明现今多发事故，这样做恐怕也会犯下回避祸难的罪行。于是冒着才不称职的危险，没有时间担忧因力不胜任而败事。勤勉任职，转眼已经过去一旬了。微臣蒙受恩典，谋求报答，每每废寝忘食。只是当下军队的粮草消耗殆尽，才开始出兵作战，盗贼把百姓劫掠一空，才开始为灾后的地区叫苦。目前尚且还一点计策也没有，怎么敢说短时间内就能解决？何况天气炎热，又害怕再次因瘴气而患病，身体日益衰弱，担忧不能继续奔走效力。心里非常想做，但才能不够，想要推进剿匪，但力量有限，徒然地着急想要报答恩情，没能尽到至死效忠的诚心。微臣不敢不尽力奉献才能，拼命磨练自己；尽到人力能做的一切，将结果托付给上天。诚然对山河没有益处，也能对细流尘埃作出微小的贡献。待到清剿完贼寇的老巢，还请陛下准许微臣回归乡野。微臣蒙受圣恩，感激至极！

给由疏

十二年二月二十五日

臣见年四十六岁，系浙江绍兴府余姚县民籍，由进士，弘治十三年二月内除授刑部云南清吏司主事。弘治十五年八月内告回原籍养病。弘治十七年七月内病痊赴部，改除兵部武选清吏司主事。正德元年十二月内为宥言官去权奸以彰圣德事，蒙恩降授贵州龙场驿驿丞。正德五年三月内蒙升江西吉安府庐陵县知县，本年十月内升南京刑部四川清吏司主事。正德六年正月内调吏部验封清吏司主事，本年十月内升本部文选清吏司员外郎。正德七年三月内升本部考功清吏司郎中，本年十二月初八日蒙升南京太仆寺少卿。正德八年十月二十二日到任，至正德九年四月二十一日止，历俸六个月。本日到任，吏部札付，蒙升南京鸿胪寺卿，本月二十五日到任，至正德十一年九月十四日止，连闰历俸二十九个月零十二日。本日准吏部咨，蒙恩升都察院右佥都御史，巡抚南、赣、汀、漳等府，于正德十二年正月十六日前到地方行事，支俸起扣，至本月二十五日止，又历俸十日。连前共矮历三十六个月。三年考满，例应给由。缘臣系巡抚官员，见在福建漳州等府地方督调官军，夹剿漳、浦等处流贼，未敢擅离。缘系三年给由事理，为此具本奏闻。

译文

微臣今年四十六岁，是浙江绍兴府余姚县人，进士出身，弘治十三年（1500）二月出任刑部云南清吏司主事。弘治十五年（1502）八月上报回到原来的籍贯调养病情。弘治十七年（1504）七月病情痊愈返回刑部，改任兵部武选清吏司主事。正德元年（1506）十二月，因为上奏宽恕言官，革除权臣奸佞，彰显圣德一事，承蒙恩情降任为贵州龙场驿驿丞。正德五年（1510）三月，承蒙升任江西吉安府庐陵县知县，当年十月升任南京刑部四川清吏司主事。正德六年（1511）正月调任吏部验封清吏司主事，当年十月升任本部文选清吏司员外郎。正德七年（1512）三月升任吏部考功清吏司郎中，当年十二月初八升任南京太仆寺少卿，正德八年（1513）十月二十二日抵达任上，到正德九年（1514）四月二十一日为止，总共就职了六个月。当日任期到了，吏部下发公文，微臣承蒙升任鸿胪寺卿，九月二十五日到职，到正德十一年（1516）九月十四日为止，连同闰月共就职二十九个月零十二天。当日吏部咨文被批准，蒙恩升任都察院右佥都御史，巡视抚察南岸、赣州、汀州、漳州等府，在正德十二年（1517）正月十六日前到达地方办公，开始开支俸禄，到当月二十五日为止，又就职十日。连同前面总共历经了三十六个月。三年考绩期限已满，按例应该将履历及曾否受有处分等情具结行文咨送吏部。由于微臣是负责巡视抚察的官员，目前在福建漳州等地区监督调遣官兵，夹击漳、浦一带流窜的贼寇，不敢擅离职守。由于是三年期满需要送交履历之事，为此特意上奏禀报陛下。

参失事官员疏

十二年三月十五日

据江西按察司整饬兵备带管分巡领北道副使杨璋呈："据赣州府信丰县及信丰守御千户所各报称，正德十二年二月初七日，有龙南强贼突来地名崇仙屯扎。已经差委兴国县义民萧承会同信丰、龙南官兵，相机剿捕。续据申报，强贼突来本县小河住扎，离县约有四十余里，乞要发兵策应。又据申报，本月初九日，有龙南流贼六百余人突至城下，除严督军兵固守城池，缘本所县无兵御敌，诚恐前贼攻城，卒难止遏，乞调峰山弩手并该县兵夫救护。又经差委南安府经历王祚、南康县县丞舒富统领弩手杀手，前去约会二县掌印官，并领官兵相机攻围。去后，续据县丞舒富呈，本月初十日，蒙委统领杀手陈礼鲂、打手吴尚能等共五百名，经历王祚、义民萧承统领峰山、加善、双秀弩手各三百名，先后到于信丰县会剿。至十一日，止有该所管屯千户林节带兵四十余名出城。据乡导、马客等报称，止有强贼六百余人，在地名花园屯扎。当同各官将兵分布扎定，只见前贼一阵，止有百十余徒先出，有前哨义民萧承领兵就与敌杀，斩获贼级四颗，夺获白旗一面。顷刻，众贼出营，分为三哨，约有二千余徒。瞰知龙南反招贼首黄秀魁，纠合广东龙川县浰头贼首池大鬓、贼首池大安、新总并池大昇，共为一阵，贼首杨金巢自为一阵，势甚猖獗。卑职督统本哨兵快，奋勇交锋，杀死贼徒二十余人。不意贼众一涌前冲，杀手陈礼鲂、百长钟德昇等见势难当，俱各不听约束，先行漫散。有南康县报效义士杨习举等仍与前贼死敌不退，俱被戳伤身死；及有经历王祚上马不便，亦被执去。贼势得胜，仍要攻城，随与萧承、林节等收集众兵，退至南营山把截。遇蒙本道亲临该县督剿，各贼闻知，退至牛州，离城少远。至十二日，前贼差人告招，十三日，蒙本道差萧承前去招抚，就将经历王祚放回。贼往原巢去讫。"等因到道，备呈到臣。随据龙南县知县卢凤呈称："本县捕盗主簿周政，会同镇抚刘镗、千户洪恩，统领机兵旗军，于本月十八日前去信丰县截捕，探得强贼池大鬓、黄秀魁等从鸦鹊隘越过安远县住扎。本职督兵追截，前贼已往广东龙川县，复回原巢浰头去讫。"据安远县知县刘瑀禀称，于本月十九日，统领水元、大石等保民兵弩手，前去龙泉等保截剿，各贼遁回原巢去讫，难以穷追。以此掣兵回县缘由。

译文

根据江西按察司整饬兵备带管分巡领北道副使杨璋呈递的消息："根据赣州府信丰县及信丰守御千户所各自报道称，正德十二年二月初七，有龙南县的凶猛贼寇突然来到名为崇仙的地方屯驻扎营。已经派遣兴国县的正义之士萧承与信丰、龙南县的官兵一起，观察时机，进行剿灭逮捕。后面根据上报，凶猛的贼寇突然来到本县的小河边安顿住下，距离县城大约有四十多里，请求朝廷派兵配合作战。又根据呈报，本月初九，有六百多名龙南县流窜的贼寇突然来到城下，派严督军守卫城池，由于本县没有兵力抵御敌人，实在担忧前方的贼寇攻打县城，最终难以阻止，请求调用峰山县的弩手及该县兵员援救护卫。又委派南安府经历王祚、南康县县丞舒复统领弩手、杀手，前往与两县的掌印官会面，并带领官兵伺机围攻。之后又根据县丞舒复呈报，本月初十，受到委派统领杀手陈礼鲂、打手吴尚能等总共五百人，经历王祚、正义之士萧承带领峰山、加善、双秀县的弩手各三百人，先后抵达信丰县会同剿匪。到十一日，只有该千户所管理屯田的千户林节带领四十余官兵出城。根据向导、行人所说，只有六百多名贼寇在名为花园的地方驻扎。当即与各位官员带领兵士分开安置扎营，只见到前方的贼寇列阵，只有一百多人出来，负责警戒的正义之士萧承率领兵士与敌寇拼杀，斩下四颗贼寇的首级，夺下了一面白旗。很快，贼寇全部出动，分为三队，约有两千多人。在高处观察发现龙南反叛朝廷的贼寇首领黄秀魁，联合广东龙川县浰头的贼寇首领池大鬓，贼寇首领池大安、新总和池大昇，共同组成一个阵列，贼寇首领杨金巢自己组成一个阵列，势力凶猛放肆。卑职统领本队担任缉捕等事的衙役，英勇作战，杀死贼寇二十多人。但没料到贼寇一并冲上前来，杀手陈礼鲂、百长钟德昇见到形势难以抵挡，都不再服从管束，先一步散开逃跑。南康县报国的义勇之士杨习举等人仍旧与敌寇拼杀，冒死不撤退，都被戳伤致死；还有经历王祚，因不方便上马，也被虏去。贼寇见形势有利于取胜，要继续攻打县城，卑职随后与萧承、林节等会集兵员，退到南营山把守拦截。遇到本道长官莅临信丰县督察剿匪情况，贼寇听闻消息，退到牛州，与县城距离较远。到十二日，贼寇派人来声称愿意投降，十三日，本道长官派遣萧承前去劝说安抚，贼寇就将经历王祚释放回来，全部回到了原来的据点。”这些事情及消息详细地呈报给了微臣。随后据龙南县知县卢凤说：“本县捕盗主簿周政，与镇抚刘镗、千户洪恩一起，统领官兵，再本月十八日前往信丰县拦截逮捕贼寇，打探到贼寇的首领池大鬓、黄秀魁等人越过鸦鹊隘去安远县驻扎。卑职带领官兵追击拦截，贼寇已经前往广东龙川县，又全部回到了原来的据点浰头。”根据安远县直线刘瑀禀报，在本月十九日，率领水元、大石等保的民兵弩手，前往龙泉等保拦截剿匪，但贼寇已经退回原本的据点，很难追击到底。这就是收兵回到县里的原因。

查得先据该道及信丰县所各禀报前事，已经批仰该道兵备等官，急调招抚义官叶芳，协同石背兵夫断贼归路；及调峰山弩手与南康打手人等，责委县丞舒富统领前后夹击。又看得此贼既离巢穴，利在速战，仍仰该府急行所属邻近官司，俱要乘险设伏，厚集以待；及于各乡村往来路径多张疑兵，使贼不敢轻易奔突。仍调安远县知县刘瑀星夜起集水元、大石等保民兵一千，横接龙南，邀其不备。若贼犹屯信丰，急自龙南直趋浰头，捣其巢穴。贼进无所获，退无所处，不过旬日，可以坐擒。仰各遵照施行去后。今据前因，参看得县丞舒富，承委督剿，不能相度机宜，轻率骤进，以致杀伤兵快，原其心虽出奋勇，责以师律，均为败事。经历王祚，临阵溃奔，为贼所执，后虽幸免，终系失机。信丰所县知县黄天爵、千户郑铎、巡捕副千户朱诚，惟知固城自守，不肯发兵应援。龙南知县卢凤、捕盗主簿周政、提备镇抚刘镗、千户洪恩，地当关隘，正可防遏，坐视前贼往来，略不出兵邀击。千户林节，即其兵力之寡，似难全责，究其失律之罪，亦宜分受。安远县知县刘瑀，承调追袭，缓不及事，俱属违法。南康县百长钟德昇等，临阵不前，故违约束，先行溃散，失误军机，应合处以军法。该道兵备副使杨璋、守备都指挥同知王泰，俱属提督欠严，但杨璋往来调度，卒能招抚前贼，计其功劳，可以赎罪。及照广东龙川县掌印、捕盗等官，明知首贼池大鬓等在彼地方为巢，却亦不行时尝巡逻，纵其过境劫掠，又各不行乘机追捕，俱属故违。

译文

这是先前该道及信丰县呈报的发生过的事，已经准许该道兵备等官员紧急调用善于招安的义官叶芳，与石背村的兵士截断贼寇撤退的路线；再调集峰山县的弩手与南康县的打手等人，委派县丞舒复率领他们前后夹攻。又观察到贼寇离开据点，适合速战速决，仍然命令该府快速前往邻近的官府，要求他们利用地势设下埋伏，聚集人手等待时机；还要在各个乡、村往来的道路上多加布置迷惑敌人的兵士，让敌寇不敢轻易地移动突袭。调派安远县知县刘瑀在夜晚行动，招集水元、大石等保的民兵一千人，从侧面接近龙南，使敌人没有防备。如果贼寇仍然在信丰县驻扎，就快速从龙南径直前往浰头，捣毁他们的据点。贼寇前进没有收获，撤退也没有地方，不超过一旬，就可以不费力气地擒获。微臣命令他们各自遵照指令行动。现在根据之前发生的事情考察，发现县丞舒复受到委派监督剿匪，不能考虑、分析时机，草率贸然地出兵，致使担任缉捕等事的衙役死伤，虽然他的本意是要英勇杀敌，但是按军队的法律来衡量，都属于败坏事情的罪过。经历王祚，临到作战时逃跑，被贼寇俘虏，即使后来侥幸脱身，终究也是贻误军机。信丰县知县黄天爵、千户郑铎、巡捕副千户朱诚，只知道龟缩在县城里自保，不愿意派遣士兵援助。龙南县知县卢凤、捕盗主簿周政、提备镇抚刘镗、千户洪恩，所处地区位于险要关卡，正适合阻遏敌寇，但却白白地看着贼寇来往经过，丝毫不派兵出击。千户林节，考虑到他的兵力很少，似乎很难苛责，若要追究他违背军法的罪过，也应该与其他人分摊。安远县知县刘瑀，被任用追击贼寇，动作迟缓，未能完成任务，都属于违反法律。南康县百长钟德昇等人，作战时不上前线，故意违反命令，先行四散奔逃，贻误军机，应当一并以军法处置。该道的兵备副使杨彰、守备都指挥同知王泰，都属于督管不严，不过杨彰来去管理安排，最终能招安贼寇，也有他的功劳，可以抵消罪过。至于广东龙川县掌印、捕盗等官员，明明知道贼寇首领池大鬓等人在那里建立据点，却没有时常派人过去巡逻，放任贼寇越过边境掠夺百姓，又各自不进行趁机抓捕，都属于故意违反法律。

所据前项失事官员，俱属遵奉敕谕事理，即行提问。但前项贼徒，拥众数千。变诈百出，命虽阳受招抚，其实阴怀异图。况其党与根连三省，万一乘间复出，为患必大。正系紧关用人堤备之际，除将百长钟德昇等查勘的确，处以军法，及方面军职另行参究外，其余前项各官，且量加督责，姑令戴罪堤备，各自相机行事，勉图后功，以赎前罪。仍一面委官前去信丰县地方，查勘前项杀死兵快数目，及有无隐匿别项事情，另行参奏。缘系地方紧急贼情及参失事官员事理，未敢擅便，为此具本请旨。

译文

微臣前面提到的失职的官员，都遵照敕令的旨意，当即进行审问。但上述贼寇有数千人，诡计谋划很多，想必虽然表面上接受了招安，其实暗地里怀揣着不同的企图。况且他们的党羽根基遍布三省，万一钻到空子再次出来活动，一定会造成重大的灾难。现在正是需要人手提防的紧要关头，除了将百长钟德昇等人确实审查判决，依据军法处置，军职另外进行弹劾追究外，其他犯事官员，通过商议给予督察责罚，姑且命令他们在承担罪名的情况下担任防备贼寇的工作，各自根据时机行事，勉强谋求后来的功绩，来偿还先前的罪过。一面委派官员前往信丰县，探查之前牺牲的缉捕衙役的人数，及有没有躲藏的贼寇等其他事情，再另外上奏。因为涉及地方贼寇活动的紧急情况及弹劾失职官员的事情，微臣不敢擅作主张，特此禀告陛下。

闽广捷音疏

十二年五月初八日

据福建按察司整饬兵备兼管分巡漳南道佥事胡琏呈：会同分守右参政艾洪、经理军务左参政陈策、副使唐泽、将领都指挥佥事李胤、督据河头等哨委官指挥徐麒、知县施祥、知事曾瑶等呈称，各职统领军兵五千余人进至长富村等处。见得贼众地险，巢穴数多，兼且四路装伏，势甚猖獗。克期于正德十二年正月十八日等各分哨路，从长富村至阔竹洋、新洋、大丰、五雷、大小峰等处与贼交锋。前后大战数合，擒斩首从贼犯黄烨等，共计四百三十二名颗，俘获贼属一百四十六名口，烧毁房屋四百余间，夺获马牛等项。被贼杀死老人许六、打手黄富璘等六名。余贼俱各奔聚象湖山拒守，各职又统官兵追至莲花石与贼对扎。诚恐贼众我寡，呈乞添兵策应等因到道。

译文

根据福建按察司整饬兵备兼管分巡漳南道佥事胡琏呈报：连同分守右参政艾洪、经理军务左参政陈策、副使唐泽、将领都指挥佥事李胤、督据河头等哨委官指挥徐麒、知县施祥、知事曾瑶等呈报称，各职务官员率领五千余名官兵进驻长富村等地。观察到贼寇众多，地势险要，据点数量多，加之各处都有埋伏，势力凶猛猖狂。约定在正德十二年（1517）正月十八日各自分成队列，从长富村到阔竹洋、新洋、大丰、五雷、大小峰等处与贼寇作战。前后激烈交战数次，捉拿斩杀头领、随从黄烨等人，共计四百三十二名，俘虏贼寇家属一百四十六人，烧毁房屋四百多间，夺得牛马等物资。贼寇杀死老人许六、打手黄富璘等六人。其余贼寇都各自奔逃聚集到象湖山防守，各个官员又统领官兵追逐至莲花石与贼寇相对驻扎。实在担忧敌众我寡，呈报请求增派兵员配合作战。

行据大溪哨指挥高伟呈报，统兵约会莲花石官兵攻打象湖山，适遇广东委官指挥王春等领兵亦至彼境大伞地方。卑职与指挥覃桓、县丞纪镛，领兵前去会剿。不意大伞贼徒突出，卑职等奋勇抵战，覃桓、纪镛马陷深泥，与军人易成等七名，兵快李崇静等八名，俱被贼伤身死，卑职亦被戳二枪。势难抵敌，只得收兵暂回听候。缘象湖山系极高绝险，自来官兵所不能攻，今贼势日盛，若不添调狼兵，稍俟秋冬会举夹攻，恐生他变。通行呈禀间，续奉本院纸牌，为进兵方略事，备行各职遵奉密谕，佯言犒众退师，俟秋再举。密切部勒诸军，乘懈奋击。依蒙密差义官曾崇秀爪探虚实，乘贼怠弛，会选精兵一千五百名当先，重兵四千二百名继后，分作三路。各职统领俱于二月十九日夜衔枚直趋，三路并进，直捣象湖山，夺其隘口。各贼虽已失险，但其间贼徒类皆骁勇精悍，犹能凌堑绝谷，超跃如飞。复据上层峻险，四面飞打衮木礌石，以死拒敌。我兵奋勇鏖战，自辰至午，呼声震天，撼摇山谷。三司所发奇兵，复从间道鼓噪突登，贼始惊溃大败。我兵乘胜追杀，擒斩大贼首黄猫狸、游四并广东大贼首萧细弟、郭虎等二百九十一名颗，俘获贼属一百三十三名口，其间坠崖堕壑死者不可胜计。夺回水黄牛、赃银、枪刀等物，烧毁房屋五百余间。余贼溃散，复入流恩、山冈等巢，与诸贼合势，亦被各贼杀死头目赖颐、打手杨缘等一十四名。次早，各职分兵追剿，指挥高伟、推官胡宁道，亦由大丰领兵来会。仍与前贼交锋大战，擒斩首从贼犯巫姐旺等一百六十三名颗，俘获贼属一百六名口。余贼败走，各又遁入广东交界黄蜡溪、上下漳溪大山去讫。

根据大溪哨指挥高伟呈报，统领兵员会同莲花石官兵攻打象湖山，适逢广东委官指挥王春等带领兵士也到达了莲花石附近的大伞地区。卑职和指

挥覃桓、县丞纪镛率领兵士前去共同剿匪。没料到大伞处贼寇超出寻常，卑职等人英勇作战，覃桓、纪镛的战马陷入淤泥，与军人易成、缉捕衙役李崇敬等八人，都被贼寇击伤牺牲，卑职也被戳中两枪。形势难以抵御敌方，只能撤回军队，暂时回去等候指令。由于象湖山高耸险峻，官兵从来都不好攻占，现今贼寇的势力日益壮大，如果不增添调派狼兵，略微等到秋冬会同进行夹攻，恐怕会生出其他的变故。沟通呈报之间，又接到了本院的纸牌，写着出兵策略等事项，准备作战的各个官员遵照密令，假称要犒赏众人、撤回军队，等到秋季再发兵。秘密安排训练军队，趁着贼寇松懈的时候奋起出击。依靠秘密差遣义官曾崇秀探查情况，趁着贼寇懈怠松弛之际，统一选择一千五百名精锐的兵士在前冲锋，四千二百名实力强劲的兵士在其后跟进，分成三路进攻。各个官员统领都在二月十九日夜晚安静地奔赴战场，三路一起前进，直扑象湖山，抢占隘口部位。贼寇虽然失去了险地，但其中的贼人勇猛强悍，如同能跨越深坑巨谷，移动灵活，像飞起来一样。又依靠上层的险峻地形，从四面八方打下木头石块，拼死抵抗。我军英勇激战，从清晨到晌午，喊杀声震彻天地，撼动山谷。都司、布政司、按察司三司派出的突袭军队，又从偏僻的小路擂鼓呐喊，突然出现，贼寇才惊恐逃散，一片溃败。我军趁着胜利追击贼寇，捉拿斩杀贼寇大首领黄猫狸、游四和广东贼寇大首领萧细弟、郭虎等二百九十一人，俘虏贼寇家属一百三十三人，中间落下山崖摔死的人，不能逐一计数。夺回水黄牛、赃款、刀枪等物资，烧毁房屋五百多间。剩下的贼寇逃散，又进入流恩、山冈等据点，与其他贼寇合并为一股势力，我方也被贼寇杀死头目赖颐、打手杨缘等十四人。次日早上各官员分头追击，指挥高伟、推官胡宁道，也从大丰率领军队前来汇合。再次与贼寇激战，捉拿斩杀贼寇首领随从巫姐旺等一百六十三人，俘虏贼寇家属一百零六人，其余贼寇战败逃走，已经全部逃入广东交界的黄蜡溪、上下漳溪大山。

又据金丰三团哨委官指挥王铠、李诚、通判龚震等各呈称：贼首詹师富等恃居可塘洞山寨，聚粮守险，势甚强固。各职依奉会议，分兵五路，连日攻打，生擒大贼首詹师富、江崮、范克起、罗招贤等四名，余贼败走，复入竹子洞等处大山啸聚。随又分兵追袭，与贼连战，擒首从贼犯范兴长等二百三十五名颗，俘获贼属八十二名口，夺回被虏男妇五名口，夺获马牛等物。亦被各贼杀死老人胡文政一名，戳伤乡夫叶永旺等五名。

译文

又根据金丰三团哨委官指挥王铠、李诚、通判龚震等人呈报：贼寇首领詹师富等人聚居在可塘洞山寨，囤积粮食，以险要地势作为防守，势力强大顽固。各官员依据商讨，把军队分为五路，连续几天进行攻打，活捉了贼寇大首领詹师富、江嵩、范客起、罗招贤等四人，其余贼寇逃散，又互相招呼着进入竹子洞等地的大山聚集。随后我方又分散兵力追击，与贼寇接连作战，捉拿贼寇首领范兴长等二百三十五人，俘虏贼寇家属八十二人，救回被俘虏的男丁妇女五人，夺得牛马等物资。贼寇杀死老人胡文政一人，戳伤乡民叶永旺等五人。

又据指挥徐麒等呈称：黄蜡溪、上下漳溪与广东饶平县并本省永定县，山界相连。遵依约会，广东官兵并金丰哨指挥韦鑑、大溪哨推官胡宁道等，于三月二十一日子时发兵，齐至黄蜡，广东义民饶四等领兵亦至，会合我兵，三路进攻。贼出，拒战甚锐，我兵奋勇大噪而前，擒斩首从贼犯温宗富等九十一名颗，俘获贼属一十三名口，余贼败走。各兵乘胜追至赤石岩，仍与大战良久，贼复大败。又擒斩首从贼犯游宗成等一百四十六名颗，俘获贼属九十名口。

译文

又根据指挥徐麒等人呈报：黄蜡溪、上下漳溪与广东饶平县及本省永定县，交界处山脉相连。遵照约定商讨的内容，广东官兵与金丰指挥韦鑑、大溪哨推官胡宁道等人，在三月二十一日子时出兵作战，一齐到达黄腊，广东义勇之士饶四等人也率兵到达，与我军会和合，共分三路进攻，贼寇出来作战，抵抗非常顽强，我军喊杀震天，勇猛前进，捉拿斩获贼寇首领随从温宗富等九十一人，俘虏贼寇十三人，其余贼寇逃散。各路兵力趁着胜利追击到赤石岩，又与贼寇激战良久，贼寇再次溃败。又捉拿斩首贼寇首领随从游宗成等一百四十六人，俘虏贼寇家属九十人。

又据中营委官指挥张钺、百户吕希良等呈称：领兵追赶黄蜡溪等处逃贼，至地名陈吕村，遇贼拒战，当阵擒斩首从贼犯朱老叔等六十六名颗，俘获贼属八名口。各另呈解到道，转解审验纪功外，续据委官知府钟湘呈称：蒙调官兵，先后两月之间，攻破长富村等处巢穴三十余处，擒斩首从贼犯一千四百二十余名颗，俘获贼属五百七十余名口，夺回被掳男妇五名口，烧毁房屋二千余间，夺获牛马赃仗无算。即今胁从余党，悉愿携带家口出官投首，听抚安插。本职遵照兵部奏行勘合并巡抚都察院节行案牌事理，出给告示，发委知县施祥、县丞余道，招抚协从贼人朱宗玉、翁景璘等一千二百三十五名，家口二千八百二十八名口，俱经审验安插复业缘由，呈报到道，转呈到臣。

译文

又根据中营委官指挥张钺、百户吕希良等人呈报：率领军队追逐赶黄腊溪等地逃窜的贼寇，到达名为陈吕村的地方，遇到贼寇抵抗，当场捉拿斩杀贼寇首领随从朱老叔等六十六人，俘虏贼寇家属八人。各自另行押送到道里，转相押送、审问，记录功劳以外，又根据委官知府钟湘呈报：调用官兵，在前后两个月之间，攻破长富村等地方的据点三十多处，捉拿斩杀贼寇首领随从一千四百二十多人，附录贼寇家属五百七十多人，救回被俘虏的男丁、妇女五人，烧毁房屋两千多间，夺得牛马、赃款、兵器无数。现在跟从他们的其他同伙，全都愿意携带家人作为证人自首，听从安置。卑职遵照兵部上奏的文书及巡抚都察院写在纸牌上的事项，发出告示，委派知县施祥、县丞余道招安随从贼寇朱宗玉、翁景璘等一千二百三十五人，家属两千八百二十八人，全部经过审问核验，安置恢复就业，呈报到道里，转而呈报给微臣。

及据广东按察司分巡岭东道兵备佥事等官顾应祥等会呈：遵依本院案验，委官统领军兵，会同福建克期进剿。随奉本院进兵方略，当即遵依，扬言班师，一面出其不意，从牛皮石、岭脚隘等处分为三哨，鼓噪并进。贼瞻顾不暇，望风瓦解。

译文

又根据广东按察司分巡岭东道兵备佥事等官顾应祥等人联合呈报：遵照本院查验，委派官员统领军队，与福建地方一同，约定日期剿灭贼寇。随后收到本院的作战计划，立即遵守，放出消息要撤回军队，另一边又出其不意，从牛皮石、岭脚溢等地方分为三支，擂鼓呐喊着一同前进。贼寇腹背受敌，很快四散而逃。

节据指挥杨昂、王春，通判徐玑、陈策，义官余黄孟等各报称，于本年正月二十四等日，克破古村、未窖、禾村、大水山、柘林等巢，生擒大贼首张大背、刘乌嘴、萧乾爻、范端、萧王即萧五显、蓟钊、苏瑢、赖隆等，并擒斩首从贼犯。乘胜前进，会同福建官军克期夹攻。间探知大伞贼徒溃围，杀死指挥覃桓、县丞纪镛等情，当即进兵策应。各贼畏我兵势，烧巢奔走。生擒贼首罗圣钦，余贼退入箭灌大寨，合势乘险，并力拒敌。蒙委知县张戬督同指挥张天杰，分哨由别路进兵，攻破白土村、赤口岩等巢，直捣箭灌大寨。诸贼迎战，我兵奋勇合击，遂破箭灌。当阵斩获首从贼犯共计二百二十四名颗，俘获贼属八十四名口，及牛马赃仗等物。各寨贼党闻风奔窜，已散复聚，愈相连结，各设机险，以死拒守。各职统兵分兵并进，于三月二十等日攻破水竹、大重坑、苦宅溪、靖泉溪、白罗、南山等巢，直捣洋竹洞三角湖等处，前后大战十余，生擒贼首温火烧、张大背、雷振、蔡晟、赖英等，并擒斩贼犯共一千四十八名颗，俘获贼属八百三十八名口，夺获马牛、赃银、铜钱、衣帛、器仗、蕉纱等物。前后共计生擒大贼首一十四名，擒斩贼犯一千二百五十八名颗，俘获贼属九百二十二名口，夺获水黄牛、马一百三十九头匹，赃仗衣布等物共二千一百五十七件匹，葛蕉纱九十六斤一两，赃银三十二两四钱八分，铜钱一百四十二文，各开报到道收审，缘由呈报前来。卷查先为急报贼情事，准兵部咨，该本部题：已经福建、广东总镇巡按等衙门都御史陈金、御史胡文静等会议区画，各该守巡兵备等官钦遵，整备粮饷，起调军兵，约会进剿间，臣于本年正月十六日始抵赣州地方行事。先于本月初三日于南昌地方据两省各官呈禀，师期不同，事体参错，诚恐彼此推调，致误军机。当臣备遵该部咨来事理，具开进兵方略，行仰各官协同上紧密切施行去后。续据福建右参政等官艾洪等会呈：指挥覃桓、县丞纪镛，被大伞贼众突出，马陷深泥，被伤身死。及据各哨呈称：贼寨险恶，天气渐暄，我兵遭挫，贼势日甚，乞要奏添狼兵候秋再举。备呈到臣。参看得各官顿兵不进，致此败衄，显是不奉节制，故违方略。及照奏调狼兵，非惟日久路遥，缓不及事。兼恐师老财费，别生他虞。且胜败由人，兵贵善用。当此挫折，各官正宜协愤同奋，因败求胜，岂可辄自退阻，倚调狼兵，坐失机会？臣当日即自赣州起程，亲率诸军进屯长汀、上杭等处。一面督令各官密照方略，火速进剿，立功自赎，敢有支吾推调，定以军法论处；一面查勘失事缘由，另行参奏间。随据各呈捷音到臣，参照闽、广贼首詹师富、温火烧等恃险从逆已将十年，党恶聚徒，动以万计。鼠狐得肆跳梁，蛇豕渐无纪极。劫剽焚驱，数郡遭其荼毒；转输征调，三省为之骚然。臣等奉行诛剿，三月之内，遂克歼取渠魁，扫荡巢穴，百姓解倒悬之苦，列郡获再生之安。此非朝廷威德，庙堂成算，何以及此？及照福建领兵各官，始虽疏于警备，稍损军威，终能戮力协谋，大致克捷。论过虽有，计功亦多。其间福建如佥事胡琏、参政陈策、副使唐泽、知府钟湘、广东如佥事顾应祥、都指挥佥事杨懋、知县张戬，才调俱优，劳勋尤著。伏乞俯从惟重之典，以作敢战之风。除将二省兵快量留防守，其余悉令归农。及将功次另行勘报外，原系捷音事理，为此具本题奏。

译文

根据指挥杨昂、王春，通判徐玑、陈策，义官余黄孟等人呈报，在本年正月二十四等日，攻破古村、未窖、禾村、大水山、柘林等据点，活捉贼寇大首领张大背、刘乌嘴、萧乾爻、范端、萧王即萧五显、蓟钊、苏琮、赖隆等人，捉拿并斩杀贼寇首领及随从。趁着胜利继续向前，联合福建官兵约定日期从两面进攻。期间探查得知大伞地方的贼寇击溃了包围，杀死指挥覃桓、县丞纪镛等情况，立即派兵进行照应。贼寇惧怕我军的攻势，烧毁据点逃走。活捉贼寇首领罗圣钦，其余贼寇退到箭灌大寨，利用险要地势，合力抵御。委派知县张戬督同指挥张天杰，分头从其他道路进攻，攻破白土村、赤口岩等据点，直扑箭灌大寨。贼寇出来作战，我军英勇地联合作战，攻破了箭灌大寨。当场斩杀了贼寇首领随从总计二百二十四人，俘虏了贼寇家属八十四人，以及牛马、赃款、兵器等物资。各寨的贼寇听闻消息各自奔逃，分散开又聚拢，愈加连结在一起，分别设置机关陷阱，拼死抵抗。各官员统领官兵分头前进，在三月二十等日攻破水竹、大重坑、苦宅溪、靖泉溪、白罗、南山等据点，直扑洋竹洞、三角湖等地方，前后激战十多次，活捉贼寇首领温火烧、张大背、雷振、蔡晟、赖英等人，捉拿斩杀贼寇一千零四十八人，俘虏贼寇家属八百三十八人，夺得牛马、赃款、铜钱、衣布、兵器、蕉布等物资。前后总共活捉贼寇大首领十四人，捉拿斩杀贼寇一千二百五十八人，俘虏贼寇家属九百二十二人，夺得水黄牛、马一百三十九头匹，兵器衣布等物资共两千一百五十七件匹，葛蕉布九十六斤一两，赃款三十二两四钱八分，铜钱一百四十二文，分别上报给道里接收审查，过程在上文呈报。查阅卷宗，先前紧急呈报的贼寇灾情，兵部的咨文已经得到批准，该部写道：已经通过福建、广东总镇巡按等衙门的都御史陈金、御史胡文静等人商讨计划，各地守巡兵备等官员遵命行事，整理储备粮草兵饷，调动官兵，计划联合剿匪的时候，微臣在本年正月十六日开始抵达赣州地区办事。先在本月初三在南昌查看两省官员的禀报，出兵的日期不同，事情参差交错，实在担忧他们相互推诿，以致贻误军机。微臣完全遵照该部咨文中的事项，详细地制定作战计划，仰仗各位官员之后紧密合作、认真执行。又根据福建右参政艾洪等官员联合呈报：指挥覃桓、县丞纪镛，马匹陷在泥中，被大伞地区的贼寇冲出包围，受伤牺牲。还根据各路兵员呈报：贼寇的据点危险可怕，天气逐渐变暖，我军受到挫折，贼寇的势力日益强大，请求上奏增添狼兵，等到秋季再出兵。详细呈报给微臣。了解到各位官员停下军队不再前进，导致这一战败，显然是不遵守调度管束，因此违背了战略。如果遵照呈报，上奏调派狼兵，不仅路途遥远、用时过久，恐怕也会因过于迟缓而误事。又担忧军队疲惫，财政消耗过度，另外出现其他的问题。况且胜败在于将领，作战最可贵的是善于用兵。遇到这样的失败，各位官员正应该共担愤怒，共同努力，通过失败求取胜利，怎么能就这样退却，倚靠狼兵的力量，白白地错失机会？微臣当日就从赣州出发，亲自率领军队屯驻在长汀、上杭等地方。一边监督命令各位官员秘密遵照战略，快速进行围剿，立下功劳偿还罪过，如果有人敢含混推诿，定当按军法处置；一边调查败坏事情的原因，另外弹劾上奏。随后根据各自呈报给微臣的捷报，得知闽广地区的贼寇首领詹师富、温火烧等人依靠险要地势从事违法之事已经将近十年，聚集同伙组成了凶恶的党派，动辄以数万计。像老鼠狐狸一样肆意地跳跃，像蛇和野猪一样逐渐没有约束。劫掠驱逐百姓，烧毁房屋，几个郡都遭到他们的残害；朝廷征集调用人力物资，几个省都动荡不安。微臣等奉命进行剿灭，三个月以内，就歼灭了贼寇首领，荡平了据点，百姓解决了极端的困难，各郡县再次获得了安宁。如果不是朝廷的威势和恩德，陛下和大臣周密的计划，怎么能到这个地步呢？至于考察福建率领军队的各位官员，开始虽然在警戒上有所疏忽，稍稍损害了军队的威名，但最终能够通力合作，协同谋划，使行动取得胜利。虽然有过失值得讨论，但算下来的功劳也很多。在这之间福建佥事胡琏、参政陈策、副使唐泽、知府钟湘、广东佥事顾应祥、都指挥佥事杨懋、知县张戬，才能都很优秀，付出和功劳尤其显著。乞求陛下从重奖赏，以此鼓励敢于战斗的风气。除了将两个省担任缉捕等事的衙役酌量留下防守外，命令其余人等全部回乡务农。功劳名次会另外进行奏报，原本是打胜仗一事，特此禀告陛下。

申明赏罚以励人心疏

十二年五月初八日

据江西按察司整饬兵备带管分巡岭北道副使杨璋呈：“伏睹《大明律》内该载‘失误军事’条：‘领兵官已承调遣，不依期进兵策应，若承差告报军期而违限，因而失误军机者，并斩。’‘从军违期’条：‘若军临敌境，托故违期三日不至者，斩。’‘主将不固守’条：‘官军临阵先退，及围困越城而逃者，斩。’此皆罚典也。及查得原拟直隶、山东、江西等处征剿流贼升赏事例，一人并二人为首就阵，擒斩以次剧贼一名者五两，二名者十两，三名者赏实授一级，不愿者赏十两。阵亡者升一级，俱世袭，不愿者赏十两。擒斩从贼六名以上至九名者止，升实授二级，余功加赏；不及六名，除升一级之外，扣算赏银。三人四人五人以上共擒斩以次剧贼一名者，赏银十两均分；从贼一名者，赏五两均分。领军把总等官自斩贼级，不准升赏；部下获功七十名以上者，升署一级；五百名者，升实授一级；不及数者，量赏。一人捕获从贼一名者，赏银四两；二名者，赏八两；三名者，升一级。以次剧贼一名者，升署一级，俱不准世袭，不愿者赏五两。此皆赏格也。赏罚如此，宜乎人心激劝，功无不立；然而有未能者，盖以赏罚之典虽备，然罚典止行于参提之后，而不行于临阵封敌之时；赏格止行于大军征剿之日，而不行于寻常用兵之际故也。且以岭北一道言之，四省连络，盗贼渊薮。近年以来，如贼首谢志珊、高快马、黄秀魁、池大鬓之属，不时攻城掠乡，动辄数千余徒。每每督兵追剿，不过遥为声势，俟其解围退散，卒不能取决一战者，以无赏罚为之激劝耳。合无申明赏罚之典，今后但遇前项贼情，领兵官不拘军卫有司，所领兵众有退缩不用命者，许领兵官军前以军法从事；领兵官不用命者，许总统兵官军前以军法从事。所统兵众，有能对敌擒斩功次，或赴敌阵亡，从实开报，覆勘是实，转达奏闻，一体升赏。至若生擒贼徒，鞫问明白，即时押赴市曹，斩首示众，庶使人知警畏，亦与见行事例决不待时，无相悖戾。如此，则赏罚既明，人心激励；盗贼生发，得以即时扑灭。粮饷可省，事功可见矣。”

译文

根据江西按察司整饬兵备带管分巡岭北道副使杨璋呈报：“看到《大明律》内记载了‘失误军事’条：‘率领军队的官员已经承接调派，没有按期发兵配合作战，如果已被告知作战日期却违反了期限，因此贻误军机的人，斩首。’‘主将不固守’条：‘官员兵士临到作战前先行撤退，以及被围困时翻过城墙逃跑的人，斩首。’这些都是惩罚的条例。查到原本处置的直隶、山东、江西等地方征调清剿流窜贼寇给予奖赏的事例，一人及二人领头作战，捉拿斩杀精英贼寇一人可得五两，二人可得十两，三人奖赏升任正式官职一级，不愿受封的奖赏十两。在作战中牺牲的升任一级，全部世代相传，不愿受封的奖赏十两。捉拿斩杀随从贼寇六人以上到九人为止，升任正式官职二级，其余功劳另行赏赐；不到六人的，除升任一级以外，折抵赏银。三人四人五人以上共同捉拿斩杀精英贼寇一人的，赏银十两平均分配；捉拿斩杀随从贼寇一人的，赏银五两平均分配。领军把总等官员自己斩获贼寇首级，不准升官奖赏；部下获得七十人以上的功劳的，升代理官一级；获得五百人以上功劳的，升任正式官职一级；未达到规定数量的，酌情赏赐。一人抓获随从贼寇一名的，赏银四两；二名的，赏赐八两；三名的，升任一级。抓获精英贼寇一人的，升任代理官职一级，都不能世代相传，不愿意受封的赏银五两。这些都是赏赐的条例。像这样赏罚分明，当然会人心激动奋勉，没有不能立下的功劳。然而有不能做到的时候，大概是因为赏赐和惩罚的条例虽然完备，但是惩罚条例只在朝堂上参奏弹劾之后实行，而不在战斗杀敌之前实行；赏赐办法只在军队征调人手剿匪的时候实行，而不在平常调遣兵士的时候实行。况且从岭北一带来说，四省相连，是贼盗聚集之处。近年来，如贼寇首领谢志珊、高快马、黄秀魁、池大鬓之类的人，时常攻打城池，劫掠百姓，动不动就出动数千人。每次派兵追击围剿，不过是远远地营造声势，等待他们摆脱包围撤退。最终不能用一战决定胜负，因此没有赏赐和惩罚来激励兵士。这与没有制定赏罚条例是一样的，从今以后，只要遇到前面所说的贼寇袭扰的情况，率领军队的官员不受主管军队的官员限制，率领的兵员有不服从命令撤退的，允许其在军队面前用军法处置；率领军队的官员不服从命令的，允许统领军队的总兵官在军队面前用军法处置。统领的兵员，有能获得捉拿斩杀敌寇的功绩的，或在和敌寇的战斗中牺牲的，根据实际情况上报，审核事情属实后，转达上奏给中央，一并升任奖赏。至于活捉贼寇，审问清楚，当即押送至市场上，斩首示众，使百姓知道警惕与畏惧，也可作为例子彰显朝廷做事绝不拖延，没有违背矛盾的地方。这样，就能做到赏罚分明，鼓励人心；盗贼作难，也可以及时制止。粮草军费可以省下，事情的成果也容易体现出来了。”

具呈到臣。卷查三省贼盗，二三年前，总计不过三千有余，今据各府州县兵备守备等官所报，已将数万，盖已不啻十倍于前。臣尝深求其故，寻诸官僚，访诸父老，采诸道路，验诸田野，皆以为盗贼之日滋，由于招抚之太滥；招抚之太滥，由于兵力之不足；兵力之不足，由于赏罚之不行。诚有如副使杨璋所议者。臣请因是为陛下略言其故。

译文

详细呈报给微臣。查阅卷宗得知，三省的贼寇，在两三年前总共不过三千多人，现在根据各府州县兵备、守备等官员呈报，已经将近数万人，大概已经不只是之前的十倍了。微臣曾经深入探求这一原因，寻找各位同僚，拜访各位父老乡亲，在各条道路上搜集信息，在各个田野中验证考察，全都认为贼寇日益滋生，是因为招安过多；招安过多，是因为兵力不够；兵力不够，是因为赏罚条例不能推行。确实像副使杨璋奏议的那样。请允许微臣就这一点为陛下稍微说明原因。

盗贼之性虽皆凶顽，固亦未尝不畏诛讨。夫惟为之而诛讨不及，又从而招抚之，然后肆无所忌。盖招抚之议，但可偶行于无辜胁从之民，而不可常行于长恶怙终之寇；可一施于回心向化之徒，而不可屡施于随招随叛之党。南、赣之盗，其始也，被害之民恃官府之威令，犹或聚众而与之角，鸣之于官；而有司者以为既招抚之，则皆置之不问。盗贼习知官府之不彼与也，益从而仇协之。民不任其苦，知官府之不足恃，亦遂靡然而从贼。由是，盗贼益无所畏，而出劫日频，知府官之必将己招也；百姓益无所恃，而从贼日众，知官府之必不能为己地也。夫平良有冤苦无伸，而盗贼乃无求不遂；为民者困征输之剧，而为盗者获犒赏之勤，则亦何苦而不彼从乎？是故近贼者为之战守，远贼者为之乡导，处城郭者为之交援，在官府者为之间谍。其始出于避祸，其卒也从而利之。故曰："盗贼之日滋，由于招抚之太滥者"此也。

译文

盗贼的性情虽然凶猛顽强，但也不是不害怕诛杀讨伐。只是因为诛杀讨伐得不及时不彻底，又顺从地招安他们，这样以后盗贼才无所顾忌。招安的办法，只能偶尔对没有罪过的胁从盗贼的百姓实行，而不能经常对罪大恶极、不知悔改的贼寇实行；可以对回心转意、向往改过的人实行一次，而不可以对招安后又背叛的团伙屡次实行。南安、赣州地区的盗贼，是这种事情的源头，起初被迫害的百姓依仗官府的威势，还能聚集在一起抵抗贼寇，向官府鸣冤；相关负责官员认为既然已经招安，就全都放任不再过问。盗贼熟知官府不对他们加以限制，愈加狼狈为奸。百姓不能忍受他们的残害，知道官府不能依靠，于是也放弃希望顺从贼寇。因此，贼寇更加无所畏惧，外出劫掠愈加频繁，因为知道官府一定会招安自己；百姓更加没有依靠，跟从贼寇的人越来越多，因为知道官府一定不会顾及自己的处境。善良的平民有冤屈苦难无从伸张，盗贼却没有要求不被满足；百姓因赋税增加而困苦，盗贼却能轻松地获得钱财，那么又为什么不加入他们呢？因此与贼寇关系密切的人为他们作战抵抗官府，相对疏远的人也为他们指引道路，居住在城墙附近的人为他们找来援助，在官府任职的人为他们获取情报。开始是为了规避祸事，最终却跟从并帮助他们。因此微臣说“盗贼日益滋长，是因为招安过多”，就是这个原因。

夫盗贼之害，神怒人怨，孰不痛心？而独有司者必欲招抚之，亦岂得已哉？诚使强兵悍卒，足以歼渠魁而荡巢穴，则百姓之愤雪，地方之患除，功成名立，岂非其所欲哉！然而南、赣之兵，素不练养，类皆脆弱骄惰。每遇征发，追呼拒摄，旬日而始集，约束赍遣，又旬日而始至，则贼已稛载归巢矣。或犹遇其未退，望贼尘而先奔，不及交锋而已败。以是御寇，犹驱群羊而攻猛虎也，安得不以招抚为事乎？故凡南、赣之用兵，不过文移调遣，以苟免坐视之罚，应名剿捕，聊为招抚之媒。求之实用，断有不敢。何则？兵力不足，则剿捕未必能克；剿捕不克，则必有失律之咎，则必征调日繁，督责日至，纠举论劾者四面而起，往往坐视而至于落职败名者有之。招抚之策行，则可以安居而无事，可以无调发之劳，可以无戴罪杀贼之责，无地方多事不得迁转之滞。夫如是，孰不以招抚为得计！是故宁使百姓之荼毒，而不敢出一卒以抗方张之虏；宁使孤儿寡妇之号哭，颠连疾苦之无告，而不敢提一旅以忤及招之贼。盖招抚之议，其始也出于不得已，其卒也，遂守以为常策。故曰招抚之太滥，由于兵力之不足者，此也。

译文

盗贼造成的危害，引起普遍的愤怒，谁能不痛心呢？只是相关负责的官员一定要招安他们，又怎么能如愿呢？如果派出强悍的兵士，足够用来击杀贼寇首领，扫平贼寇的据点，那么百姓的愤恨可以洗清，地方的祸患可以除去，成就功业，建立名声，难道不是他们的愿望吗！然而南安、赣州地区的兵士，平时不注重训练培养，全都不堪一击，骄傲怠惰。每当遇到征调出兵，争相呼喊拒绝，一旬的时间才集合完毕，下命令遣送他们，又要一旬的时间才能到达，那时贼寇就已经满载而归了。有时遇到贼寇还未撤退的情况，看到贼寇赶路扬起的尘土就先行逃散，还未交战就已经认输。凭借这样的军队抵御贼寇，就像驱赶羊群攻击凶猛的老虎一样，怎么能不以招安为首要目标呢？因此南安、赣州地区的作战，只不过是下达文书相互派遣，来姑且免去不作为的惩罚，顶着围剿逮捕的名号，暂且作为招安的媒介。想寻求实际的作用，是绝对不敢的。为什么？兵力不够，围剿逮捕不一定能成功；围剿逮捕不能成功，就一定会有违反纪律的处罚，那么征收赋税一定会日益繁重，一定会每日都受到监督责问，举报弹劾的人多不胜数，还往往会因不作为而落得贬官，名声败坏。实行招安的政策，就可以平安无事，可以省去调兵遣将的辛苦，可以免去承担罪名斩杀贼寇的责任，也没有因地方战事多发而不能升迁转岗的问题。像这样，谁会不把招安当作妙计呢！因此，宁愿让百姓受到毒害，也不敢派出一兵一卒来对抗势力强大的贼寇；宁愿让失去父母的孩童、失去丈夫的妇女痛哭，没有地方申告颠沛流离的悲苦，也不敢派遣军队来忤逆没有招安的贼寇。大概招安的办法，开始也是出于无可奈何，最终就因循作为常用的计策。因此说招抚过多，是因为兵力不够，道理就在这里。

古之善用兵者，驱市人而使战，收散亡之卒以抗强虏。今南、赣之兵，尚足以及数千，岂尽无可用乎？然而金之不止，鼓之不进，未见敌而亡，不待战而北。何者？进而效死，无爵赏之劝；退而奔逃，无诛戮之及。则进有必死而退有幸生也，何苦而求必死乎？吴起有云："法令不明，赏罚不信，虽有百万，何益于用。凡兵之情，畏我则不畏敌，畏敌则不畏我。"今南、赣之兵，皆畏敌而不畏我，欲求其用，安可得乎！故曰兵力之不足，由于赏罚之不行者，此也。

译文

古代善于调兵遣将的人，驱使百姓为其作战，聚集零散逃亡的兵士来对抗强大的敌人。现在南安、赣州地区的兵士，尚且足够到数千人，难道全都不堪任用吗？然而鸣金的声音不停止，击鼓的声音不前进，没见到敌人就逃跑，没等到开战就认输。为什么？前进拼死效力，没有封王封侯的奖励；撤退逃跑，也没有诛杀屠戮的威胁。前进则一定会死，撤退却能侥幸生存，为什么寻求一定会死的处境呢？吴起曾说："法令不明确，赏罚不公正，即使有百万军队，又有什么用处。大凡兵士的心理，畏惧朝廷就不畏惧敌人，畏惧敌人就不畏惧朝廷。"现今南安、赣州的兵士，全都畏惧敌寇不畏惧朝廷，想要他们发挥作用，怎么能做到呢！因此说兵力不够，是因为赏罚条例没有推行，就是这个原因。

今朝廷赏罚之典固未尝不具，但未申明而举行耳。古者赏不逾时，罚不后事。过时而赏，与无赏同；后事而罚，与不罚同。况过时而不赏，后事而不罚，其亦何以齐一人心而作兴士气？是虽使韩、白为将，亦不能有所成，况如臣等腐儒小生，才识昧劣，而素不知兵者，亦复何所冀乎？议者以南、赣诸处之贼，连络数郡，蟠据四省，非奏调狼兵，大举夹攻，恐不足以扫荡巢穴，是固一说也。然臣以为狼兵之调，非独所费不赀，兼其所过残掠，不下于盗。大兵之兴，旷日持久，声势彰闻，比及举事，诸贼渠魁悉已逃遁。所可得者，不过老弱胁从无知之氓，于是乎有横罹之惨，于是乎有妄杀之弊。班师未几，而山林之间，复已呼啸成群。此皆往事之已验者。臣亦近拣南、赣之精锐，得二千有余。部勒操演，略有可观。诚使得以大军诛讨之赏罚而行之平时，假臣等以便宜行事，不限以时，而惟成功是责，则比于大军之举，臣窃以为可省半费而收倍功。臣请以近事证之。

译文

现在朝廷赏罚的条例固然不一定不具备，只是没有明确并推行罢了。古代赏赐不会超过时间，惩罚不会等到事情结束以后。超过时间的赏赐，与没有赏赐相同；事情结束后再惩罚，与没有惩罚相同。况且超过时间还不赏赐，事情结束还不惩罚，又如何使每个人齐心，振作士气呢？这样即使任用韩信、白起作为将领，也不能有所成就，况且派遣像微臣这样迂腐的小小儒生，愚昧无知、才学低下，向来不懂军事，又能有什么指望呢？有人讨论认为南安、赣州地区的贼寇，遍布几个郡，盘踞在四省，如果不上奏调派狼兵，大规模地进攻，恐怕不足以荡平据点，这固然是一种说法。然而微臣认为，调派狼兵，不仅耗费的钱财无从计量，并且他们路过之时残害、劫掠百姓，不亚于盗贼。动用大规模军队，需要荒废时日，拖延很久，声势浩大，远近都可听闻，等到他们到达，贼寇首领都已经逃走了。能够逮到的，不过是年老弱小、胁从贼寇、不清楚情况的人，于是有突然发生的惨案，于是有胡乱杀人的弊端。军队撤回没多久，山林里面，盗贼又已经嚎叫着聚集成群。这些都是往事已经验证过的。微臣就近挑选了南安、赣州的精锐兵士，得到两千多人。统领布阵，操练演习，稍微达到了一定的程度。如果能把军队出征讨伐时的赏罚制度在平时施行，暂时给予微臣行事上的方便，不规定时间，只要求成功，那么相比于出动大批军队的办法，微臣私下认为可以节省一半经费并获得加倍的收益。请允许微臣用近来发生的事情证明。

臣于本年正月十五日抵赣，卷查兵部所咨申明律例，今后地方但有草贼生发，事情紧急，该管官司即便依律调拨官军，乘机剿捕。应合会捕者，亦就调拨策应，但系军情，火速差人申奏。敢有迟延隐匿，巡抚巡按三司官即便参问，依律罢职充军等项发落。虽不系聚众草贼，但系有名强盗，肆行劫掠，贼势凶恶，或白昼拦截，或明火持杖，不拘人数多少，一面设法缉捕，即时差人申报合干上司，并具申本部知会处置。如有仍前朦胧隐蔽，不即申报，以致聚众滋蔓，贻患地方，从重参究，决不轻贷等因，题奉钦依，备行前来。时以前官久缺，未及施行，臣即刊印数千百纸，通行所属，布告远近。未及一月，而大小衙门以贼情来报者接踵，亦遂屡有斩获一二人或五六人七八人者。何者？兵得随时调用，而官无观望执肘，则自然无可推托逃避，思效其力。由此言之，律例具存，前此惟不申明而举行耳。

译文

微臣在本年正月十五日抵达赣州，查到兵部咨文明确的法律，从今以后地方只要有草寇生事，事态紧急，负责官员可以立即依法调用军队，观察时机进行清剿逮捕。配合会同捉拿的人，也听凭调用，接应作战，只要涉及军事情况，快速派人上奏。如果敢有拖延隐瞒，巡抚、巡按、三司官员可立即弹劾审问，依法按照免除官职、充军劳役等项处置。虽然不是聚集在一起的草寇，但是是有名的强盗，大肆抢劫掠夺，情节恶劣，有的在白天拦住行人，有点在晚上举着火把拿着武器抢劫，无论人数多少，一面想办法捉拿，立即派人上报联合管理的上级，并详细呈报给本部了解处理。如果有像前面一样掩盖隐瞒，没有立即上报，导致贼寇聚集蔓延，危害地方的，从重弹劾追究，绝对不能轻易饶恕，这个奏章得到了批准，要求地方官员详细执行。以前因为这一官职长时间空缺，没有来得及实行，微臣立即刊印了数千份文书，在下属部门间流通，远近各处都发布了公告。不到一个月，大大小小的衙门里来报告贼寇情报的人接连不断，也时常有斩杀贼寇一两人或五六人、七八人的。为什么？兵士可以随时调派使用，官员没有事不关己地观看或阻碍，就自然没有借故拒绝逃避的理由，而是会考虑贡献自己的力量。从这一点来说，法律都是存在的，之前只是没有明确并推行罢了。

今使赏罚之典悉从而申明之，其获效亦未必不如是之速也。伏望皇上念盗贼之日炽，哀民生之日蹙，悯地方荼毒之愈甚，痛百姓冤愤之莫伸，特敕兵部俯采下议，特假臣等令旗令牌，使得便宜行事。如是而兵有不精，贼有不灭，臣等亦无以逃其死。夫任不专，权不重，赏罚不行，以致于偾军败事，然后选重臣，假以总制之权而往拯之，纵善其后，已无救于其所失矣。

译文

现在假使全部遵从赏罚条例实行并且明确这些条例，获得成效的速度不一定没有调遣狼兵的快。恳望陛下念及盗贼日益猖狂，哀痛百姓生活日益困窘，怜悯地方遭受的毒害日益深重，痛惜百姓的冤屈愤怒不得伸张，特别敕令兵部采纳下级的提议，特别给予微臣等令旗令牌，让微臣可以方便行事。像这样，如果军队不够精悍，贼寇没有消灭，微臣等也难逃一死。职责没有尽到，权势不够威重，赏罚条例不能施行，导致军事上失败误事，这样以后选择重臣，给予其总领的权力前去挽救局面，纵然能妥善处理遗留问题，却已经无法挽回失去的东西了。

臣才识浅昧，且体弱多病，自度不足以办此，行从陛下乞骸骨，苟全余喘于林下。但今方待罪于此，心知其弊，不敢不为陛下尽言。陛下从臣之请，使后来者得效其分寸，收讨贼之功，臣亦得以少逭死罪于万一。缘系申明赏罚以厉人心事理，为此具本请旨。

译文

微臣才学浅陋，并且身体瘦弱，疾病缠身，自己估量不能解决这件事，想要向陛下请求退职，姑且在乡野中过完余生。只是如今正在这里供职，内心知道此事的弊病，不敢不为陛下详细说明。陛下听从微臣的请求，让后来的官员可以仿效这种做法，取得讨伐贼寇的成效，微臣也可以稍稍逃避应该处死的罪过。由于是明确赏罚条例来激励人心的事情，特此向陛下呈报。

攻治盗贼二策疏

十二年五月二十八日

据江西按察司整饬兵备带管分巡岭北道副使杨璋呈，奉臣批：据南安府申大庾县报，正德十二年四月内，被峚贼四百余人，前来打破下南等寨，续被上犹、横水等贼七百余徒截路打寨，劫杀居民。又掳南康县报：峚贼一伙突来龙句保虏劫居民，续被峚贼三百余徒突来坊民郭加琼等家，掳捉男妇八十余口，耕牛一百余头。又有峚贼一阵，掳劫上长龙乡耕牛三百余头，男妇子女不知其数。又掳上犹县申，被横水等村峯贼纠同逃民，四散虏劫人财。续据三门总甲萧俊报，峯贼与逃民约有数百，在于地名梁滩虏牵人牛。本月十六日，准本县捕盗主簿利昱牒报，峯贼劫打头里、茶坑等处，驻扎未散，已关统兵官县丞舒富等前去追剿，贼已退回横水等巢去讫。各申本院，批兵备道议处回报。

译文

根据江西按察司整饬兵备带管分巡岭北道副使杨璋呈报，承接批旨：根据南安府申报的大庾县上报情况，正德十二年（1517）四月，被四百多名畲族的流寇前来攻破了下南等寨，接着又被上犹、横水等地方的贼寇七百余人拦路、攻打寨子，劫掠残杀居民。又得到南康县呈报：一群畲族流寇突然来到龙句保俘虏劫掠居民，接着三百多个畲族流寇突然来到坊民郭加琼等人家里，俘虏男丁妇女八十多人，耕牛一百多头。又有一波畲族流寇，劫走上长龙乡三百多头耕牛，众多男丁、妇女、儿童。又根据上犹县申报，横水等村子的畲族流寇联合逃离原籍的农民，四处抢夺居民财物。又根据三门总甲萧俊呈报，畲族流寇与逃亡的农民大约有数百人，在名为梁滩的地方劫掠人丁和耕牛。本月十六日，准本县捕盗主簿利昱递交文书呈报，畲族流寇攻打劫掠头里、茶坑等地方，在当地驻扎，通知了统兵官、县丞舒富等人前往追击围剿，流寇已经全部退回横水等地的据点。各自申报给本院，批复给兵备道讨论，再回报给地方。

案照四月初五日，据南康府呈同前事，彼时本院见在福建漳州督兵未回，未知前贼向往，行查未报。续据龙南县禀，被广东浰头等处强贼池大鬓等三千余徒，突来攻围总甲王受寨所，又经会委义官萧承调兵前去会剿。随据本县呈前贼退去讫等因。又查得先据南康县申呈，上犹贼首谢志珊纠合广东贼首高快马，统众二千余徒，攻围南康县治，杀损官兵。已经议委知府邢珣等查勘失事缘由呈报外，续该兵部题咨：巡抚都御史孙燧会同南赣都御史王守仁，将前项贼犯谢志珊等，量调官军，设法剿捕，务期尽绝。应该会同两广镇巡官行事，照例约会施行。题奉钦依。转行查勘前贼见今有无出没，及曾否集有兵粮，相度机宜，即今可否剿捕。惟复应会两广调集军马，待时而动，务要查议明白，处置停当，具由呈报。仍督各该地方牢固把截，用心防守，以备不虞等因。

译文

查阅档案，四月初五日，南康县呈报了类似的事情，当时本院官员在福建漳州监督军情没有返回，不知道上述流寇的动向，探查没有上报。又根据龙南县禀报，广东浰头等地方的凶恶贼寇池大鬓等三千多人突然前来围攻总甲王受的寨子，又委派义官萧承调遣兵马前往协同剿匪。随后本县呈报贼寇全部撤退等事。又查探到先是根据南康县的呈报，上犹贼寇首领谢志珊纠集广东贼寇首领高快马，统领两千多贼众，围攻南康县政府的驻地，杀害官兵。已经讨论派遣知府邢珣等人查明事故原因并呈报，又接到兵部咨文：巡抚都御史孙燧连同南赣都御史王守仁，酌情调用官兵，想办法清剿逮捕上述贼寇谢志珊等人，要求务必除尽。应该联合两广镇巡官办事，按照惯例商议日期一同实行。奏章已被批准，遵照旨意行事。旋即调查贼寇现今有没有现身活动，以及是否囤积军粮，观察时机，判断现在是否可以围剿。还应该会同两广官员调集兵马，等待时机行动，务必要调查、商议清楚，安排妥当，详细呈报。再监督各地方牢牢把守拦截，认真防守，防备意料之外的事情。

随奉本院案验，议照前贼连络三省，盘据千里，必须三省之兵克期并进，庶可成功。但今湖广已有偏桥苗贼之征，广东又有府江瑶僮之伐，虽欲约会夹攻，目今已是春深，雨水连绵，草木茂盛，非惟缓不及事，抑且虚糜粮饷。合无一面募兵练武，防守愈严，积谷贮粮，军需大备，告招者抚顺其情，暂且招安；肆恶者乘其间隙，量捣其穴。候三省约会停当，然后大举，庶有备无患，事出万全。通行呈详去后。

译文

随后根据本院查阅的卷宗，讨论到上述贼寇分布在多个省，势力范围极广，必须三省的军队约定一个日期同时进攻，才可能成功。但现今湖光地区已经在征讨偏桥的苗族流寇，广东又在讨伐府江瑶族流寇，虽然想要约定日期会同进攻，考虑到现在已经是春末，雨水持续不断，草木生长茂盛，不仅会延后来不及行事，并且还白白地消耗粮草军饷。何不一面招募兵士，训练武功，加强防守，囤积粮草，准备好军队所需要的物资，请求被招安的贼寇，安抚他们的情绪，姑且招安；大肆作恶的贼寇，趁着他们松懈的时候，根据情况捣毁其据点。等三省的时间安排妥当，这样以后再大规模进攻，才能有备无患，各方面都计划周到。完整过程之后详细呈报。

今奉前因，随会同分守左参议黄宏、守备都指挥同知王泰，查勘得南安府所属大庾、南康、上犹三县，除贼巢小者未计，其大者总计三十余处。有名大贼首有谢志珊、志海、志全、杨积荣、赖文英、蓝瑶、陈曰能、蔡积昌、赖文聪、刘通、刘受、萧居谟、陈尹诚、简永广、蔡积庆、蔡西、薛文高、洪祥、徐华、张祥、刘清才、谭曰真、苏景祥、蓝清奇、朱积厚、黄金瑞、蓝天凤、蓝文亨、钟鸣、钟法官、王行、雷明聪、唐洪、刘元满，所统贼众约有八千余徒，且与湖广之桂阳、桂东、鱼黄、聂水、老虎、神仙、秀才等巢，广东之乐昌，巢穴相联，盘踞流劫三省，为害多年。赣州之龙南，因与广东之龙川、浰头贼巢接境，被贼首池大鬓、大安、大升纠合龙南贼首黄秀魁、赖振禄、钟万光、王金巢、钟万贵、古兴凤、陈伦、钟万璇、杜思碧、孙福荣、黄万珊、黄秀珏、罗积善、王金、曾子奈、王金奈、王洪、罗凤璇、黎用璇、黄本瑞、郑文钺、陈秀玹、陈珪、刘经、蓝斌、黄积秀等，所统贼众约有五千余徒，不时越境流劫信丰、龙南、安远等县。已经夹攻三次，俱被漏网。

译文

现在根据之前的事，随后连同分守左参议黄宏、守备都指挥同知王泰，调查到南安府下属的大庾、南康、上犹三个县，除了小型据点不计入外，大型据点总共有三十多处。知名的贼寇首领有谢志珊、志海、志全、杨积荣、赖文英、蓝瑶、陈曰能、蔡积昌、赖文聪、刘通、刘受、萧居谟、陈尹诚、简永广、蔡积庆、蔡西、薛文高、洪祥、徐华、张祥、刘清才、谭曰真、苏景祥、蓝清奇、朱积厚、黄金瑞、蓝天凤、蓝文亨、钟鸣、钟法官、王行、雷明聪、唐洪、刘元满，统领的贼寇大约有八千多人，并且和湖广的桂阳、桂东、鱼黄、聂水、老虎、神仙、秀才等地以及广东的乐昌据点相互联系，流窜劫掠三省，危害地方已经许多年了。赣州的龙南县，因为与广东的龙川、浰头据点接壤，贼寇首领池大鬓、大安、大升纠集龙南的贼寇首领黄秀魁、赖振禄、钟万光、王金巢、钟万贵、古兴凤、陈伦、钟万璇、杜思碧、孙福荣、黄万珊、黄秀珏、罗积善、王金、曾子奈、王金奈、王洪、罗凤璇、黎用璇、黄本瑞、郑文钺、陈秀玹、陈珪、刘经、蓝斌、黄积秀等人，统领的贼寇大约有五千多人，时常越过边境流窜，劫掠信丰、龙南、安远等县。已经派兵前后包夹过三次，都被他们逃掉。

所据前贼占据居民田土数千万顷。杀虏人民，尤难数计。攻围城池，敌杀官兵，焚烧屋庐，奸污妻女；其为荼毒，有不忍言。神人之所共怒，天讨所当必加者也。今闻广、湖二省用兵将毕，夹攻之举，亦惟其时，但深山茂林，东奔西窜，兼之本道兵粮寡弱，必须那借京库折银三万余两，动调狼兵数千前来协力，约会三省并进夹攻，庶可噍类无遗等因。又据广东乐昌县知县李增禀称，本年二月内，有东山贼首高快马等八百余徒，在地名柜头村行劫。又据乳源县禀报，贼徒千余在洲头街等处打劫，备申照详。及据湖广整饬郴桂等处兵备副使陈璧呈称：本年二月内，据黄砂保走报，广东强贼三百余徒突出攻劫。又据宜章所飞报，乐昌县山峒苗贼二千余众，出到九阳等处搜山捉人，未散；又报东西二山首贼发票会集四千余徒，声言要出桂阳等处攻城。又报江西长流等峒峷贼六百余徒，又一起四百余徒，各出劫掠。及据桂东县申报，强贼一起七百余徒，前到本县杀人祭旗，捉掳男妇，未散。又据桂阳县报，强贼六百余徒，声言要来攻寨等因，各禀报到道。

译文

上述贼寇强占了居民土地几千万顷，杀害、劫掠的人民更是难以计数。攻打、包围城池，杀害官兵，烧毁房屋，奸污妇女，所做出的残害百姓的举动，让人不忍心言说。是天下人共同愤恨，必须施以讨伐的对象。现在听闻广东、湖广两省的军事行动即将结束，前后包夹的计划，正赶上好时机，只是作战的环境处于人迹罕至的山林，适宜流寇到处逃窜，加上本道粮草不足，必须挪借京城金库中的银钱三万余两，调用几千狼兵前来协助，约定日期，会同三省一齐前后夹攻，才能不放过一个幸存者。又根据广东乐昌县知县李增禀报，本年二月内，东山贼寇首领高快马等八百多人在名为柜头村的地方劫掠。又根据乳源县呈报，一千多名贼寇在洲头街等地方打劫，详细申报了事情。又根据湖广整饬郴桂等处兵备副使陈璧呈报，本年二月内，根据黄砂保上报，广东三百多名强悍的贼寇突然突然出现打劫。又根据宜章呈报，乐昌县山峒的两千多名苗族流寇到九阳等地方搜索山林、劫掠人丁，迟迟不退散；又呈报东西二山的贼寇首领发出信物，召集四一多名贼寇，扬言要到桂阳等地攻打城池。又报称江西长流等峒的六百多名畲族流寇，又聚集了四百多人，各自外出劫掠百姓。又根据桂东县呈报，一批七百多人的强悍贼寇前往桂东县杀害百姓，祭祀神灵，俘虏男丁妇女，迟迟不退散。又根据桂阳县呈报，六百多名凶猛的贼寇扬言要前来攻打寨子。各自上报给本道。

看得前项苗贼四山会集，报到之数将及万余。我兵寡弱，防守尚且不足。敌战将何以支！况郴桂所属永兴等县，原无城池防守，地方重计，实难为处，伏望轸念荼毒，请军追捕等因。又据郴州桂阳县申：本县四面俱系贼巢，正德三年以来，贼首龚福全等作耗，杀死守备都指挥邓旻，虽蒙征剿，恶党犹存。正德七年，兵备衙门计将贼首龚福全招抚，给与冠带，设为瑶官。贼首高仲二、李宾、黎稳、梁景聪、扶道全、刘付兴、李玉景、陈宾、李聪、曹永通、谢志珊，给与巾衣，设为老人。未及两月，已出要路劫杀军民，动辄百千余徒，号称“高快马”“游山虎”“金钱豹”“过天星”“密地蜂”“总兵”等名目，随处流劫。正德十一年七月内，龚福全张打旗号，僭称“延溪王”，李宾、黎稳、梁景聪僭称“总兵”“都督”“将军”名目，各穿大红，虏民抬轿，展打凉伞，摆列头踏响器。其余瑶贼，俱乘马匹。千数余徒，出劫乐昌及江西南康等县，拒敌官军。后蒙抚谕，将贼首高仲仁、李宾给与冠带，重设瑶官，未宁半月，仍前出劫。本年正月十六日，一起八百余徒出劫乐昌县，虏捉知县韩宗尧，劫库劫狱；又一起七百余徒，打劫生员谭明洁家；一起六百余徒，从老虎等峒出劫；一起五百余徒，从兴宁等县出劫。切思前贼阳从阴背，随抚随叛，目今瑶贼万余，聚集山桐，声言要造吕公大车，攻打州县城池。官民彷徨，呈乞转达，请调三省官军夹剿等情，各备申到臣。

译文

观察到上述苗族流寇在四山聚集，呈报的将要到达的人数将有一万多人。我方军队弱小，防守尚且还不够，敌方若是开战，将依靠什么支撑呢！何况郴桂所属的永兴等县，原本没有城池来防守，地方提出的重大计划，实在难以执行，希望陛下念及地方遭到的毒害，派遣军队进行追击捉拿。又根据郴州桂阳县申报：本县四面都是贼寇据点，正德三年（1508）以来，贼寇首领龚福全等人作乱，杀害守备都指挥邓旻，虽然受到了讨伐，但党羽仍然存在。正德七年（1512），兵备衙门计划招安贼寇首领龚福全，授予其帽饰腰带，封为瑶官。贼寇首领高仲仁、李宾、黎稳、梁景聪、扶道全、刘付兴、李玉景、陈宾、李聪、曹永通、谢志珊，授予其衣物，封其为治理村落的老人。不到两个月，这些人已经拦路打劫杀害军民，动不动就集合一百多人，自称“高快马”“游山虎”“金钱豹”“过天星”“密地蜂”“总兵”等名号，到处流窜劫掠。正德十一年（1516）七月内，龚福全打出旗号，僭越地称自己为“延溪王”，李宾、黎稳、梁景聪自称“总兵”“都督”“将军”的名号，各自穿着大红衣物，俘虏百姓为其抬轿子，撑着凉伞，布置仪仗队及乐器。其他的瑶族流寇都乘骑马匹。一千多人，前去劫掠乐昌及江西南康等县，与官府军队为敌。后来受到招安，授予贼寇首领高仲仁、李宾帽饰和腰带，重新封为瑶官，还没安宁半个月，又像以前一样出去打劫。本年正月十六日，一次八百多人的贼寇打劫了乐昌县，俘虏捉住了知县韩宗尧，抢劫了库房和监狱；又一次七百多人，打劫了生员谭明浩家；一次六百多人从老虎峒等地打劫；一次五百多人从兴宁等县打劫。深刻认识到上述贼寇表面上服从，实际上违背管理，招安后又随即叛变，现今瑶族流寇一万多人，聚集在山桐，扬言要制造吕公车，攻打州县的城池。官员百姓惊慌失措，呈报此事，请求转达上级，申请调派三省军队夹击围剿，详细申报给了微臣。

除备行江西、广东、湖广三省该道守巡、兵备、守备等官，严督各该府州县所掌印、巡捕、巡司、把隘、提备等官，起集兵快人等，加谨防御，相机截捕去后，查得先因地方盗贼日炽，民被荼毒。窃计兵力寡弱，既不足以防遏贼势，事权轻挠，复不足以齐一人心。乞要申明赏罚，假臣等令旗令牌，使得便宜行事，庶几举动如意，而事功可成。已经具题间，今复据各呈申前因，臣等参看得前项贼徒，恶贯已盈，神怒人怨。譬之疽痈之在人身，若不速加攻治，必至溃肺决肠。然而攻治之方，亦有二说。若陛下假臣等以赏罚重权，使得便宜行事，期于成功，不限以时，则兵众既练，号令既明，人知激励，事无掣肘，可以伸缩自由，相机而动。一寨可攻则攻一寨，一巢可扑则扑一巢。量其罪恶之浅深而为抚剿，度其事势之缓急以为后先。如此亦可以省供馈之费，无征调之扰，日剪月削，使之渐尽灰灭。此则如昔人拨齿之喻，日渐动摇，齿拔而儿不觉者也。然而今此下民之情，莫不欲大举夹攻，以快一朝之忿，盖其怨恨所激，不复计虑其他。必须南调两广之狼达，西调湖湘之土兵，四路并进，一鼓成擒，庶几数十年之大患可除，千万人之积怨可雪。然此以兵法"十围五攻"之例，计贼二万，须兵十万，日费千金，殆于道路不得操事者七十万家，积粟料财，数月而事始集；刻期举谋，又数月而兵始交。声迹彰闻，贼强者设险以拒敌，黠者挟类而深逃，迨于锋刃所加，不过老弱胁从。且狼兵所过，不减于盗；转输之苦，重困于民。近年以来，江西有姚源之役，疮痍甫起；福建有汀漳之寇，军旅未旋。府江之师方集于两广，偏桥之讨未息于湖湘。兼之杼柚已轻，种不入土，而营建所输，四征未已，诛求之刻，百出方新。若复加以大兵，民将何以堪命？此则一拨去齿而儿亦随毙者也。夫由前之说，则如臣之昧劣，实惧不足以堪事，必择能者任之而后可。若大举夹攻，诚可以分咎而薄责，然臣不敢以身谋而废国议。惟陛下择其可否，断而行之。缘系地方紧急贼情事理，为此具本请旨。

译文

除了调派江西、广东、湖广三省各道守巡、兵备、守备等官员巡视，严格监督各府州县官府的掌印、巡捕、巡司、把隘、提备等官员，召集担任缉捕等事的衙役等，加强防御，伺机拦截捉拿外，还调查到地方贼寇日益猖獗，百姓遭受毒害。私下考虑到当地兵力弱小，既不够用来抵御贼寇进攻，地方官府统治力不足，又不够使军民齐心。请求明确赏罚制度，给予微臣等令旗令牌，使臣等可以方便做事，或许可以按计划行事，事情就可以成功了。已经递交了奏章，现在又根据各地呈报的申明前面发生的事，微臣等认为上述歹人，恶贯满盈，上天为之愤怒，黎民为之怨恨。譬如长在身上的恶疮，如果不快些加以治疗，一定会伤害到五脏六腑。然而治疗的方法，也有两种。如果陛下给予微臣等赏罚的大权，让魏晨可以方便形式，只要求成功，不限时间，那么就会兵士都得到锻炼，军令得到申明，人人都受到鼓励，事情不会遇到阻碍，可以自由地进攻撤退，观察时机行事。一个寨子可以攻打就打一个寨子，一个据点可以扑灭就灭一个据点。估量贼寇罪恶的深浅来进行招安或剿灭，考察形势的缓急来决定做事的顺序。这样也可以省去供养的费用，没有征集调用物资的困扰，逐日逐月地剪除削弱，让贼寇渐渐灭绝。这就像过去的人拔牙的故事，逐渐撼动摇晃它，最终拔掉牙齿，孩子也没有察觉。然而现今下面百姓的心情，没有不想大规模进攻贼寇，来报复每日的愤恨，大概是被怨恨蒙蔽，不再考虑其他。必须要向南调集两广的狼兵，向西调集湖湘的土兵，四路一齐进攻，一鼓作气擒拿贼寇，或许几十年的重大祸患可以清除，千万人积累的宿怨可以洗去。然而这需要根据兵法“兵力十倍于敌人可以包围，五倍于敌人可以攻打”的例子，假使贼寇有两万人，必须派兵十万，每日耗费千两黄金，差不多有七十万户人家不能料理农事，囤积粮草、武器、财物，几个月事情才能完成；约定日期谋划，又需要几个月才能交战。消息行迹都彰显走漏，凶猛的贼寇设置机关来抵御，狡黠的贼寇带领下属远远逃开，到时候攻打的不过是老弱病残及胁从他们的人。况且狼兵经过之处，危害百姓不亚于贼寇；周转运输的辛苦，又使百姓受困。近几年来，江西有桃源之战，刚刚造成创伤；福建有汀漳的贼寇，军队还未凯旋。府江的军队刚集中在两广地区，湖湘的偏桥之战还未平息。加上生产废弛，粮种还未种下，工程建设需要的财物，还在四处征调，强制征求之苛刻，史无前例。如果再有大规模的军事活动，百姓要如何活下去？这就是一次拔去牙齿，孩子也随之毙命了。上述所说，像微臣这样的愚昧顽劣，实在担忧不能胜任此事，必须选择有才能的人担任才行。如果大规模进攻，固然可以分摊罪行，减轻责问，然而微臣不敢为自己谋划而耽误国家大事。希望陛下选择此事是否可行，决断并施行。因为是地方紧急发生的贼寇灾情事项，特此呈报奏章，请求陛下的旨意。

类奏擒斩功次疏

十二年五月二十八日

据江西按察司整饬兵备带管分巡岭北道副使杨璋呈：正德十二年二月二十等日，据赣州府龙南县申总甲王受等呈，蒙差各役领兵与同已招大贼首黄秀玑等前往安远截捕流贼赖振禄等，行至地名湖江背，不料黄秀玑反招，主令伊弟黄大满、黄细满等沿途打抢民财，放火烧毁民人刘必甫等房屋，仍与贼首赖振禄等连谋行劫。本役督率兵快人等前到地名黎坑际下与贼对敌，当阵杀获贼首黄秀玑、黄大满、黄细满、黄积瑜首级四颗，夺获黄黑旗二面，杀死贼徒三十余名。本年四月初九日，又有广东浰头老贼首池大鬓串同反招贼首黄秀魁、陈秀显等，纠众四百余徒，打劫千长何育等家。本役又率兵夫至地名陈坑水，与贼交锋。杀获首从贼人陈秀显等一十二颗，夺获红旗一面，大小黄牛五头，余贼归巢去讫。及据南安府申，据大庾县隘长张德报称，湖广桂阳县鱼黄峒拳贼首唐飞剑、总兵严宗清、千总赖必等纠众劫虏，当起兵夫追至界首南流坳，与贼对敌，杀获唐飞剑、严宗清首级二颗。及南安县申，准县丞舒富关拳贼三百余人出劫，当有保长王万湖等带领乡兵擒捕，杀获贼级一颗，生擒贼二名，夺回被虏人口三名口，夺获黄牛二头，各解报到道，审验明白等因。

根据江西按察司整饬兵备带管分巡岭北道副使杨璋呈报：正德十二年（1517）二月二十等日，根据赣州府龙南县申报的总甲王受等人的报告，派

遣各官员率领兵士与已经招安的贼寇首领黄秀玑等人前往安远拦截捉拿流寇赖振禄等，行路到名为湖江背的地方，没有料到黄秀玑反叛，命令其弟黄大满、黄细满等人沿途抢劫百姓财物，放火烧毁百姓刘必甫等人的房屋，仍旧与贼寇首领赖振禄等人合谋进行抢劫。本官率领负责缉捕的衙役等前往名为黎坑际的地方与流寇对战，当场斩获贼寇首领黄秀玑、黄大满、黄细满、黄积瑜四人的首级，夺得黄黑旗两面，杀死贼寇三十多人。本年四月初九日，广东浰头的贼寇首领池大鬓连同反叛招安的贼寇首领黄秀魁、陈秀显等人，纠集四百多人，抢劫了千长何甫等人家。本官又率领兵士到达名为陈坑水的地方，与流寇作战。斩获贼寇首领随从陈秀显等十二人的首级，夺得红旗一面，大小黄牛五头，其余贼寇全部退回据点。又根据南安府申报，根据大庾县隘长张德呈报，湖广桂阳县鱼黄峒畲族贼寇首领唐飞剑、总兵严宗清、千总赖必等人纠集贼寇打劫、俘虏百姓，当即派兵追击到界首南流坳与贼寇交战，斩获唐飞剑、严宗清二人首级。又南安县申报，准县丞舒富禀报三百多名畲族流寇外出抢劫，保长王万湖等人率领民兵捉拿，斩获贼寇首级一颗，活捉贼寇二人，救回被俘虏的人口三人，夺得黄牛两头，各自押解报送到道，审问清楚。

又据广东按察司分巡岭南道佥事黄昭呈：韶州府乳源县知县沈渊申称，本年二月十八日，有东山瑶贼首高快马等众，突来城外并附近乡村打劫，欲行攻陷南城。当即起集乡兵及打手民壮固守城池，及相机与敌，射伤贼徒三名，各贼退在北城外扎营。随调深峒等处土兵协力，奋勇与贼交锋，射伤贼徒二十余名，射死贼徒一十六名，夺回被虏人口三十二名口。又据捕盗老人梁真等杀获贼级二颗，生擒贼徒一名。及据乐昌县知县李增申，强贼六百余徒出劫，当集打手兵壮前去截捕，到地名云门寺与贼交锋，斩获贼级二十四颗，生擒贼徒二名，夺获马七匹。又据曲江县瑶总盘宗兴等擒获贼徒一名，夺获马一匹。各呈解到道，审验是实等因。

译文

又根据广东按察司分巡岭南道佥事黄昭呈报：韶州府乳源县知县沈渊申

报，本年二月二十八日，东山瑶族贼寇首领高快马等人突然来到城外及附近的乡村打劫，想要攻下南城。当即召集民兵及打手、强壮村民防守城池，观察到进攻时机，射伤三名贼寇，各贼寇退到北城外扎营。随后调派深峒等地方的土兵协助，与贼寇英勇作战，射伤贼寇二十多人，射死贼寇十六人，救回被俘虏的人口三十二人。捕盗老人梁真等斩获贼寇首级两颗，活捉贼寇一人。又根据乐昌县知县李增申报，六百多名凶悍贼寇前来抢劫，当即聚集了打手、兵士、壮丁前往拦截捉拿，到达名为云门寺的地方与贼寇交战，斩获贼寇首级二十四颗，活捉贼寇两名，夺得马七匹。曲江县瑶总盘宗兴等人捉拿贼寇一人，夺得马一匹。各自呈报到道，审问事情虚实。

并据潮州府揭阳县申：流贼劫长乐、海丰等县黄义官等家，随调兵快，行至地名长门径，与贼对敌，擒获贼徒张宏福、王木四等一十六名，俘获贼妇二口。及据惠州府申：准捕盗通判徐玑牒称，流贼一伙约有八十余徒，围劫新地屯徐百户等家，当督兵快打手追杀至地名马鬃径，擒获贼徒杜栋等四名，杀获贼级一颗；又督总甲郑全等在地名葵头障擒获贼徒张仔等一十二名；及千长彭伯璿等率兵擒获贼徒黄贵等一十五名，杀获贼级一颗，俘虏贼妇一口。又有总甲黄廷珠追获贼徒雷进保等八名，俱解赴岭东道审验等因。

译文

根据潮州府揭阳县申报：流寇抢劫了长乐、海丰等县的黄义官等人家，随机调遣负责缉捕的衙役，前往名为长门径的地方，与贼寇对战，捉拿贼寇张宏福、王木四等十六人，俘虏贼妇两人。又根据惠州府申报：准捕盗通判徐玑牒称，一伙大约八十多人的流寇，包围劫掠新地屯徐百户等人家，当即督促负责缉捕的衙役追杀到名为马鬃径的地方，捉拿贼寇杜栋等四人，斩获贼寇首级一颗；又督促总甲郑全等人在名为葵头障的地方捉拿贼寇张仔等十二人；千长彭伯璿等人率领兵士捉拿贼寇黄贵等十五人，斩获贼寇首级一颗，俘虏贼妇一人。总甲黄廷珠追击捉拿贼寇雷进保等八人，全都押解前往岭东道审问。

及据湖广郴桂等处兵备副使陈璧、守备指挥同知李璋各呈，广东苗贼一千余徒出劫兴宁等处，当起郴州杀手，令闲住千户孔世傑等管领，追袭至地名大田桥，遇贼，当阵擒斩首从贼人庞广等三十二名颗，夺获赃仗四十七件，马骡五匹，夺回被虏人口二百五十名口，并据老人刘宣等捕获贼徒雷克恕等六名，俘获妇女三口。申报到道，审验明白。各备由呈申开报到臣。

译文

又根据湖广郴桂等处兵备副使陈璧、守备指挥同知李璋各自呈报，广东一千多名苗族贼寇打劫兴宁等地，当即调派郴州杀手，命令闲居千户孔世傑等人率领，追击到名为大田桥的地方，遇到贼寇，当场斩获贼寇首领随从庞广等三十二人的首级，夺得赃物四十七件，马骡五匹，救回二百五十名被俘虏的人，老人刘宣等人捉拿贼寇雷克恕等六人，俘虏三名妇女。申报到本道，审问清楚。各自详细地呈报给微臣。

先为巡抚地方事，节该钦奉敕："命尔巡抚江西南安、赣州，福建汀州、漳州，广东南雄、韶州、惠州、潮州各府及湖广郴州地方，但有贼盗生发，即便设法剿捕。钦此。"钦遵。已经备行道守巡、兵备、守备等官，严督府、卫、所、州、县掌印、捕盗等官，集起父子乡兵及顾募打手、杀手、弩手人等，各于贼行要路去处加谨防御，遇有盗兵出杀，就便相机截捕，获功呈报，以靖地方。今据各呈，除行各该兵备等官将斩获贼级阅验明白，发仰枭首，生擒贼犯问招回报，俘获贼属并牛马赃物俱变卖价银入官，与器械俱贮库，被虏人口给亲完聚，获功人员照例量行给赏外，缘系擒获功次事理，为此具本题知。

译文

先呈报巡抚地方的事，接到敕令："命令你巡抚江西南安、赣州，福建汀州、漳州，广东南雄、韶州、惠州、潮州各府及湖广郴州地区，只要有贼寇出现，立即就想办法围剿捉拿。旨意在此。"奉命行事。已经调派各道守巡、兵备、守备等官员巡视，严格督促府、卫、所、州、县掌印、捕盗等官员，召集父老乡亲及民兵，招募打手、杀手、弩手等人，各自在贼寇经过的主要路段及地点加强防御，遇到贼寇外出伤人，就当即趁机拦截捉拿，成功后上报，平息地方的愤怒。现在根据各自呈报的消息，除了派遣各兵备等官员将斩获的贼寇首级检阅清楚，面部朝上在闹市示众，活捉的贼寇审问使其招供，并呈报上级，俘虏的贼寇家属及牛马赃物全部出卖，换得银钱充入官库，被掳走的人交还给亲人团聚，立下功劳的人按照法律酌情给予赏赐以外，因为是捉拿贼寇有功的事项，特此禀告陛下。

添设清平县治疏

十二年五月二十八日

据福建按察司兵备佥事胡琏呈：奉本院批，据漳州府呈，准知府钟湘关，据南靖县儒学生员张浩然等连名呈称，南靖县治僻在一隅，相离卢溪、平和、长乐等处地里遥远，政教不及，小民罔知法度，不时劫掠乡村，肆无忌惮，酿成大祸。今日动三军之众，合二省之威，虽曰歼厥渠魁，扫除党类，此特一时之计，未为久远之规。乞于河头、中营处添设县治，引带汀、潮，侯襟清宁。人烟辏集，道路适均，政教既敷，盗贼自息。考之近日，龙严添设漳平，而寇盗以靖；上杭添设永定，而地方以宁，此皆明验。今若添设县治，可以永保无虞等情。

译文

根据福建按察司兵备佥事胡琏呈报：受到本院的批示，根据漳州府呈报，准知府钟湘禀告，南靖县儒学生员张浩然等人联名上报称，南靖县县政府驻地位于一个偏僻的角落，距离卢溪、平和、长乐等地方位置很远，政治与教化都不能普及，普通百姓不清楚法律制度，时常劫掠乡村，恣意妄行，毫无顾忌，造成很大的祸患。现在动用三军的兵力，联合两省的威势，虽说是要歼灭贼寇首领，清除同伙，但这只是短时间的计策，不是长远的规划。希望在河头、中营的地方增设县政府驻地，连接汀、潮，荫蔽清宁。人口聚集，道路均匀适当，政治和教化得到普及，贼寇自然会消亡。从近日的事情来看，龙严县分设了漳平县，贼寇得以平息；上杭县分设了永定县，地方得以安宁，这都是清楚的证明。现今如果增设县政府，可以永远保证没有后顾之忧。

又据南靖县义民乡老曾敦立、林大俊等呈称，河头地方，北与卢溪、流恩山岗接境，西南与平和象湖山接境，而平和等乡又与广东饶平县大伞、箭灌等乡接境，皆系穷险贼巢。两省居民，相距所属县治各有五日之程，名虽分设都图，实则不闻政教。往往相诱出劫，一呼数千，所过荼毒，有不忍言。正德二年，虽蒙统兵剿捕，未曾设有县治，不过数月，遗党复兴。今蒙调兵剿抚，虽少宁息，诚恐漏网之徒复踵前弊，呈乞添设县治，以控制贼巢，建立学校，以移风易俗，庶得久安长治等因。蒙漳南道督同本职，与南靖县知县施祥带领耆民曾敦立等，并山人洪钦顺等，亲诣河头地方，踏得大洋陂背山面水，地势宽平，周围量度可六百余丈，西接广东饶平，北联三团、卢溪，堪以建设县治。合将南靖县清宁、新安等里，漳浦县二三等都，分割管摄，随地粮差。及看得卢溪林头坂地势颇雄，宜立巡检司以为防御，就将小溪巡检司移建，仍量加编弓兵，点选乡夫，协同巡逻。遇有盗贼，随即扑捕。再三审据通都民人，合词执称南靖地方极临边境，盗贼易生，上策莫如设县。况今奏凯之后，军饷钱粮尚有余剩，各人亦愿凿山采石，挑土筑城，砍伐树木，烧造砖瓦，数月之内，工可告成。为照南靖县相离卢溪等处委的穹远，难以提防管束，今欲于河头添设县治，林头坂移设巡检司，外足以控制饶平邻境，内足以压服卢溪诸巢；又且民皆乐从，不烦官府督责，诚亦一劳永逸，事颇相应。具呈到道，呈乞照详等因。奉批：看得开建县治，控制两省瑶寨，以奠数邑民居，实亦一劳永逸之图。但未经查勘奏请，仍仰该道会同始议各官，再行该府，拘集父老子弟及地方新旧居民，审度事体，斟酌利害。如果远近无不称便，军民又皆乐从，事已举兴，势难中辍。即便具由呈来，以凭奏请定夺。仍一面俯顺民情，相度地势，就于建县地内预行区画，街衢井巷，务要均适端方，可以永久无弊。听从愿徙新旧人民，各先占地建屋，任便居住。其县治、学校、仓场及一应该设衙门，姑且规留空址，待奏准命下之日，以次建立。仍一面通行镇巡等衙门，公同会议。此系设县安民、地方重事，各官务要计处周悉，经画审当，毋得苟且雷同，致贻后悔。批呈作急勘报等因。依蒙拘集坊郭父老及河头新旧居民，再三询访，各交口称便。有地者愿归官丈量，以建城池；有山者愿听上砍伐，以助木石；有人力者又皆忻然相聚，挑筑土基，业已垂成。惟恐上议中止，下情难遂等情，具呈到臣。

译文

又根据南靖县义民乡老曾敦立、林大俊等人呈报，河头地区，北部与卢溪、流恩山岗接壤，西南部与平和乡象湖山接壤，平和等乡又与广东饶平县大伞、箭灌等乡接壤，都是异常险峻的贼寇据点。两省居民，距离各自所属的县政府都有五日的路程，虽然名义上分别设置了都、图，但实际上不能受到管理及教化。往往相互怂恿着外出打劫，一声呼喊就有几千人集结，所过之处毒害百姓，令人不忍心言说。正德二年（1507），朝廷虽然率领军队围剿捉拿了贼寇，但不曾设置县衙，只是几个月的时间，残存的党羽就再次复苏。现在调派军队围剿招安，虽然稍稍平息，但仍然担忧侥幸逃脱的贼寇再次造成之前的祸患，希望能增设县衙，以此控制贼寇据点，建立学校，改变旧风气、旧习惯，这样才能长治久安。漳南道官员与本官一起，连同南靖县知县施祥带领年高有德的老人曾敦立等，以及隐士洪钦顺等人，亲自到访河头地区，勘察到大洋陂背靠山岭，面向河流，地势宽广平坦，四周长度可达六百余仗，西部连接广东饶平，北部连接三团、卢溪，可以在此建设县衙。再将南靖县清宁、新安等里，漳浦县二三等都，分割出来管辖，按照田亩征收粮食，分派徭役。又勘察到卢溪林头坂地势颇高，适合建立巡检司作为防御机构，可将小溪巡检司移建，酌情增加弓兵，选拔乡里的农夫协助巡逻，遇到贼寇，当即捉拿。经过多次审察及收集乡民的意见，都认为南靖地区紧邻边境，容易滋生贼寇，上策就是设置县衙。况且现今战事取胜后，军饷粮草还有剩余．人们也愿意开凿山脉、采集石料，挑回泥土、筑造县城，砍伐树木，烧制砖瓦，几个月以内，工程就能完成。因南靖县距离卢溪等地委实遥远，很难防备约束，现在计划在河头增设县衙，在林头坂移建巡检司，这样对外足以管理与饶平县相邻的边境，对内足以压制卢溪各个贼寇据点；

百姓又都乐于从事，不必劳烦官府监督，实在是各方面条件都具备，辛苦一次，把事情办好，以后就不再费事了。以上详细呈报到本道，希望得到批复。收到批复：经考量，开设县衙，管理两省的瑶族村寨，以此保证数城百姓的生活，确实是一劳永逸的计划。只是没有经过实地调查后上奏请示，命令该道与各官员商议，再派遣该府召集父老乡亲及地方新旧居民，考察估量这件事情的利弊。如果附近的人民全都认同称赞，兵士百姓又都乐于遵从，事情已经兴起，难以中途停下。那么就详细呈报在奏章里，听凭决定。一面顺应民意，勘察地形，在建设县城的区域内预先规划，大街小巷务必要均匀适当，平整端正，做到不留隐患。顺从愿意迁徙的新旧居民各自先行圈占地点、建造房屋，任由他们居住。县衙、学校、仓库及一切应该设置的官署，暂且留出空地，等到奏疏得到批准的时候，再依次建设。一面通报镇巡等官署，共同开会商议。这是地方设置县属、安顿百姓的大事，各官员务必要计划处理周全，经营妥当，不能疏忽大意，随波逐流，以致留下祸患。批复要求加紧勘察回报。依照旨意召集城里年长的人及河头的新旧居民，多次调查访问，全都认同称赞。有土地的人愿意交还官府测量，来建筑城池；有山的人愿意听从安排砍伐树木，帮助补充木石材料；有力气的人又都高兴地聚集在一起，挑土修筑地基，已经将要完成。只担心上级不再支持，百姓的情绪难以安抚，详细呈报给微臣。

为照建立县治，固系御盗安民之长策，但当大兵之后继以重役，窃恐民或不堪。臣时督兵其地，亲行访询父老，辄咨道路，众口一词，莫不举首愿望，仰心乐从，旦夕皇皇，惟恐或阻。臣随遣人私视其地，官府未有教令，先已伐木畚土，杂然并作，裹粮趋事，相望于道，究其所以，皆缘数邑之民积苦盗贼，设县控御之议，父老相沿已久，人心冀望甚渴，皆以为必须如此，而后百年之盗可散，数邑之民可安，故其乐事劝工，不令而速。臣观河头形势，实系两省贼寨咽喉。今象湖、可塘、大伞、箭灌诸巢虽已破荡，而遗孽残党，亦宁无有逃遁山谷者？旧因县治不立，征剿之后，浸复归据旧巢。乱乱相承，皆原于此。今诚于其地开设县治，正所谓抚其背而扼其喉，盗将不解自散，行且化为善良。不然，不过年余，必将复起。其时再举两省之兵，又糜数万之费图之，已无及矣。臣窃以为开县治于河头，以控制群巢，于势为便。虽使民甚不欲，犹将强而从之，况其祝望欣趋若此，亦何惮而不为！至于移巡司于枋头坂，亦于事势有不容已。盖河头者，诸巢之咽喉；枋头者，河头之唇齿，势必相须。兼其事体已有成规，不过迁移之劳，所费无几。臣等皆已经画区处，大略已备，不过数月，可无督促而成。民之所未敢擅为者，惟县治、学校，须命下之日乃举行耳。

译文

建立县衙，固然是抵御贼寇、安定民生的良策，不过刚发生过大规模战事后又接着分派沉重的徭役，微臣私下里担心百姓不能支持。微臣当时在那里领兵，亲自寻访父老乡亲，在道路上调查，百姓都抱有同样的主张，全都翘首以盼，乐于遵从，每日惶恐不安，只怕受有人阻止。微臣随后派人暗中视察当地，官府还未下达法令，百姓先已经砍伐树木、收集土料，各项工作一并开展，人们带上粮食参加工作，在路上相互碰面，探究其原因，都是因为几个城的居民长期为贼寇所苦，增设县治来控制抵御贼寇的讨论，在年长的人中沿袭已久。人们希冀渴求，都认为必须要这么做，然后延续百年的贼寇就可以消亡，几个城的居民都可以安定下来，因此他们乐于从事，并努力取得成效，没有命令也很快完成。微臣观察河头地区的情况，确实是两省贼寇据点的交通要道。现今象湖、可塘、大伞、箭灌等据点虽然已经荡平，但残存的贼寇党羽，难道就没有逃到山谷中躲藏的吗？过去因为没有设立县衙，讨伐以后，贼寇渐渐又回到原来的据点。一次次动乱接连不断，都是因为这样。现在如果在这里设立县衙，正是所谓的按住脊背，掐住咽喉，控制住敌方的要害，贼寇不需要干预就会自行消散，变为良善之民。否则，不到一年的时间，贼寇一定会再次生事。到那时再出动两省军队，又耗费几万的钱款想要解决，已经没有用了。微臣私心认为在河头设立县衙来牵制众多据点，从形势上看是便利的。即使百姓不愿意，尚且还要强迫他们遵从，更何况他们像这样期盼不已、欣然接受，又有什么可担忧而不去做的呢！至于将巡司移建至枋头坂，也是出于形势上的不得已。河头，是众多据点的交通要道；枋头，是河头的外围防线，二者势必相互依存。加上机构本身已经有成熟的规制，只不过是迁移辛苦，耗费并不多。微臣等都已经规划好区域位置，大体已经完备，用不了几个月，就可以不加督促而建成。百姓不敢擅自建造的，只有县衙和学校，必须等到圣旨下达的时候才能进行。

伏愿陛下俯念一方荼毒之久，深惟百姓永远之图，下臣等所议于该部，采而行之。设县之后，有不如议，臣无所逃其责。今新抚之民，群聚于河头者二千有余，皆待此以息其反侧。若失今不图，众心一散，不可以复合；事机一去，不可以复追。后有噬脐之悔，徒使臣等得以为辞，然已无救于事矣。缘系添设县治永保地方事理，为此具本请旨。

译文

恳望陛下念及地方长久受到残害，深入地为百姓长远生活做打算，考虑微臣等递交该部的提议，采纳并予以施行。设置县衙之后，如果有不符合提议中所说的地方，微臣不会逃避责任。现今新安抚的百姓，聚集在河头的有两千多人，全都等待陛下的旨意，以平息焦虑不安的心情。如果错失现在的机会而不去谋划，人心一旦松散，就不能再收复；机会一旦失去，就不能再追回。之后遭受了极大损失而后悔，只能让微臣等辞官谢罪，然而已经无济于事了。因为是增设县衙保全地方的事情，特此上奏，请求陛下的旨意。

疏通盐法疏

十二年六月十五日

据江西按察司整饬兵备带管分巡岭北道副使杨璋呈：奉巡抚江西右副都御史孙燧案验，准兵部咨，行移各该巡抚官员，今岁俱免赴京议事，各要在彼修举职业。若有重大军务，应议事件，益于政体，便于军民者，明白条陈，听会官计议奏请等因，已经行仰所属查访去后，随据吉安、临江、袁州等府，万安、泰和、清江、宜春等县商民彭拱、刘常、郭闰、彭秀连名状告：正德六年，蒙上司明文行令赣州府起立抽分盐厂，告示商民，但有贩到闽、广盐课，由南雄府曾经折梅亭纳过劝借银两，止在赣州府发卖者，免其抽税；愿装至袁、临、吉三府卖者，每十引抽一引。闽盐自汀州过会昌羊角水，广盐自黄田江、九渡水来者，未经折梅亭，在赣州府发卖，每十引抽一引；愿装至袁、临、吉三府发卖，每十引又抽一引。疏通四年，官商两便。正德九年十月内，又蒙赣州府告示，该奉勘合开称，广盐止许南、赣二府发卖，其袁、临、吉不系旧例行盐地方，不许越境，以致数年广盐禁绝。淮盐因怯河道逆流，滩石险阻，止于省城。三府居民受其高价之苦，客商阻塞买卖之源。乞赐俯念吉、临等府与赣州地里相连，自昔至今惟食广盐，一向未经禁革。况广盐许于南、赣二府发卖，原亦不系洪武旧制，乃是正统年间为建言民情事，奉总督两广衙门奏行新例。如蒙将广盐查照南、赣事例，照旧疏通下流发卖，万民幸甚等因。

译文

根据江西按察司整饬兵备带管分巡岭北道副使杨璋呈报：得到巡抚江西右副都御史孙燧查询验证，兵部批准了咨文，移交给各位巡抚官员，今年全部免去前往京城商议政事，各官员在原处从事本职工作。如果有利于政治，能方便军队及百姓的重要军事事务或值得讨论的事情，就分条清楚列出，由众官员商议禀报。已经命令属下探查寻访，随后根据吉安、临江、袁州等府，万安、泰和、清江、宜春等县的商人彭拱、刘常、郭rx、彭秀联合递状控告：正德六年（1511），上级官署明确下令在赣州府建立征收盐税的抽分厂，告知商人，只要有商贩到闽、广地区交纳盐税，从南雄府经过折梅亭时交纳过劝借的税银，只在赣州府做买卖的，免去实物商税；自愿将货物运到袁州、临江、吉安三府贩卖的，每购买十份盐引需交纳一份的税银。福建生产的盐从汀州经过会昌羊角水，广东生产的盐从黄田江、九渡水来，没经过折梅亭，在赣州府贩卖的，每购买十份盐引需交纳一份的税银；自愿将货物运到袁州、临江、吉安三府贩卖的，每十份盐引再交纳一份税银。政令通达已有四年，官员与商人都得到便利。正德九年（1514）十月内，又接到赣州府公告，告示称，广盐只能在南安、赣州两府贩卖，袁州府、临江府、吉安府不是原有的律例中贩卖盐的地方，不能越过边境，导致了几年间广盐在此地绝迹。淮盐因惧怕于河水逆行不便，滩石危险，止步于省城。三府居民遭受高昂价格的迫害，商人买卖的源头也被阻塞。希望陛下念及吉安、临江等府与赣州地理位置接壤，从古至今只吃广盐，向来没有经过禁绝。况且广盐可以在南安、赣州两府贩卖，原本也不是洪武年间的旧制度，而是正统年间因为有人提出关于民情的建议，受到总督两广地区的官署上奏而施行的新条例。如果能参照南安、赣州的做法，将广盐像以前一样流通贩卖，将是百姓的大幸。

又据赣州府抽分厂委官照磨汪德进呈：近奉勘合禁止广盐，止许南、赣发卖，不许下流，但赣州、吉安地理相连，水路不过一日之程。今年夏骤雨泛涨，虽有桥船阻隔，水势汹恶，冲断桥索，以致奸商计乘水势，聚积百船，执持凶器，用强越过。后虽拿获数起问罪，不过十之一二。又有投托势要官豪，夹带下流发卖者；又有挑担驮载，从兴国、赣县、南康等处小路越过发卖者。其弊多端，不禁则违事例，禁止则势所难行，呈乞议处等因。

译文

又根据赣州府抽分厂官员汪德呈报：近来收到谕旨，禁止广盐流通，只能在南安、赣州贩卖，不能到下流地区，但赣州、吉安在地理位置上相连，走水路不过是一天的路程。今年夏天大雨使河水暴涨，虽然有桥梁船只阻隔，但水质凶猛，冲断了桥梁的缆索，致使奸商用计趁着水势，聚集了百余条船只，手持武器，强行越过。后来虽然捉拿了多起团伙判罪，但也不过是占了十分里面的一两分。还有依仗官员豪强的势力，夹带到下流地区贩卖的；还有用担子挑着，用车马载着，从兴国、赣县、南康等地方的小路越过边境贩卖的。这样会造成很多弊病，不仅指就违背了律例，禁止又实在难以实行，呈报请求商议处理。

卷查正德六年奉总制江西等处地方军务左都御史陈金批：据江西布政司呈，准本司右布政使任汉咨称，查得江西十三府俱系两淮行盐地方，湖西、岭北二道滩石险恶，淮盐因而不到。商人往往越境私贩广盐，射利肥己。先蒙总督衙门奏准广盐许行南、赣二府发卖，仰令南雄照引追米纳价，类解梧州军门。官商两便，军饷充足。当时止是奏行南、赣，不曾开载袁、临、吉三府。合无遵照敕谕，便宜处置，暂许广盐得下袁、临、吉三府地方发卖，立厂盘掣，以助军饷。及据江西按察司兵备副使王秩亦呈前事。随该三司布政等官刘杲等议得，委果于事有益，于法无碍。呈详，批允前来遵照立厂，照例抽税外，正德九年十月内，准户部咨，该巡抚都御史周南题，该本部覆议，内开广东盐课，仍照正德三年题奉钦依事理。有引官盐，许于南、赣二府发卖，不许再行抽税。袁、临、吉不系旧例行盐地方，不许到彼。如有犯者，不分有引无引，俱照律例问罪没官，又经行仰禁革去后。今据前因，随查得正德六年十一月二十七日设立抽分厂起，至正德九年五月终止，共抽过税银四万八百四十余两。陆续奉抚镇衙门明文，支发三省夹攻大帽山等处赏功军饷，并犒劳过狼兵官军土兵口粮，并取赴饶州征剿姚源军前应用，及起造抽分厂厅浮桥，修理城池，买谷上仓，预备赈济，及遵巡抚军门批申，借支赣州卫官军月粮等项，支过税银三万八千二百九十余两。由此观之，则地方粮饷之用，岁费不赀，而仰给于商税独重。前项商税所入，诸货虽有，而取足于盐利独多。及查得近为紧急贼情事，该兵部题奉钦依，转行议处停当，具由呈报。该本道会同分守守备衙门，议得贼首谢志珊有名大寨三十余处，拥众数万，盘据三省，穷凶极恶，神怒人怨。已经呈详转达奏闻，动调三省官兵会剿去后。及议得本省动调官兵以三万为率，半年为期，粮饷等费，约用数万。查得赣州府库收贮前项税银，除支用外，止余二千九百余两。又是节催起解赴部之数，续收银两止有一千六百余两。但恐不日命下，克期进剿，军行粮食，所当预处。及查得广东所奏前项盐法，准行南、赣二府贩卖，果系一时权宜，不系洪武年间旧例，合无查照先年总制都御史陈金便宜事例，一面行令前商，许于袁、临、吉三府贩卖，所收银两，少为助给；一面别行议处，以备军饷。庶使有备无患，不致临期缺乏。候事少宁，另行具题禁止，庶袁、临、吉三府无乏盐之苦，南、赣二府军门得军饷之利，而关津把截去处免阻隔意外之变，诚为一举而三得矣等因，已经备由呈，奉巡抚都御史孙燧批：看得所议盐税，既不重累商人，抑且有裨军饷，舆情允协，事体颇宜。但其至赣州府十取其一，吉、临等府十而取二，似乎过重，抑行再加详议，斟酌适中回报。依奉访得商民贩盐，下至三府发卖者，倍取其利，既许越境贩卖，乃其心悦诚服，并无税重之辞。又经呈详，奉批：看得所议盐税事情，商贾疏通，军饷有赖，一举两得，合遵照钦奉敕谕便宜处置事理，仰行各道并该府县遵奉。仍禁革奸徒，不许乘机作弊，因而瞒官射利，扰害地方。具由缴申，今照本院抚临，理合再行呈请照详等因，据呈到臣，看得赣、南二府，闽、广喉襟，盗贼渊薮。即今具题夹攻，不日且将命下，粮饷之费，委果缺乏，计无所措，必须仰给他省。但闻广东以府江之师，库藏渐竭；湖广以偏桥之讨，称贷既多。亦皆自给不赡，恐无羡余可推。若不请发内帑，未免重科贫民。然内帑以营建方新，力或不逮；贫民则穷困已极，势难复征。及照前项盐税，商人既已心服，公私又皆两便，庶亦所谓不加赋而财足，不扰民而事办。臣除遵照敕谕，径自区画事理，批行该道，暂且照议施行，候地方平定之日，将抽过税银、支用过数目，另行具奏。抽分事宜，照例仍旧停止外。缘系地方事理，为此具本题知。

译文

查阅卷宗得知正德六年（1511）总制江西等处地方军务左都御史陈金批复：根据江西布政司呈报，准本司右布政使任汉称，查验到江西十三个府都是两淮卖盐的地区，湖西、岭北两个道滩石危险，因此淮盐不能到达。商人往往越过边境私自贩卖广盐，谋取利益充实财富。先前总督衙门上奏得到批准，广盐可以在南安、赣州两府贩卖，命令南雄按照盐引征收粮食或税银，全部送到梧州军营外的大门。官员与商人都得到了便利，军队的粮饷也充足了。当时只是上奏在南安、赣州流通，没有逐一提及袁州、临江、吉安三府。何不按照敕谕的内容，方便处理，暂且允许广盐到袁州、临江、吉安三府地区贩卖，设立抽分厂征税，以此资助军队的粮饷。江西按察司兵备副使王秩也呈报了上述事项。随后该三司布政等官员刘杲等人商议得出，这样做的确有利于公事，也没有违背法令。详细呈报，批准前往依照计划设立抽分厂，照旧收税。正德九年（1514）十月内，户部咨文得到批准，巡抚都御史周南提请，本部官员商议，对内开设广东盐税，仍然按照正德三年（1508）批准的事项办理。有盐引、纳过税的盐，可以在南安、赣州两府贩卖，不能再征收税款。袁州、临江、吉安不是旧制规定的卖盐地区，不能到那里贩卖。如果有违犯者，无论有没有盐引，都按照律法判罪，没收盐货，后来又下令改革了这一禁令。现今根据之前的事情，查到正德六年十一月二十七日设立抽分厂起，到正德九年五月为止，共征收税银四万八百四十多辆。陆续收到抚镇衙门明确的通知，支出派发三省围攻大帽山等地方的赏赐俸禄，并发放慰劳狼兵、官军、土兵的粮食，提供前往饶州围剿姚源的军队的军费，以及建造抽分厂、浮桥，修理城池，购粮填仓，准备赈济灾情的物资，还有遵照巡抚军营的申请，出借赣州卫官军月俸等事项，支用税银三万八千二百九十余两。从这个角度看，地方使用的粮食和银钱，每年的耗费不可计量，非常仰赖于商税的收入。上述商税的收入，虽然各方面货品都有，但从盐税上得到的收益最多。又查到近来因为贼寇生事的紧急情况，该兵部遵照圣旨，自行上衣处理妥当，详细呈报。该道连同分守守备衙门，商讨得知贼寇首领谢志珊有名的据点有三十多处，拥有几万同伙，分布在三省，极端残暴凶恶，上天愤怒、百姓怨恨。已经详细呈报转请上奏，调派三省官兵联合围剿。商讨得出本省调派官兵三万，为期半年，粮饷等费用支出，大约需要数万。查到赣州府库房储存的上述税银，除去支出的部分，只剩下两千九百多两。恰好是押送上交户部的数目。后续征收的税银只有一千六百多两。只担忧很快就将下达命令，约定日期围剿，行军的粮草就应当预先准备。又查到广东奏行的上述盐法，允许南安、赣州两府贩卖，果然是短时间内采取的变通办法，不是洪武年间的旧制度，何不依照早年总制都御史陈金的便捷的事例，一面给商人下令，允许他们在袁州、临江、吉安三府卖盐，赚得的银两，上交一小部分资助官府；一面另外商议处理，筹备军饷。这样才能有所准备，避免灾祸，不至于临到期限缺乏粮饷。等到事情稍微平定下来，另外上奏禁止，也许袁州、临江、吉安三府没有缺乏食盐的痛苦，南安、赣州两府的军营能得到军饷的支持，关闭的渡口、把守的关卡也可以免去因阻断道路而产生的意外变故，实在是做一件事同时得到三方面的好处啊。已经详细呈报，收到巡抚都御史孙燧的批复：看到商议盐税一事，既不过多劳累商人，又对军饷有利，百姓同意支持，办法非常合适。只是食盐在赣州府收十分之一的税，在吉安、临江等府收十分之二的税，似乎过于繁重，需要再进行详细商议，考虑出适宜的办法上报。依照命令询问得知，商人卖盐，到三府贩卖的，可以获得加倍的利润，允许他们越过边境贩卖，他们已经诚心诚意地服从，并没有抱怨税银过重的说法。又经过详细呈报，收到批复：看到商议的盐税之事，商人可以四处流通，军队的粮饷有所依靠，做一件事得到了两方面的好处，依照诏令要求便捷处理的事项，命令各道与各府县遵命行事。仍然要肃清奸佞之人，不允许趁机使用不正当手段欺瞒上级，获取利益，扰乱地方秩序。已经全都申报过，现今本院官员前来巡抚，理应再次详细呈报，这些事情都上报给微臣。赣州、南安两府，是闽、广地区的要害，盗贼在此聚集。现今奏请围攻，很快就将下达命令，粮草军饷的费用，委实欠缺，没有办法可以实施，必须仰赖其他省给予援助。只是听闻广东为了镇压府江起义，库存资金日渐衰竭；湖广因为偏桥的战事，已经借贷了很多。他们也都自顾不暇，恐怕没有剩余的钱款可以出借。如果不提请发放国库存银，就免不了向贫困的百姓征收重税。然而国库因为承担了刚刚起步的工程建设，没有余力赈济；百姓贫穷困苦已到了极点，难以再度征税。上述盐税，既然商人已经愿意遵从，官府与私人又都能获得便利，这就是所谓的不增加百姓的赋税，而国家的钱财充足，不打扰百姓的生活，事情也能很好地完成。微臣遵照诏令，自行谋划安排，批复该道姑且按照商议结果执行，等到地方安定下来的时候，将征收的税银以及开支的钱款数目，另外上奏，征收盐税之事，按照惯例仍旧禁止。因为涉及地方事项，特此上奏禀告陛下。

卷之十　别录二

奏疏二

议夹剿兵粮疏

正德十二年七月初五日

准兵部咨，该本部题职方清吏司案呈奉本部送兵科抄出巡抚湖广地方兼赞理军务都察院右副都御史秦金题称：会同巡按御史王度督同都、布、按三司掌印署都指挥佥事文恭、左布政使周季凤、副使悍巍等，议照湖广郴、桂等处所属地方，与广东乐昌、江西上犹等处县瑶贼密尔联络。彼处有名贼首龚福全、高仲仁、李斌、庞文亮、蓝友贵等，素恃巢穴险固，聚众行劫。先年用兵征剿，各贼漏殄未除，遂致祸延今日。臣等仰体皇上好生之心，设法抚处，冀图靖安，以成止戈之武。奈犬羊之性，变诈不同；豺狼之心，贪噬无厌；阳虽听招，阴实肆毒。今乃攻打县堡，虏官杀人，穷凶极恶，神人共愤。虽经各官兵擒斩数辈，稍惧归巢，缘其种类繁多，出没尚未可料。若非三省合兵，大彰天讨，恶孽终不殄除，疆宇何由宁谧！所据各官会呈，乞要大举。臣等再三筹议，非敢轻启兵端，但审时度势，诚有不容已者。况彼巢峒既多，贼党亦众，东追西窜，此出彼藏，必须调发本省土汉官军民兵杀手人等，共三万员名，分立哨道，刻期进剿。其两广、南、赣，仍须各调官军狼兵把截夹攻，协济大事。臣等计算兵粮重大，区处艰难，抑且本省兵荒相继，财力匮乏，前项合用钱粮，预须计处。今将应调土汉官军数目，供给粮饷事宜，及战攻方略，开坐具奏。

译文

收到兵部的咨文，该部上奏职方清吏司呈报本部递送兵科的巡抚湖广地方兼赞理军务都察院右副都御史秦金上奏称：连同巡按御史王度与都司、布政司、按察司三司掌印署都指挥佥事文恭、左布政使周季凤、副使悍巍等人，商议考察湖广郴、桂等地下属的地区，与广东乐昌、江西上犹等县的瑶族贼寇秘密联络。那里知名的贼寇首领龚福全、高仲仁、李斌、庞文亮、蓝友贵等人，一向仗着据点险要坚固，聚集团伙打劫。前几年派出军队围剿，各地贼寇尚有残余没有除尽，于是导致祸患延续到了现在。微臣等体察陛下爱惜生命的美德，想办法招安处置，谋求地方的平安，力图不用武力而使对方屈服。奈何贼寇有犬羊般的性情，狡诈多变；有豺狼般的心肠，贪得无厌；表面上虽然听从了招抚，但是实际上仍然放肆毒害百姓。现今还攻打县城、俘虏官员、杀害百姓，残暴凶恶到了极点，上天和人民都感到愤恨。虽然各官兵捉拿斩杀多人，贼寇渐渐感到惧怕而退回据点，但因为贼寇组成复杂、成因多样，是否会再次出现尚且不能预料。如果不是三省集合兵力，替天除恶，这一罪恶终究不能除尽，地方哪里来的平静呢！根据各位官员联合呈报，乞求大规模出兵。微臣等多次筹划商议，不敢轻易开启战事，只是研究估量时局变化，实在有不得已的时候。况且贼寇据点众多，贼人成群，到处逃窜，这边出现那边又消失，必须调派本省土汉官兵、民兵、杀手等，一共三万人，分别设立侦察路线，约定日期进攻围剿。两广，南安、赣州地区，仍然需要各自调派官军、狼兵拦截围攻，协助完成这一重大事情。微臣等估算所需军队粮饷甚多，筹措困难，况且本省因战争造成的灾祸接连不断，财政匮乏，上述需要用到的钱财和粮草，必须预先筹划安排。现在将应该调派的土汉官兵数目、提供粮饷的安排，以及战略方针，一一列出上奏。

该本部覆称：阃外兵权，贵在专委；征伐事宜，切忌遥制。今郴、桂瑶贼为害日炽，既该湖广镇巡三司官会议，兵不可已。要行克期进剿，朝廷若复犹豫不决，往返会议，必致误事。但七月进兵，天气尚炎，况今五月将中，三省约会，期限太迫。再请敕两广总督等官左都御史陈金等，及请教巡抚南赣左佥都御史王守仁，各照议定事理，钦遵会合行事，不许违期失误。及改拟九月中取齐进兵，庶三省路远，不误约会。本年五月十一日，少保兼太子太保本部尚书王琼等具题奉钦依，备咨到臣。除钦遵外，卷查先据江西岭北道副使杨璋及湖广郴、桂兵备副使陈璧，并广东韶州府各呈申前事，臣参看得前贼恶贯已盈，神怒人怨，天讨在所必加。但近年以来，江西有桃源之役，疮痍肓起；福建有汀漳之寇，军旅未旋。府江之师方集于两广，偏桥之讨未息于湖、湘；若复继以大兵，惟恐民不堪命。合无申明赏罚，容臣等徐为之图。惟复约会三省，并举夹攻。已经开陈两端，具本上请去后，今准前因，则巡抚湖广右副都御史秦金所题夹攻事理，既奉有成命矣。臣谨将南、赣二府议处兵粮事宜开坐。缘系地方紧急贼情事理，为此具本请旨。

译文

该部再次上报称：地方的兵权，最重要的是有专人掌管；作战的安排，万万不可远程指挥。现今郴、桂地区的瑶族贼寇造成的损害日益严重，湖广镇巡三司官员已经联合商议，战事已经不能中止。必定要约定日期进攻围剿，朝廷如果再迟疑不能决定，来回商议，肯定会导致耽误事机。只是七月份发兵，天气尤且炎热，况且现在才五月中旬，三省约定的时间太过急迫。再次请求命令两广总督等官员及左都御史陈金等人，还要请求巡抚南赣左佥都御史王守仁协助，各自遵照商议约定的事项，汇合集体行动，不允许违反期限误事。另外计划改在九月中旬一齐出兵，期求三省路途遥远，不致耽误约定的日期。本年五月十一日，少保兼太子太保本部尚书王琼等人上奏得到批复，全都传达给了微臣。除去遵照敕令进行的事项外，查阅卷宗得知，根据江西岭北道副使杨璋及湖广郴、桂兵备副使陈璧，和广东韶州府各自呈报的之前的事，微臣观察到上述贼寇犯下的罪恶极多，上天愤怒、百姓怨恨，必须要施以来自上天的惩罚。只是近几年来，江西有桃园的战事，刚刚留下创伤；福建有汀漳的贼寇，军队还未凯旋。府江的军队刚刚聚集在两广，偏桥的征讨还没在湖、湘地区平息；如果再进行大规模作战，只怕人民不能承受。何不明确赏罚条例，让微臣等慢慢谋划。计划再次联合三省，一齐出兵围攻贼寇。已经从两方面陈述过，上奏请陛下决断。现在根据之前的事，那么巡抚湖广都御史秦金上奏的围攻贼寇一事，实际上已经得到诏令了。微臣现将南安、赣州两府商议处理粮草军饷的事情列出，因为是地方紧急发生的贼寇情形，特此上奏请陛下决断。

计开：

南安府所属大庾、南康、上犹三县，各有贼巢，联络盘据，有众数千，西接湖广桂阳等县，南接广东韶州府乐昌等县。三省夹攻，必须湖广自桂阳、桂东等处进，广东自乐昌县进；在南安者，必须三县地方并进。赣州府所属，惟龙南县贼巢与广东惠州府龙川县浰头接境。浰头系大贼池大鬓等巢穴，有众数千，比之他贼，势尤猖獗。前此二次夹攻，俱被漏网。龙南虽有贼徒数伙，除之稍易。但其倚籍浰头兵力以为声援，攻之则奔入浰头，兵退则复出为害。必须广东兵自龙川进，赣州兵自龙南进，庶可使无奔溃。

译文

开列如下：

一、南安府下属的大庾、南康、上犹三县，各自有贼寇据点，相互联系，贼寇有数千人，西面连接湖广桂阳等县，南面与广东韶州府乐昌等县接壤。三省围攻，必须湖广从桂阳、桂东等地进兵，广东从乐昌县进兵；在南安的军队，必须三县一同进攻。赣州府下属的，只有龙南县据点与广东惠州府龙川县浰头接壤。浰头是凶恶的贼寇池大鬓等人的据点，有贼众数千人，相比于其他贼寇，势力尤其猖獗。之前的两次围剿，都被其侥幸逃脱。龙南县虽然有几伙贼寇，铲除较为容易，但他们倚仗浰头贼寇势力的支持，攻打就逃到浰头，军队撤退就再次出来作乱。必须让广东的军队从龙川进攻，赣州的军队从龙南进攻，这样才能让他们无路可退。

一、上犹去龙南几四百里，两处进兵，必须一时并举，庶无惊溃之患。大约计之，亦须用兵一万二千名。今拟调南康、上犹二县机兵、打手一千二百名；大庾县机兵、打手一千二百名；赣州府所属，除石城县外，宁都、信丰二县机兵、打手各一千名；其余七县，机兵、打手三千名；龙泉县机兵、打手一千名；安远县招安义民叶芳、老人梅南春等，龙南县招安新民王受、谢钺等兵共二千名；汀州府上杭县打手一千名，潮州府程乡县打手一千名；共辏一万二千之数。但广、湖两省之兵，皆狼土精悍，贼所素畏，势必偏奔江西；江西之兵，最为怯懦，望贼而溃，乃其素习。今所拟调，皆新习未练。若使严以军法处治，庶几人心齐一，事功可成。

译文

一、上犹距离龙南将近四百里，从两个地方进兵，必须同时出击才能没有惊动贼寇使他们逃脱的隐患。粗略估计，也必须调用一万两千名兵士现今计划调遣南康、上犹两县机兵、打手一千两百人；大庾县机兵、打手一千两百人；赣州府下属的，除石城县外，宁都、信丰两县机兵、打手各一千人；其余七县，机兵、打手三千人；龙泉县机兵、打手一千人；安远县负责招安的义民叶芳、老人梅南春等，龙南县负责招安的新住居民王受、谢钺等兵力共两千人；汀州府上杭县打手一千人，潮州府程乡县打手一千人；共凑集一万两千人。只是广、湖两省的兵士，都是强悍的狼兵、土兵，贼寇一向畏惧他们，一定会向江西奔逃；江西的军队最为胆怯弱小，看到贼寇就自行溃散，是他们向来的习惯。现今计划调遣的，都是新参军还未进行操练的。如果严格地根据军法管理训练，也许能使兵士的思想整齐，事情就可以成功。

一、兵一万二千余名，每名日给米三升，一日该米三百七十余石；间日折支银一分五厘，一日该银一百八十余两；以六个月为率，约用米三万三十余石，用银二万余两。领哨、统兵、旗牌等官并使客合用廪给，及赏功犒劳牛酒、银牌、花红、鱼、盐、火药等费，约用银二万余两。通前二项，约共用银五万两。二府商税银两，集兵以来，日有所费，见存银止有四千余两。二府并赣县、大庾、南康、上犹四县积谷，约计有七八万石；但贮积年久，恐舂米不及其数。见在前银不足支用，就欲别项区处，但恐缓不及事。查得江西布政司并各府县别无蓄积，止有该解南京折粮银两贮库未解，并一应纸米赃罚银两，合无行巡抚江西都御史孙燧转行布政司并行各府照数借给应用。候事宁之日，或将以后抽掣商税，或开中盐引，另为计处，奏请补还，庶克有济。

译文

一、一万两多名兵士，每人每日供给三升米，一日需要三百七十多石米；每隔一日支付银钱一分五厘，一日需要银钱一百八十多两；以六个月为例，大约耗费三万三十多石米、两万多两银钱。领哨、统兵、旗牌等官及使者的花销由库房支给，加上犒赏功劳的牛酒、银牌、花红、鱼、盐、火药等费用，大约需要银钱两万多两。上述两项相加，总计需要银钱五万两。两府征收商税所得的银钱，自召集兵士以来，每日都有耗费，现存银钱只有四千多两。两府和赣县、大庾、南康、上犹四县囤积的稻谷，大约有七八万石；只是贮藏的时间很久，恐怕去壳后的大米不能达到这个数量。现在上述银钱不够军队支出，就想在其他地方谋划筹集，只是担忧来不及完成。查到江西布政司及各府县没有积蓄，只有应该运送到南京折算粮食的银钱还贮存在库房没有运送，还有纸、米、赃物及罚没的银钱，何不派巡抚江西都御史孙燧转告布政司，要求各府按照数目借出使用。等到事情平静的时候，或是以后抽取商税，或是开中发行盐引，另行处理，上奏请求偿还，也许可以还清。

一、合用本省巡按御史随军纪功，管理钱粮。及统兵、领哨官员，除本省三司分守、分巡、兵备、守备并南、赣二府官员临时定委外，访得九江府知府汪赖、吉安府知府伍文定、汀州府知府唐淳、惠州府知府陈祥，俱各才识练达；程乡县知县张戬、抚州府东乡县知县黄堂、建昌府新城县知县黄文鸶、袁州府萍乡县知县高桂、吉安府龙泉县知县陈允谐，俱有才名，俱各堪以领兵。候命下之日，听臣等取用。

译文

一、任用本省巡按御史跟随军队记录功劳、管理钱粮。至于统兵、领哨官员，除了本省三司分守、分巡、兵备、守备及南安、赣州两府官员临时指定委派外，寻访得知九江府知府汪赖、吉安府知府伍文定、汀州府知府唐淳、惠州府知府陈祥，全都才识卓异、世情通达；程乡县知县张戬、抚州府东乡县知县黄堂、建昌府新城县知县黄文鸶、袁州府萍乡县知县高桂、吉安府龙泉县知县陈允谐，都以高才闻名，各自都能领兵作战。等到命令下达的时候，听从微臣等安排任用。

臣等窃照师期已迫，自今七月上旬至九月中旬，仅余两月，中间合用前项钱粮器仗及拟调兵快、应委官员之类，悉皆百未有措；又事干各省，道途相去近者半月，远者月余，万一各官之中违抗推托，不肯遵依约束，临期误事，罪将安归！乞照湖广巡抚都御史秦金所奏该部题准事理，各官之中敢有抗违失误者，许臣等即以军法从事，庶几警惧，事可易集。

译文

微臣等私下考虑到出兵的日期已经临近，从现在七月上旬到九月中旬，只剩两个月，其中需要的上述银钱、粮草、武器，及计划调派的缉捕衙役、应该委任的官员之类，都还没有头绪；此事又关系到各省，相距路程近的要半个月，远的要一个多月，如果各位官员中有人违背命令、推卸责任，临近发兵日期时耽误了事情，将由谁来承担罪过呢！请求遵照湖广巡抚都御史秦金上奏的该部经陛下批准的事项，各位官员中如果有敢违背命令犯错的，允许微臣等当即依照军法处置，也许能警告震慑众人，事情也能较为容易地成功。

南赣擒斩功次疏

十二年七月初五日

据江西按察司整饬兵备带管分巡岭北道副使杨璋呈："据统兵等官南安府知府季敩呈，解生擒大贼首一名陈曰能，从贼林杲等二十七名，斩获首级十六颗，俘获贼属男女十三口，及马牛等物。并开称，捣过禾沙坑、船坑、石圳、上龙、狐狸、朱雀、黄石等贼巢七处，烧死贼徒不计其数，并房屋禾仓三百余间。南康县县丞舒富呈，解生擒大贼首一名钟明贵，从贼曾能志等二十一名，斩获贼级四十五颗，杀死未取首贼一百一十七名，俘获贼属男女一十六名口，及牛、马、驴等物。并开称，捣过石路坑、白水峒、杞州坑、旱坑、茶潭、竹坝、皮袍、樟木坑等贼巢八处，烧死贼徒三百四十六名，并烧毁房屋禾仓四百七十余间。赣县义官萧庾呈：解生擒大贼首一名唐洪，从贼蒲仁祥等六名，斩获首级并射死贼徒一百三十八名，烧毁贼巢房屋禾仓一百二十七间，及俘获牛羊、器械等物。并开称，捣过长龙、鸡湖、杨梅、新溪等处贼巢四处。各缘由到道。随据统兵官员并乡导人等各呈称，自本年正月蒙本院抚临以来，募兵练卒；各贼探知消息，将家属妇女什物俱各寄屯山寨林木茂密之处，其各精壮贼徒，昼则下山耕作，夜则各遁山寨。依奉本院方略，于六月二十日子时，各哨克期进剿。每巢止有二三十人或四五十人看守巢穴，见兵举火奋击，俱各惊溃；间有射伤药弩，即时身死，坠于深崖。及据县丞舒富、义官萧庾各回呈，止有上犹县白水峒、石路坑二巢，南康县鸡湖一巢险峻，巢内贼属颇多，被兵四面放火进攻，贼无出路，烧死数多。天明看视，止存骸骨，头面烧毁莫辨，以此难取首级等因。案照先为紧急贼情事，据上犹县申称，四月间被奎巢贼徒不时虏掠耕牛人口，请兵追剿，乡民稍得昔莳插。今早谷将登，又闻各巢修整战具出劫，乞为防遏，庶得收割聊生等因。并据县丞舒富及南安府呈，大庾县申同前事。该本道查得上犹县邻近巢穴，则有旱坑、茶潭、杞州坑、樟木坑、石路坑、白水峒、竹潭、川坳、阳木潭等巢，南安县则有长龙、鸡湖、杨梅、新溪等巢，大庾县则有狐狸坑、船坑、禾沙坑、石圳、上龙、朱雀、黄石坑等巢，多则三五百名，少则七八十名。合无将本院选集之兵，委官统领，分投剿遏等因。已经呈奉本院批：'看得各贼名号日渐僭拟，恶毒日加纵肆，若果遂其奸谋，得以乘虚入广，其为患害，关系匪轻。除密行南、韶等府分兵防截外，仰该道即便部勒诸军，定哨分委。仍密召各巢附近被害知因之人堪为乡导者，前来分引各兵。出城之时，不得张扬。今正当换班之月，就令俱以下班为名，昼伏夜行，克期各至分地，掩贼不备，同时举事。分领各官，务要严密奋勇，竭忠以副委托。如或推托误事，及军士之中敢有后期退缩者，悉以军法从事，决不轻贷。该道亦要亲帅重兵，随后继进，密屯贼巢要害处所，相机接应，以防不测。一应机宜，务须慎密周悉。仍要严缉各兵斩获真正贼徒，不许滥加良善'等因。遵奉统领各兵刻期进剿及加谨防遏。今据呈前因，通查得各哨共计生擒大贼首三名，首从贼徒五十四名；斩获首级六十八颗；杀死射死贼徒二百四十余名；烧死贼徒二百余名；捣过巢穴一十九处；烧毁房屋禾仓八百九十余间；俘获贼属男女二十九名口；水黄牛、马、骡、羊一百四十四头匹只。所据各该领兵等官所报擒斩之贼，数固不多，而巢穴已空，无可栖身；积聚已焚，无可仰给。就使屯集横水、桶冈大巢，将来人多食少，大举夹攻，为力已易"等因，转呈到臣。

译文

根据江西按察司整饬兵备带管分巡岭北道副使杨璋呈报："根据统兵等官南安府知府季敩呈报，活捉贼寇首领陈曰能一人，随从林杲等二十七人，斩下贼寇首级十六颗，俘虏贼寇家属男女共十三人，还有牛马等物资。并报称捣毁了禾沙坑、船坑、石圳、上龙、狐狸、朱雀、黄石等贼寇据点七处，烧死众多贼寇，以及房屋仓库三百余间。南康县县丞舒富呈报，活捉贼寇首领钟明贵一人，随从曾能志等三十一人，斩下贼寇首级四十五颗，杀死后未取首级的贼寇有一百一十七人，俘虏贼寇家属男女共十六人，还有牛、马、驴等物资。并报称，捣毁了石路坑、白水峒、杞州坑、旱坑、茶潭、竹坝、皮袍、樟木坑等据点八处，烧死贼寇三百四十六人，烧毁房屋仓库四百七十余间。赣县义官萧庚呈报：活捉贼寇首领唐洪一人，随从蒲仁祥等六人，斩下首级及射死贼寇一百三十八人，烧毁据点房屋仓库一百二十七间，还夺得牛羊、器械等物资。并报称，捣毁了长龙、鸡湖、杨梅、新溪等地方的据点四处。各自将经过呈报到道。随后根据统兵官员与乡导等人各自呈报称，自从本年正月受到本院官员巡视管理以来，招募、训练兵士；一众贼寇探查到消息，将家属、妇女、财物全都送至寨子或林木茂密的地方藏匿，其余精悍的贼寇，白天就下山耕种农田，晚上就各自回到寨子躲藏。依照本院指定的战略，在六月二十日子时，各翼军队相约一齐进攻。每个据点只有二三十人或四五十人看守，看到兵士举着火把大举进攻，都惊恐不已，各自逃窜；中间有人被弓弩射伤，当即死亡，坠落到山崖下面。又根据县丞舒富、义官萧庚各自呈报，只有上犹县白水峒、石路坑两处据点，南康县鸡湖一处据点地势险要，据点内贼寇家属众多，军队从四面放火进攻，贼寇没有逃跑的路线，烧死的人很多。天亮后去查看，只剩尸骨，头颅面庞已被烧毁，不能辨认，因此难以收取首级登记在簿。先前呈报的贼寇作乱的紧急情况，根据上犹县申报称，四月间畲族据点的贼寇时常掳走耕牛、人丁，请求朝廷出兵围剿，乡民才稍稍有时间插秧。现在早谷即将成熟，又听闻各据点的贼寇修复武器装备，外出抢劫，请求朝廷派兵阻止，使百姓可以收获粮食，维持生计。又根据县丞舒富及南安府呈报，大庾县申报了同样的事情。该道调查到上犹县接近贼寇据点，有旱坑、茶潭、杞州坑、樟木坑、石路坑、白水峒、竹潭、川坳、阴木潭等处，南安县则有长龙、鸡湖、杨梅、新溪等据点，大庾县有狐狸坑、船坑、禾沙坑、石圳、上龙、朱雀、黄石坑等据点，据点内的贼寇多则三五百人，少则七八十人。何不委派官员率领本院募集挑选的兵士，分别前去清剿各据点，阻止贼寇外出作乱。已经呈报，收到本院批复：‘眼看着各个贼寇的名号越来越僭越，妄想比拟上天，作为越来越狠毒肆意，如果真的顺从了他们的奸计，使他们能趁着时机进入广东，他们造成的祸患，必定非同小可。除了秘密地前往南雄、韶州等府，分别派兵拦截外，命令该道当即部署统率众军队，确定支队，分别委派。秘密召集各据点附近受害的、可以担任向导的知情人士，前来分别引导各军队。出城的时候，不能宣扬消息。现在正值换班的月份，可以下令都把结束当差作为名号，白天休息、夜晚出行，约定日期各自到达分配的地点，趁着贼寇没有防备，同一时间发动攻击。分头率领军队的各位官员，务必要严守秘密、奋勉英勇，竭尽忠诚完成委派的任务。如果有推卸拖延以致耽误事机的官员，或者兵士中敢有在后期畏缩的，全部按照军法处置，绝对不能轻饶。该道官员也要亲自统帅强力的军队，跟随在前军后面继续挺进，秘密驻扎在贼寇据点的机要之处，观察时机配合行动，以防意料之外的事情发生。所有事项，务必谨慎、严密、周到地安排。还要严格缉拿各兵士抓获的真正的贼寇，不允许过度施以同情宽恕。’遵照命令，率领各路军队约定日期进攻围剿，严加提防、遏止。现在根据之前呈报的事情，调查到各路军队总共活捉贼寇大首领三人，贼寇首领和随从五十四人；斩下贼寇首级六十八颗；砍杀、射杀贼寇二百四十多人；烧死贼寇二百多人；捣毁据点十九处；烧毁房屋库房八百九十多间；俘虏贼寇家属男女共二十九人；夺得水黄牛、马、骡子及羊一百四十四只。根据各路领兵等官员上报的捉拿、斩杀的贼寇，数量虽然不多，但据点已经清空，贼寇没有可以居住的地方；囤积的物资已经烧毁，贼寇失去了供给。即使他们聚集到横水、桶冈等大型据点，将来人口多粮食少，我方发动大规模进攻，也能很容易地成功。”上述事情都呈报给了微臣。

卷查先据副使杨璋呈称：“据南安府并上犹等县及县丞舒富各呈申，访得大贼首谢志珊号‘征南王’，纠率大贼首钟明贵、萧规模、陈曰能、唐洪、刘允昌等，约会乐昌高快马等，大修战具，并造吕公车，欲先将南康县打破。闻知广东官兵尽调征剿府江，就行乘虚入广”等因，已经批仰该道部勒诸军，酌量贼巢强弱，派定哨分，选委谋勇属官统兵，密召知因乡导引领，昼伏夜行，刻定于六月二十日子时，入各贼巢，同时举火，并力奋击，务使噍类无遗。去后，今据前因，覆勘得前项贼巢，委果荡平殆尽，蓄积委果焚毁无遗。获功解报虽少，杀伤烧死实多；猖獗之势少摧，不轨之谋暂阻；居民得以秋获，地方亦为一宁。此皆遵依兵部申明律例事理，仰仗天威，官兵用命之所致，非臣之知谋所能及也。

译文

查阅卷宗，先前副使杨璋上报称："根据南安府和上犹等县，还有县丞舒富各自呈报，探访到贼寇大首领谢志珊自号'征南王'，纠集贼寇大首领钟明贵、萧规模、陈曰能、唐洪、刘允昌等人，与乐昌县高快马等人约定，大规模修整装备武器，制造吕公车，想要先攻破南康县城。他们听闻广东的军队全都被调遣去讨伐府江，就计划趁守备空虚进入广东。"已经批复命令该道部署统帅军队，考量贼寇据点的强弱，分派确定各路兵力，选拔委任智勇双全的官员统领兵士，秘密安排他们由乡里的向导带领，白天休息夜晚出行，约定在六月二十日子时，潜入各贼寇据点，同一时间点火发出信号，一齐进攻，务必保证不留活口。现在根据之前发生的事再次探查，得知前面所说的贼寇据点，果然已全部捣毁，囤积的物资也烧毁没有遗漏。收到的立功或押解的战报虽然较少，但杀伤、烧死的贼寇确实很多；稍稍摧毁了贼寇凶猛放肆的态势，暂时阻止了其不合法度的阴谋；居民能够进行秋收，地方也为之安宁下来。这都是依靠着兵部明确法律条例，倚仗陛下的威严，官兵各自效忠所导致的，不是靠着微臣的智谋就能完成的。

臣惟南、赣之兵，素不练养，见贼而奔，则其常态。今各官乃能夜入贼巢，奋勇追击，在他所未为可异之功，于南、赣则实创见之事。及照副使杨璋，区画赞理，比于各官，劳勋尤多。今夹攻在迩，伏乞皇上特加劝赏，以作兴勇敢之风，庶几日后大举，臣等得以激励人心。除将获功人员量加犒赏，生擒贼徒监候审决，首级枭示，俘获贼属领养，牛马赏兵，有功人员查审的确，造册奏缴外，缘系斩获功次事理，为此具本题知。

译文

微臣考虑到南安、赣州的官兵，平素未经训练培养，看见贼寇就奔逃，是他们正常的状态。现今各位官员兵士竟然能够趁夜潜入贼寇据点，英勇追击敌人，这在其他地方不是值得惊异的功劳，在南安、赣州却实在是未曾发生过的事。至于副使杨璋，谋划代理此事，相比于其他官员，功劳尤其多。现今围剿在即，乞求陛下特意加以勉励赏赐，来倡导勇敢的风气，这样几天后大规模进攻，微臣等就可以借此激励士气。除了对有功劳的人员酌量予以奖赏；将活捉的贼寇监禁，等候审理并枭首示众；组织认领，赡养俘虏的贼寇家属；将牛马赏赐给兵士；审查、核实立功人员，编制簿籍上奏外，因为是官兵立功的事情，特此奏禀陛下。

议夹剿方略疏

十二年九月十五日

据江西岭北道副使杨璋呈："奉臣案验，准兵部咨，该巡抚湖广都御史秦金题为紧急贼情事，备行计处兵粮，约会三省，将上犹县等处贼巢克期九月中进剿等因，遵依。随将本道兵粮事宜计呈本院转达奏闻定夺外，随据南安府上犹、大庾等县申称，各县乡民早谷将登，各巢犟贼修整战具，要行出劫。并据南康县县丞舒富呈，访得大贼首谢志珊号'征南王'，纠率桶冈等巢贼首钟明贵等，约会广东大贼首高快马等，大修战具并吕公车，欲要先将南康县打破。闻知广东官兵尽调府江，就行乘虚入广流劫，乞要早为扑剿等因。已经呈蒙本院密受方略，行委知府季敩，县丞舒富等领兵分剿。共生擒大贼首陈曰能等三名，首从贼徒五十四名，斩获贼首级六十八颗，杀死射死贼徒二百四十余名，烧死贼徒二百余名，捣过巢穴一十九处，烧毁房屋禾仓八百九十余间，俘获贼属二十九名口，水黄牛、马、羊、骡一百四十四头匹，通经呈报。又蒙本院虑贼必将乘间复出，行委知府季敩、指挥来春等统兵屯南安；指挥姚玺、县丞舒富统兵屯上犹；指挥谢昶、千户林节统兵屯南康，各于要害去处往来防剿。至七月二十五日，贼首谢志珊果复统众一千五百余徒，攻打南安府城。各官督兵迎敌，生擒贼犯杨銮等七名，斩获首级四十五颗，贼众大败而去。八月二十五日，贼首谢志珊又统领二千余徒，复来攻打南安府城，各官督兵迎敌，生擒贼犯龙正等四十二名，斩获首级一百五十七颗，贼又大败而去。即今贼势少挫，若乘此机会直捣其巢，旬月之间，可期扫荡。但闻湖广之兵既已齐集，而广东因府江班师未久，复调狼兵，未有定期。谨按地图，江西之南安有上犹、大庾、桶冈等处贼巢，与湖广桂东、桂阳接境；夹攻之举，止该江西与湖广会合，而广东止于仁化县要害把截，夹攻不与焉。赣州之龙南有浰头贼巢，与广东龙川接境；夹攻之举，止该江西与广东会合，而湖广不与焉。广东乐昌乳源贼巢，与湖广宜章县接境；惠州贼巢，与湖广临武县接境；仁化县贼巢，与湖广桂阳县接境；夹攻之举，止该湖广、广东二省会合，而江西止于大庾县要害把截，夹攻不与焉。名虽三省大举，其实自有先后，举动次第，不相妨碍。若不此之察，必欲通待三省之兵齐集，然后进剿，则老师废财，为害匪细。合将前项事宜约会三省，以次渐举，庶兵力不竭，粮饷可省"等因，据呈到臣。看得三省夹攻，必须彼此克期定日，同时并举，斯乃事体之常。然兵无定势，谋贵从时，苟势或因地而异便，则事宜量力以乘机。三省贼巢，连络千里，虽声势相因，而其间亦自有种类之分、界限之隔。利则争趋，患不相顾，乃其性习。诚使三省之兵皆已齐备，约会并进，夫岂不善？但今广东狼兵方自府江班师而归，欲复调集，恐非旬月所能。两省之兵既集，久顿而不进，贼必惊疑，愈生其奸，悍者奔突，黠者潜逃；老师费财。意外之虞，乘间而起，虽有智者，难善其后。诚使先合湖广、江西之兵，并力而举上犹诸贼，逮事之毕，广东之兵亦且集矣，则又合湖广、广东之兵，并力而举乐昌诸处，逮事之毕，江西之兵又得以少息矣；则又合广东、江西之兵，并力而举龙川。方其并力于上犹，则姑遣人佯抚乐昌诸贼，以安其心。彼见广东既未有备，而湖广之兵又不及己，苟幸旦夕之生，必不敢越界以援上犹。及夫上犹既举，而湖广移兵以合广东，则乐昌诸贼，其势已孤。二省兵力益专，其举之益易。当是之时，龙川贼巢相去辽绝，自以为风马牛不相及，彼见江西之兵又撤，意必不疑。班师之日，出其不意，回军合击，蔑有不济者矣。臣窃以为因地之宜，先后合击之便，除臣遵照兵部咨来题奉钦依，会兵征剿，亦听随宜会议施行事理，已将前项事宜移咨广东、湖广总督、巡抚等官知会，一面相机行事外，缘系地方紧急贼情事理，为此具本题知。

译文

根据江西岭北道副使杨璋呈报："微臣查阅卷宗，看到兵部被批复的咨文，巡抚湖广都御史秦金因为贼寇作乱的紧急情况上疏，详细地统计安排粮草，与三省会同协商，约定于九月中进攻围剿上犹县等地方的贼寇据点，遵命行事。随后将本道关于粮草的事项呈报给本院，由本院奏请决定，又根据南安府上犹、大庾等县申报称，各县百姓的早谷即将成熟，各据点的畲族贼寇修复装备武器，计划外出打劫。又根据南康县县丞舒富呈报，探查到贼寇大首领谢志珊自号‘征南王’，纠集桶冈等据点的贼寇首领钟明贵等人，与广东贼寇首领高快马等人约定，大规模修造装备武器及吕公车，想要首先攻破南康县。他们听闻广东的官兵全都被调派至府江，就趁着守备空虚进入广东抢劫，请求早日予以剿灭。呈报后已经得到本院秘密下达的战略，委派知府季敩、县丞舒富等人率领军队分别清剿。总共活捉贼寇大首领陈曰能等三人，贼寇首领及随从五十四人，斩下贼寇首级六十八颗，砍杀、射杀贼寇二百四十多人，烧死贼寇二百多人，捣毁据点十九处，烧毁房屋库房八百九十多间，俘虏贼寇家属二十九人，夺得水黄牛、马、羊、骡子一百四十四只，全都进行了呈报。本院又担忧贼寇会看准时机再次出来作乱，委派知府季敩、指挥来春等人统领兵士驻扎在南安；指挥姚玺、县丞舒富统领军队驻扎在上犹；指挥谢昶、千户林节统领军队驻扎在南康，各自在机要道路上巡逻，提防清剿贼寇。到七月二十五日，贼寇首领谢志珊果然又带领一千五百多人攻打南安府城。各官员率领军队作战，活捉贼寇杨銮等七人，斩下首级四十五颗，贼寇伤亡惨重，撤离。八月二十五日，贼寇首领谢志珊又率领两千多人，再次来攻打南安府城，各官员领兵作战，活捉贼寇龙正等四十二人，斩下首级一百五十七颗，贼寇又大败撤离。现今贼寇的势力稍微受到打击，如果趁着这个机会径直进攻贼寇的据点，一旬至一月之间，就可以期望彻底清除。只是听闻湖广的军队已经集合完毕，而广东的军队因为从府江凯旋不久，又调遣狼兵，没有确定的集合日期。按照地图所示，江西南安府有上犹、大庾、桶冈等地的贼寇据点，与湖广桂东、桂阳接壤；围攻的行动，只应该江西与湖广联合，广东只在仁化县这个机要之处把守拦截，围攻不必参与。赣州府的龙南县有浰头据点，与广东龙川县接壤；围攻的行动，只应该江西与广东联合，湖广不必参与。广东乐昌县乳源据点，与湖广宜章县接壤；惠州据点，与湖广临武县接壤；仁化县据点，与湖广桂阳县接壤；围攻的行动，只应该湖广、广东两省联合，江西只在大庾县这个机要之处把守拦截，围攻也不必参与。虽然声称是三省大规模进攻，但实际上各自有先后顺序，依次行动，不会互相阻碍。如果不能明辨其中的次序，就一定会等到三省的兵力全部集齐，然后再进兵围剿，那么军队就会疲惫，财物也会白白耗费，造成的危害属实不小。如果将上述事情与三省会同协商，按照顺序逐渐发兵，这样一来兵力不会枯竭，粮草军费也可以省下了。”上述事情都呈报给微臣。三省围攻，必须互相约定日期，同时行动，这是正常的安排。然而军事上没有固定不变的态势，制定战术贵在顺从时势，形势可以根据地势改变而调整，作战应该考量自身兵力，利用机会。三省的贼寇据点，绵延覆盖千里，虽然声威与气势相互因袭，但其中也有种类的区别，界限的阻隔。有利益就争相前往，有危险却不能互相照应，这是他们的习性。假使三省的军队都已集合完毕，约定好一同进攻，难道不是好事吗？只是现今广东的狼兵刚从府江凯旋，想要再次调遣，恐怕不是一旬一月之内能办到的。其余两省的兵力已经集结，久久停驻不前，贼寇一定会惊讶怀疑，愈加滋生奸谋，强悍的奔走突围，狡猾的暗自逃脱，军队疲惫，财物耗费。意外的祸患趁机发生，即使有精于智谋的人，也难以妥善处理后续。假使先集合湖广、江西的军队，合力进攻上犹的贼寇，等到事情结束，广东的军队又要集合了，再联合湖广、广东的军队，合力进攻乐昌等地，等到事情结束，江西的军队又可以稍微休息了；再集合广东、江西的军队，合力进攻龙川。当军队合力进攻上犹时，姑且派人假意安抚乐昌的贼寇，使他们安心。他们看到广东已经没有防备，湖广的兵力又不如自己，会庆幸短时间内的侥幸生存，肯定不敢越过边界去支援上犹。等到上犹被攻破，湖广转移兵力联合广东，那时乐昌的贼寇，他们的势力已经没有支援了。两省的兵力越集中，攻破据点就越容易。在那个时候，龙川的贼寇据点相距甚远，自认为地域广大，毫不相干，他们看见江西的军队撤离，一定不会怀疑。撤离之日，出其不意地回转军队联合进攻，没有不能成功的。微臣私下认为可以利用当地情况的优势与先后联合进攻的便利，除了微臣遵照兵部上奏咨文的批复，联合军队征讨，也听凭根据情势协商处理的事项，已将上述事情转达广东、湖广的总督、巡抚等官员知悉，一面观察时机做事外，因为是地方围剿贼寇的紧急情况，特此奏禀陛下。

换敕谢恩疏

一二年九月十五日

近准兵部咨，为申明赏罚以励人心事，该臣奏，该本部覆题即奉圣旨："是，王守仁着提督南、赣、汀、漳等处军务，换敕与他，钦此。"备咨到臣。本年九月十一日，节该钦奉敕谕："江西南安、赣州地方，与福建汀、漳二府，广东南、韶、潮、惠四府，及湖广郴州桂阳县，壤地相接，山岭相连，其间盗贼不时生发，东追则西窜，南捕则北奔，盖因地分各省，事无统属，彼此推调，难为处置。先年尝设有都御史一员，巡抚前项地方，就令督剿盗贼。但责任不专，类多因循苟且，不能申明赏罚以励人心，致令盗贼滋多，地方受祸。今因所奏及该部覆奏事理，特改命尔提督军务，抚安军民，修理城池，禁革奸弊。一应军马钱粮事宜，俱听便宜区画，以足军饷。但有盗贼生发，即便设法调兵剿杀，不许踵袭旧弊，招抚蒙蔽，重为民患。其管领兵快人等官员，不问文职武职，若在军前违期并逗遛退缩者，俱听军法从事。生擒盗贼，鞫问明白，亦听就行斩首示众。斩获级贼，行令各该兵备守巡官即时纪验明白，备行江西按察司造册奏缴，查照升赏激劝。钦此。"俱钦遵外，窃念巨以凡庸，缪膺重寄，思逃罪责，深求祸源。始知盗贼之日炽，由于招抚之太滥；招抚之太滥，由于兵力之不足；兵力之不足，由于赏罚之不明。辄敢忘其僭妄，为陛下一陈其梗概。其实言不量力，请非其分，方虞戮辱之及。陛下特采该部之议，不惟不加咎谪，而又悉与施行；不惟悉与施行，而又隆以新命。是盖曲从试可之请，不忍以人废言也。

译文

近来兵部的咨文得到批准，为了明确赏罚条例激励人心一事，臣子上奏，该部再次上奏后就得到圣旨："准许，派遣王守仁提督南安、赣州、汀州、漳州等地军务，将敕令转达给他，旨意在此。"咨文全都转达给微臣。本年九月十一日，收到诏令："江西南安、赣州地区，与福建汀州、漳州两府，广东南雄、韶州、潮州、惠州四府，以及湖广郴州桂阳县，土地相接，山岭相连，这中间贼寇时常滋生，向东追击就向西逃窜，向南缉捕就向北奔逃，大概是因为该地区由各省分管，事情没有统一管理，各省官员互相推诿，难以处理。早些年曾设置有都御史一官，巡查管理上述地区，下令监督清剿贼寇。只是责任没有专任，负责官员大多依照旧制度，得过且过，不能明确赏罚条例来激励人心，致使贼寇多发，地方蒙受灾祸。现今因为你上奏及兵部题奏的事情，特地任命你提督军务，安抚军民，修缮城池，禁除奸佞，革除弊病。所有兵马钱粮的事情，全都任凭你方便谋划，补足军饷。只要有贼寇作乱，当即想办法调集兵士消灭，不允许沿袭旧的陋习，招安贼寇，蒙蔽隐瞒，使他们再次成为百姓的祸患。军队中担任缉捕的衙役等官员，无论文官武官，如果在行军之前违背期限并停留退缩的，一律按照军法处置。活捉到贼寇，审问清楚后，就可以斩首示众。斩杀各级贼寇，命令各兵备守巡官当即核验，记录清楚，令江西按察司整理成册上奏，依此升官奖赏。旨意在此。"以上诏令都遵照执行，此外，微臣私下里考虑到自己以平凡庸钝的才能，担任了如此重大的委托，不想承担败事的罪责，因此探求贼寇祸事的源头。如此才知道贼寇日益猖獗，是由于招安过多；招安过多，是由于兵力不足；兵力不足，是由于赏罚条例不明确。微臣斗胆忽略了僭越之罪，为陛下完整阐述其大概。实际上所说的并不符合实际情况，要求了超出本分的权力，正在担忧会耻辱负罪而死。陛下却采纳了兵部的提议，不仅没有斥责，还全都允许实行；不仅全都允许实行，还颁布了新的诏令。这大概是因为陛下勉强同意了微臣请求尝试的提议，不忍心因为微臣地位低下，就否定微臣的言论。

敕谕宣布之日，百姓填衢塞道，悚然改观易虑，以为圣天子明见万里，动察幽微；占群策之毕举，知国议之有人。莫不警惧振发，强息其暴，伪息其奸；怯者思奋而勇，后者思效而前；三军之气自倍，群盗之谋自阻。所谓舞干格苗，运于庙堂之上，而震乎蛮貊之中者也。

译文

诏令宣布的那天，百姓堵塞了大小道路，震惊地改变了想法，认为天子能洞察万里之外的事情，看到极微小的祸端；预测到大臣们纷纷进言，知道国事有人商议。全都畏惧奋发，强悍的人停止了暴行，虚伪的人平息了奸谋；怯懦的人振奋勇敢，落后的人怀着报效之心上进；军队的气势加倍，贼寇的阴谋得到阻碍。这就是所谓的用文德感化，使边民臣服，在朝堂上颁布命令，震慑四海八方的部族。

夫过其言而不酬，有志者之所耻也；冒宠荣而不顾，自好者不为也。臣固谫劣，亦宁草木无知，不思鞭策以报知遇！虽其才力有所难强，而壕蚁之诚决能自尽；虽于利钝不可逆睹，而狐兔之穴断期扫平。臣不胜感恩激切之至！

译文

说过的话却不实现，是有志气的人的耻辱；承受了宠幸却不报答，自尊自爱的人不会做这种事。微臣固然浅薄，难道也会像草木一样没有知觉，不考虑督促自身来报答赏识和重用的恩情吗！虽然才能难以胜任，但微臣有溃堤的蝼蚁一般的决心，定会竭尽全力；虽然难以预测能否成功，但微臣定会在规定的时日内荡平贼寇据点。微臣感激不尽，亟待出发。

交收旗牌疏

十二年九月二十五日

准工部咨，该本部题称：“看得兵部咨开都御史王守仁奏敕提督军务，应合照例给与旗牌以振军威一节，既查有例，又奉钦依。合无于本部收有内给与旗牌八面副，就令原来百户尹麟前去交与本官督军应用，务加爱惜，不得轻易损坏。候到，先将收领过日期号数，径自奏报查考等因，具题奉圣旨。是，钦此。”钦遵。备咨到臣。随于本年九月十六日，据百户尹麟领赍令旗令牌八副面前来，除照数收领，调度军马应用，务加爱惜，不敢轻易损坏外，缘系交收旗牌事理，为此令将收领过日期、缘由并号数开坐，具本题知。

译文

兵部的咨文得到批准，该部上奏称：“查到兵部咨文称都御史王守仁奉命统辖军务，应该按照惯例授予旗牌提振军队威势的内容，既查到有先例，又是奉命行事。何不从本部保管的物资里拨给旗牌八面副，命令原来的百户尹麟前去交给王守仁用来统辖军队，务必倍加珍惜，不能轻易损坏。等收到之后，先把领到旗牌时的日期、号数上报，由官员记录以便核查，全都上奏收到了圣旨回复。如上，旨意在此。”遵命实行。详细转达到微臣。随后在本年九月十六日，百户尹麟带着令旗八面、令牌八副前来，微臣按照数额领取，用于统辖兵马，倍加珍惜，不敢轻易损坏，此外，因为是交收旗牌一事，现在特此将领取日期、缘由及号数列出，奏禀陛下。

议南赣商税疏

十二年九月二十五日

据江西按察司分巡岭北道兵备副使杨璋呈：“奉巡抚江西地方右副都御史孙燧案验，备行各道兵备等官，有地方重大军务，益于政体，便于军民，果系应议事件，即便条列呈报，以凭施行等因，随据南安府呈缴本年春季分折梅亭抽分商税循环文簿，看得该府造报册内，某日共抽税银若干，不见开有某商人某货若干、抽银若干，中间不无任意抽报情弊；及看得一季总数，倍少于前。原其所自，盖因抽分官员止是典史、仓官、义民等项，不惜名节，惟嗜贪污；兼以官职卑微，人心玩视，以致过往客商或假称权要而挟放，或买求官吏而带过；及被店牙通同客商，买求书算，以多作少，以有作无，奸弊百端。卷查前项抽分，创于巡抚都御史金泽，一则苏大庾过山之夫，一则济南赣军饷之用。题奉钦依，遵行年久。及查赣州龟角尾设立抽分厂，建白于总制都御史陈金，自正德六年十一月二十七日起，至九年七月终止，共抽过商税银四万二千六百八十六两六钱三分七毫五忽。本省大帽山、姚源华林盗贼四起，大举夹攻，一应军饷，俱仰给于此，并未奏动内帑之积，亦未科派小民之财。以此而观，则商税之有益地方多矣。缘赣州之税，正德十一年该给事中黄重奏称，广货自南雄经南安折梅亭，已两税矣，赣州之税，不无重复，已经勘明停止赣河之税。近复大举夹攻，军饷仰给，全在折梅亭之税。今所入如此，非惟军饷无益，实惟奸宄是资。随会同分守左参议黄宏议照，合将南安之税移于龟角尾抽分，既有分巡道之监临，又有巡抚之统驭；访察数多，奸弊自少。其大庾县顾夫银两，合令该县每季具印信领状赴道，批行赣州府支领；支尽查算，准令复支。如此，非惟大庾过岭之夫不缺，而军饷之用大增，合就会案呈详”等因，据呈到臣。

译文

根据江西按察司分巡岭北道兵备副使杨璋呈报：“收到巡抚江西地方右副都御史孙燧命令，传达给各道兵备等官员，地方上的重要军队事务，有利于政治，又方便军民的，如果真的是需要商议的事情，当即分条列出上报，听从上级实行。随后根据南安府呈递的本年春季折梅亭征收商税循环公文簿，看到该府编造呈报的卷册内，记载着某日共征收税银多少，没有列出某商人携带某货物多少、该项货物征收税银多少，中间可能有任意征收、谎报瞒报的情况；再看一个季度的总体税额，比之前少了一倍。推究其原因，大概是因为征税的官员只是典史、仓官、义民等人，不在意名誉与节操，只求贪污银钱；加上官职低微，受到别人轻视，导致来往的客商要么假装有达官贵人撑腰而威胁其放行，要么买通官吏夹带通过；还有的店员连同客商一起买通计算商税的书算，把多的算成少的，把有的算成没有，贪污腐败的情况很多。查阅卷宗，以前的征税制度，由巡抚都御史金泽开创，一部分用来补贴大庾县翻山越岭的脚夫，一部分用来供给南安、赣州的军饷。上奏后得到批复，奉命行事已经有许多年了。又查到赣州龟角尾设立了税务厂，在总制都御史陈金在任期间建造，从正德六年（1511）十一月二十七日起，到九年（1514）七月终止，共征收过商税银四万二千六百八十六两六钱三分七毫五忽。本省大帽山、桃源、华林贼寇多发，进行大规模围剿，所需的军饷全都仰赖于此，没有上奏调用国库的积蓄，也没有摊派钱财给百姓负担。由此看来，商税有利于地方的优点很多。关于赣州的商税，正德十一年（1516）给事中黄重上奏称，广东的货物从南雄经过南安折梅亭，已经交了两次赋税，赣州的商税有所重复，已经声明停止征收赣河的税款。近来本省又大规模清剿贼寇，军饷供给，全都依靠折梅亭征收的税银。现在收入这么少，不仅不能补足军费，反而使奸人得利。后来同分守左参议黄宏一起商讨，计划将南安的商税转移到龟角尾征收，既有分巡道在位监督，又有巡抚统辖工作；寻访检查的次数多了，奸人作祟自然就少了。大庾县补贴脚夫的银两，可以命令该县每季度持印信带着公文前往道里批准，由赣州府支取；领完后检查核算，允许再次支取。这样，不仅大庾过山的脚夫不缺少，军饷的费用也大大增加，据此总结起来上报。”呈报给微臣。

看得南、赣二府商税，皆因给军饷、裕民力而设。折梅亭之税，名虽为夫役，而实以给军饷；龟角尾之税，事虽重军饷，而亦以裕民力。两税虽若二事，其实殊途同归。但折梅亭虽已抽分，而龟角尾不复致诘，未免有脱漏之弊；若折梅亭既已抽分，而龟角尾又复致诘，未免有留滞之扰。况监司既远，胥猾得以恣其侵渔；头绪既多，彼此得以容其奸隙。若革去折梅亭之抽分，而总税于龟角尾，则事体归一，奸弊自消，非但有资军饷，抑且便利客商。盖分合虽异，而于商税事体无改纤毫；转移之间，而于民商利害相去倍蓰。除臣钦遵节奉敕谕，“一应军马钱粮事宜，俱听便宜区画”事理，将副使杨璋等所议行令该府，一面查照施行外，缘系地方事理，为此具本题知。

译文

南安、赣州两府的商税，都是为了供给军费、减轻百姓负担而设立。折梅亭的税银，虽然打着补贴脚夫的名号，实际上还是供应军费；龟角尾的税银，虽然实际上大部分用以扩充军饷，但也减轻了百姓的负担。这两个商税虽然看起来像两件事，但实际上达到了同一个目的。只是即使折梅亭已经征收，龟角尾却不再究询，不免有疏漏的嫌疑；如果折梅亭已经征收，龟角尾又再究询，就不免造成迟滞的困扰。况且监察机构相距很远，狡猾的官吏能够肆意侵吞牟利；征收的名目繁多，相互之间就会有容纳奸计的空隙。如果废除折梅亭征收的商税，在龟角尾汇总征收，那么就能体制统一，奸邪之事自然消解，不但能资助军费，而且方便了客商。大概是因为机构拆分合并虽然有所变化，但对于商税制度本身没有丝毫改动；税务地点转移，对于百姓、经济的利害关系相差了数倍。微臣遵照诏令所说，“所有兵马钱粮事宜，都听凭你方便谋划”，把副使杨璋等人的提议命令该府实行，据此实施，此外，因为是地方事务，特此奏禀陛下。

升赏谢恩疏

正德十二年十月初日

节该钦奉敕：“得尔奏，该福建兵备佥事等官胡琏等统领军兵，各分哨路，于今年正月十八等日，先后攻破长富村、象湖山、可塘洞等处巢穴，擒斩首从贼级一千四百二十九名颗；及该广东兵备佥事等官顾应祥等统领军兵，分哨并进，于今年正月二十四等日，克破古村、箭灌、水竹等寨，斩贼级一千二百七十二名颗；各俘获贼属，夺回人口、头畜、器械等数多。贼害既除，良民安堵。盖由尔申严号令，处置有方，以致各该官员奉行成算，有此成功。捷奏来闻，朕心嘉悦。除有功官军民快人等待查勘至日升赏外，升尔俸一级，赏银二十两，纻丝二表里。仍降敕奖励。尔其益竭心力，大展才猷，修明武备，多方计画；务使四省交界之区，数年啸聚之党，抚剿尽绝。

地方永获安靖，斯称朕委任之意。毋或纽于此捷，遽生怠玩，致有他虞。钦此。”钦遵。

译文

微臣收到诏令：“收到你的奏疏，福建兵备佥事等官胡琏等人率领军队，各自分成几路，在今年正月十八等日，先后攻破长富村、象湖山、可塘洞等地的据点，捉拿斩杀贼寇首领及随从一千四百二十九人，还有广东兵备佥事等官顾应祥等人率领军队，分头进攻，在今年正月二十四等日，攻破古村、箭灌、水竹等寨子，斩获贼寇首级一千二百七十二颗；俘虏的贼寇家属，夺回的人丁、牲畜、器械等数量众多。贼寇的危害已经除去，百姓能够安居乐业，应该是因为你严明指令，处理得当，使各官员能按照拟定的计划行事，才有这样的成功。胜利的奏章传来，朕心情愉悦。立下功劳的官兵、军士、百姓、衙役等人，留待核查，日后升官赏赐，此外，提升你的俸禄一级，赏赐白银二十两、纻丝两幅。仍然降旨以示奖励。你应当更加尽心竭力，施展才干，改进武器装备，多方谋划；务必把四省交界地区多年集聚的贼寇党羽，招安清剿殆尽，使地方永远安宁平定下来，不辜负朕的委托。不要满足于这次胜利，就此懈怠，致使其他祸患产生。旨意在此。”遵命行事。

臣惟赏及微劳，则有功者益劝；罚行亲昵，则有罪者益警。近者闽、广之师幸而成功，其方略议于该部，成算出于朝廷；用命存于诸将，戮力因于士卒。臣不过申严号令，敷布督促之而已，曾有何功？而乃冒蒙褒赏，增其禄秩，锡以金币，臣实不胜惭汗惶恐之至！然臣尝有申明赏罚之奏矣，尝有愿陛下俯从惟重之典，以作敢勇之风之请矣，臣之微劳，惧不免于罪。而陛下曲从该部之议，特赐优渥之恩者，所谓赏及微劳，将以激劝有功也。昔人有云：“死马且买之，千里马将至矣。”臣敢畏避冒赏之戮，苟为逊让，以仰辜陛下激励作兴之盛心乎？受命之余，感惧交集，誓竭犬马之力，以效涓埃之报！臣不胜受恩感激之至！

译文

微臣想到，赏赐遍及微小的功劳，有功之人就会愈加奋发；惩罚涉及亲近的人，有罪之人才会更加警醒。近来闽、广地区的军队侥幸成功，其中战略由兵部商议得出，计划由朝廷亲自制定；诸位将领遵命行事，兵卒协力作战。微臣只不过严明军令，布置计划督促他们而已，又有什么功劳呢？反而蒙受褒奖，增加俸禄，受到金钱的赏赐，微臣实在是惭愧惶恐至极！微臣曾经有明确赏罚条例的禀奏，曾经请求陛下实行严明的法规，来鼓励勇敢的风气，微臣做出了微小的贡献，担忧不能免除这一罪责。陛下批准了兵部的提议，特意赐下丰厚的恩宠，这就是所说的赏赐遍及微小的功劳，将会以此激励有功之人。古人有言：“死去的马尚且能高价买下，能驰骋千里的宝马也要来了。”微臣怎么敢畏惧逃避冒领赏赐的惩罚，姑且谦让，从而辜负陛下鼓励振奋的心意呢？微臣领命之余，感激畏惧交加，发誓要像犬马那样奔走效力，来进行微小的回报！微臣蒙受圣恩，感激至极！

横水桶冈捷音疏

十二年闰十二月初二日

据江西布、按二司巡守岭北道兵备副使杨璋、左参议黄宏会呈：“据一哨统兵赣州府知府邢均呈：‘督同兴国县典史区澄等官兵，于十月十二等日，攻破磨刀坑等巢；十一月初一等日，攻破桶冈洞等巢；二十三日，会兵击贼于上新地寨，共十四处。共擒斩大贼首雷鸣聪、蓝文亨、梁伯安等六名颗，贼从王礼生等二百四十一名颗，俘获贼属，并夺回被虏男妇二百五十七名口，烧毁贼巢房屋一百七十七间，及夺马牛赃仗等项。’二哨统兵福建汀州府知府唐淳呈：‘督同上杭县县丞陈秉等官兵，于十月十二等日，攻破左溪等巢；十一月初一等日，攻破十八磊等巢，共十二处。共擒斩大贼首蓝天凤、蓝八、苏景祥等四名颗，贼从廖欧保等二百六十四名颗，俘获贼属，并夺回被虏男妇五百四十四名口，烧毁贼巢房屋七百一十二间，及夺获马牛、器械、赃银等项。’三哨统兵南安府知府季敩呈：‘督同同知朱宪、推官徐文英等官兵，于十月十二等日，攻破稳下等巢；十二月初三日，击贼于朱雀坑等巢，共八处。生擒大贼首高文辉、何文秀等五名，擒斩贼从杨礼等三百六十一名颗，俘获贼属，并夺回被虏男妇一百七十一名口，烧毁贼巢房屋五百七十八间，夺获牛马赃仗等物。及先于七月二十五等日，二次被贼拥众攻打本府城池，统领本营官兵会同指挥来春、冯翔，与贼对敌。本职下官兵舍人共擒斩贼从龙正等一百三名颗，来春下官兵擒斩贼从王伯崇等二十五名颗，冯翔下官兵擒斩贼从刘保等一百三十五名颗。’四哨统兵江西都司都指挥佥事许清开称：‘督领千户林节等官兵，于十月十二等日，攻破鸡湖等巢，共九处。共擒斩大贼首唐洪、刘允昌、叶志亮、谭祐、李斌等共一十名颗，贼从王志成等一百四十六名颗，俘获贼属，并夺回被虏男妇一百三名口，烧毁贼巢房屋二百间，及夺获牛马赃仗等物。’五哨统兵守备南、赣二府地方以都指挥体统行事指挥使郏文呈：‘督领安远县义官唐廷华官兵，于十月十二等日，攻破狮子寨等巢；二十三日，会兵击贼于上新地寨，斩获首贼蓝文昭等三名颗，擒斩贼从许受仔等一百六十六名颗，俘获贼属，并夺回被虏男妇九十八名口，烧毁贼巢房屋四百一十二间，及夺获牛马器械等项。’六哨统兵赣州卫指挥余恩呈：‘统领龙南县新民王受等兵，于十月十二等日，攻破长流坑等巢，共五处。擒斩大贼首陈贵诚、薛文高、刘必深三名颗，贼从郭彦秀等一百七十七名颗，俘获贼属，并夺回被虏男妇九十九名口，烧毁贼巢房屋五百一十七间，及夺获马驴、器械、赃银等物。’七哨统兵宁都县知县王天与呈：‘督同典史梁仪等官兵，于十月十二等日，攻破樟木坑等巢，共三处。擒斩大贼首邓崇泰、王孔洪等八名颗，擒斩贼从陈荣汉等一百三十九名颗，俘获贼属，并夺回被虏男妇二百七十五名口，烧毁贼巢房屋一百六间，及夺获牛马赃物等项。’八哨统兵南康县县丞舒富呈：‘统领上犹县义官胡述等兵，于十月十二等日，攻破箬坑等巢，共五处。擒斩贼从康仲荣等四百一十九名颗，俘获贼属，并夺回被虏男妇一百八十三名口，烧毁贼巢房屋九百九十三间，及夺获牛马赃银等项。及先于九月二十一等日，大贼首谢志田等攻打白面寨，随督发寨长廖惟道等，擒斩首从贼徒谢志田等三十五名颗。’九哨统兵广东潮州府程乡县知县张戬呈：‘统领本县新民等兵，于十月二十四日等，攻破杞州坑等巢；十一月初一等日，攻破西山界、桶冈等巢，共九处。擒斩大贼首萧贵富、钟得昌等六名颗，贼从何景聪等二百五十七名颗，俘获贼属，并夺回被虏男妇一百五十七名口，及夺获牛马、器械、赃银等物。’十消统兵吉安府知府伍文定呈：‘统领庐陵县等官兵刘显等，于十月二十四等日，攻破寨下等巢；十一月初一等日，攻破上池等巢；二十日击贼于稳下等巢，共十二处。擒斩大贼首谢志珊、叶三等二十名颗，贼从王福儿等二百三十八名颗；俘获贼属，并夺回被虏男妇二百八十四名口，烧毁贼巢房屋一百三十三间；及夺获赃仗等物。’中营随征参随等官推官危受、指挥谢昶等各呈：‘蒙提督军门亲统各职等官兵，于十月十二等日，攻破长龙、横水大巢及庵背等巢，共七处。生擒大贼首萧贵模等一十四名，擒斩贼从萧容等四百六十五名颗，俘获贼属，并夺回被虏男妇二百四十八名口，烧毁贼巢房屋二百二间，及夺获牛马、金银、赃仗等项。’各呈报到道。

译文

根据江西布、按二司巡守岭北道兵备副使杨璋、左参议黄宏联合呈报：“根据一路统兵赣州府知府邢珣呈报：‘督促兴国县典史区澄等官员和兵士，在十月十二等日，攻破磨刀坑等据点；二十三日，联合军队在上新地寨与贼寇作战，总共涉及十四处地点。总计捉拿斩杀贼寇大首领雷鸣聪、蓝文亨、梁伯安等六人，随从王礼生等二百四十一人，俘虏贼寇家属，并救回被俘虏的男丁、妇女二百五十七人，烧毁贼寇据点的房屋一百七十七间，以及夺回牛马兵器等物。’二路统兵福建汀州府知府唐淳呈报：‘督促上杭县县丞陈秉等官员和兵士，在十月十二等日，攻破左溪等据点；十一月初一等日，攻破十八磊等据点，总共十二处。总计捉拿斩杀贼寇大首领蓝天凤、蓝八、苏景祥等四人，随从廖欧保等二百六十四人，俘虏贼寇家属，并救回被俘虏的男丁、妇女五百四十四人，烧毁贼寇据点的房屋七百一十二间，以及夺回马牛、器械、赃款等物。’三路统兵南安府知府季敩呈报称：‘督促同知朱宪、推官徐文英等官员和兵士，在十月十二等日，攻破稳下等据点；十二月初三，在朱雀坑等据点与贼寇作战，总共八处。活捉贼寇大首领高文辉、何文秀等五人，捉拿斩杀随从杨礼等三百六十一人，俘虏贼寇家属，并救回被俘虏的男丁、妇女一百七十一人，烧毁贼寇据点的房屋五百七十八间，夺回牛马、兵器等物。另外，先前在七月二十五等日，贼寇两次率领同伙攻打本府城池，下官统领本营官兵，连同来春、冯翔，与贼寇交战。本官下属的官兵舍人总共捉拿斩杀随从贼寇刘保等一百三十五人。四路统兵江西都指挥佥事许清呈报：'督促千户林节等官员和兵士，在十月十二等日，攻破鸡湖等据点，总共九处。共计捉拿斩杀贼寇大首领唐洪、刘允昌、叶志亮、谭祐、李斌等十人，随从王志成等一百四十六人，俘虏贼寇家属，并救回被俘虏的男丁妇女一百零三人，烧毁贼寇据点房屋两百间，夺得牛马、钱财、武器等物。'五路统兵，守备南安、赣州两府地区，以都指挥身份行事的郏文呈报：'督促安远县义官唐廷华等官员和兵士，在十月十二等日，攻破狮子寨等据点；二十三日，召集兵士在上新地寨与贼寇交战，捉拿斩杀贼寇首领蓝文昭等三人，捉拿斩杀许受仔等一百六十六人，俘虏贼寇家属，并救回被俘虏的男丁妇女九十八人，烧毁贼寇据点房屋四百一十二间，夺得牛马、武器等物。'六路统兵赣州卫指挥余恩呈报：'统领龙南县新迁入的居民王受等人，在十月十二等日，攻破长流坑等据点，共五处。捉拿斩杀贼寇大首领陈贵诚、薛文高、刘必深三人，随从郭彦秀等一百七十七人，俘虏贼寇家属，并救回被俘虏的男丁、妇女九十九人，烧毁贼寇据点房屋五百一十七间，夺得马驴、武器、银钱等物。'七路统兵宁都县知县王天与呈报：'督促典史梁仪等官员兵士，在十月十二等日，攻破樟木坑等据点，总共三处。捉拿斩杀贼寇大首领邓崇泰、王孔洪等八人，捉拿斩杀随从陈荣汉等一百三十九人，俘虏贼寇家属，并救回被俘虏的男丁、妇女二百七十五人，烧毁贼寇据点房屋一百零六间，夺得牛马、钱财等物。'八路统兵南康县县丞舒富呈报：'率领上犹县义官胡述等人，在十月十二等日，攻破箬坑等据点，总共五处。捉拿斩杀随从贼寇康仲荣等四百一十九人，俘虏贼寇家属，并救回被俘虏的男丁、妇女一百八十三人，烧毁贼寇据点房屋九百九十三间，夺得牛马、钱财等物。先前在九月二十一等日，贼寇大首领谢志田等人攻打白面寨，随即委派寨长廖惟道等人，捉拿斩杀首领及随从谢志田等三十五人。'九路统兵广东潮州府程乡县知县张戬呈报：'率领本县新迁入的居民等人，在十月二十四日等，攻破杞州坑等据点十一月初一等日，攻破西山界、桶冈等据点，总共九处。捉拿斩杀贼寇大首领萧贵富、钟得昌等六人，并夺得牛马、武器、银钱等物。’十路统兵吉安府知府伍文定呈报：‘率领庐陵县官兵刘显等人，在十月二十四等日，攻破寨下等据点；十一月初一等日，攻破上池等据点；二十日在稳下等据点与贼寇交战，总共十二处。捉拿斩杀贼寇大首领谢志珊、叶三等二十人，随从王福儿等二百三十八人；俘虏贼寇家属，并救回被俘虏的男丁、妇女二百八十四人，烧毁贼寇房屋一百三十三间；夺得钱财等物。’中营随征、参随等官及推官危受、指挥谢昶等人各自呈报：‘提督军门亲自统领各官员及兵士，在十月十二等日，攻破长龙、横水的大型据点及庵背等据点，总共七处。活捉贼寇大首领萧贵模等十四人，捉拿斩杀随从萧容等四百六十五人，俘虏贼寇家属，并救回被俘虏的男丁、妇女二百四十八人，烧毁贼寇据点房屋二百零二间，夺得牛马、金银、武器等物。’各自呈报到道。

查得先为地方紧急贼情事，节奉提督军门案验备仰本道计处兵粮，约会三省官兵，将上犹等处贼巢克期进剿，奏请定夺外，本年六月初五日，据大庾、上犹等县申，并据南康县县丞舒富呈称：‘大贼首谢志珊号“征南王”，纠率桶冈等巢贼首钟明贵等，约会广东大贼首高快马等，大修战具，并造吕公车，欲要先将南康县打破，就行乘虚入广。乞早发扑捕’等因，备呈。本院行委知府季敩等，分兵剿捕，获功，呈报奏闻讫。又经本院行委知府季敩、指挥来春、姚玺、谢昶、冯翔、县丞舒富、千户林节，各于要害防遏。擒斩功次，俱发仰本道纪验，解送本院枭示外，随该本道会同分守参议黄宏，议照江西地方惟桶冈一处该与湖广约会夹攻，龙川一县该与广东约会夹攻。其余三县腹心之贼，不时奔冲，难以止遏，合无以次剿捕等因，具呈。本院移文广东、湖广镇巡衙门，约会以次攻剿间，随奉本院分定哨道，指授方略。将知府邢珣等刻期进剿，备仰各道不妨职事，照旧军前纪验赞画等因，依奉催督各营官兵进攻去后，今呈前因，除将擒斩贼徒首级俱类送巡按衙门会审纪验明白，生擒仍解提督军门处决，并贼级照例枭示，被虏人口给亲完聚，贼属男女并牛马騾变卖银两，收候赏功支用，器械赃物俱发赣县贮库外，职等议照上犹等县横水等巢大贼首谢志珊、谢志田、谢志富、谢志海、萧贵模、萧贵富、徐华、谭曰志、雷俊臣，桶冈大贼首蓝天凤、蓝八苏、蓝文昭、胡观、雷明聪、蓝文亨，鸡湖大贼首唐洪，新溪大贼首刘允昌，杨梅大贼首叶志亮，左溪大贼首薛文高、高诵、冯祥，朱雀坑大贼首何文秀，下关大贼首苏景祥，义安大贼首高文辉，密溪大贼首高玉瑄、康永三，丝茅坝大贼首唐曰富、刘必深，长河坝大贼首蔡积富、叶三梅；伏坑大贼首陈贵诚，鳖坑大贼首蓝通海，赤坑大贼首谭曰荣，双坝大贼首谭祐、李斌等，冥顽凶毒，恃险为恶，僭拟王号，伪称总兵；聚集党类数千，肆行流毒三省；攻围南安、南康府县城池，杀害千户主簿等官；流劫湖广桂阳、酃县、宜章、吉安府龙泉、万安、泰和、永新等县。良民子女，被其奴戮；房屋仓廪，被其焚烧；道路田土，被其阻荒占夺者以千万顷；赋税屯粮，负累军民陪纳者，以千万石。其大贼首谢志珊、蓝天凤各又自称‘盘皇子孙’，收有传流宝印画像。蛊惑群贼，悉归约束。即其妖狐酷鼠之辈，固知决无所就；而原其封豕长蛇之心，实已有不可言。比之姚源之王浩八，华林之胡雪二，东乡之徐仰四，建昌之徐九龄，均为贼首，而奸雄实倍之。今则渠魁授首，巢穴荡平，擒斩既多，俘获亦尽。数十年之祸害已除，三省之冤愤顿释。悉皆仰仗朝廷怜念地方之荼毒，大兴征讨之王师，并提督军门指授成算，号令严明，亲临督阵，身先士卒，以致各哨官兵用命争先，捐躯赴敌，或臻是捷。拟合会案呈详施行”等因，据呈到臣。

译文

查到先前因为地方贼寇作乱的紧急情况，受到提督军门的查验，命令本道规划安排粮草，会同三省官兵，约定日期围剿上犹等地方的据点，上奏请求定夺，本年六月初五，根据大庾、上犹等县申报，又根据南康县县丞舒富呈报称：‘贼寇大首领谢志珊自号“征南王”，纠集桶冈等据点的贼寇首领钟明贵等人，会同广东贼寇大首领高快马等人，大肆修造战事器械，制造吕公车，想要先攻破南康县，借着趁机进入广东。请求尽快捉拿剿灭。’详细呈报。本院委托知府季敩等人，分别率兵围剿捉拿，取得战功，已经呈报上奏。本院又委派知府季敩，指挥来春、姚玺、谢昶、冯翔，县丞舒富，千户林节，各自在机要处设防，阻止贼寇进攻。捉拿、斩杀贼寇的功劳，都命令本道记录核验，送至本院斩首示众，随后本道连同分守参议黄宏商议到，江西地区只有桶冈一处应该与湖广联合夹攻，龙川一县应该与广东联合夹攻。其他三县的贼寇地处要害，时常流窜劫掠，难以遏止，何不分次围剿捉拿，上诉都详细呈报。本院向广东、湖广的镇巡衙门发送移文，约定分次攻打的同时，由本院分别确定各路兵马，安排战略。命令知府邢珣等人按照日期围剿，命令各道不耽误工作，依旧在军中记录核验、辅佐筹划，由此，奉命督促各营官兵进攻，现在呈报先前事宜，将捉拿斩获的贼寇及首级全部押送至巡按衙门审问记录清楚，活捉的贼寇仍然押送至提督军门处执行死刑，并按照惯例斩下贼寇首级示众，被俘虏的人口还归亲人团聚，将贼寇家属的男女及牛、马、骡子发卖换取银两，留待赏赐功劳使用，武器财物都运送至赣县存入库房，此外，下官等人商议上犹等县的横水等据点的贼寇大首领谢志珊、谢志田、谢志富、谢志海、萧贵模、萧贵富、徐华、谭曰志、雷俊臣，桶冈据点的贼寇大首领蓝天凤、蓝八苏、蓝文昭、胡观、雷明聪、蓝文亨，鸡湖据点的贼寇大首领唐洪，新溪大贼首刘允昌，杨梅据点的贼寇大首领叶志亮，左溪据点的贼寇大首领薛文高、高诵、冯祥，朱雀坑据点的贼寇大首领何文秀，下关据点的贼寇大首领苏景祥，义安据点的贼寇大首领高文辉，密溪据点的贼寇大首领高玉瑄、康永三，丝茅坝据点的贼寇大首领唐曰富、刘必深，长河坝据点的贼寇大首领蔡积富、叶三梅；伏坑据点的贼寇大首领陈贵诚，鳖坑据点的贼寇大首领蓝通海，赤坑据点的贼寇大首领谭曰荣，双坝据点的贼寇大首领谭祐、李斌等人，愚钝狠毒，倚仗险地作恶，僭越地草拟王号，自称总兵；聚集党羽数千人，大肆流窜、荼毒三省；攻打、保卫南安、南康府县的城池，杀害千户、主簿等官员；流窜劫掠湖广桂阳、鄢县、宜章，吉安府龙泉、万安、泰和、永新等县。平民家的子女被他们奴役屠戮；百姓的房屋、仓库被他们烧毁；道路田地，被他们阻断强占的有千万顷；赋税粮食，因被他们抢夺而劳动军队百姓补充缴纳的有千万石。其中贼寇首领谢志珊、蓝天凤又分别自称‘盘皇子孙’，收藏有可供流传的宝印、画像。迷惑众贼寇，使他们全都归顺，听从管控。他们是像狐狸一样奸诈、像老鼠一样残忍之人，本来就清楚绝对不会有所成就；他们的心思像野猪一样贪婪、像蛇一样残暴，其实已经有了不可言说的野心。比起姚源的王浩八，华林的胡雪二，东乡的徐仰四，建昌的徐九龄，都是贼寇首领，狡诈欺世的程度却远大于他们。现在斩获了头领的首级，扫平了他们的据点，捉拿斩杀的贼寇众多，全部人丁物资都俘获干净。数十年的祸害已经除去，三省的冤屈愤恨得到消解。这都是有赖于朝廷怜悯，念及地方受到的毒害，派出军队大规模讨伐，并有提督军门谋划指点，下达严肃公正的指令，亲自来到现场监督战况，带头走在兵士前面，使得各路官兵争先恐后效力，舍生奋战，才能取得这样的胜利。联合商议，书面呈报实行。'"呈报给微臣。

卷查先准兵部咨，为申明赏罚以励人心事，该本部覆议请敕："南赣等处都御史假以提督军务名目。给与旗牌应用，以振军威。一应军马钱粮事宜，径自便宜区画；文职五品以下，武职三品以下，径自拿问发落。如遇盗贼入境，即便调兵剿杀，不许踵袭旧弊招抚，重为民患。所部官军，若在军前违期逗留退缩，俱听以军法从事。题：奉圣旨，是，王守仁著提督南、赣、汀、漳等处军务，换敕与他。其余事宜，各依拟行。钦此。"及为地方紧急贼情事，准兵部咨："看得所奏攻治贼盗二说，合无行文，交与都御史王守仁，悉依前项申明赏罚事理，便宜行事，期于成功，不限以时等因。题：奉圣旨，是，这申明赏罚事宜，还行于王守仁知道。钦此。"又准兵部咨，该巡抚湖广都御史秦金题，该本部覆题："看得郴、桂等处与广东、江西所辖瑶峒密迩联络，若非三省会兵夹攻，贼必遁散。合无请敕两广并南赣总督、巡抚等官会同行事，克期进兵等因。节奉圣旨：是，都依拟行。钦此。"又该巡按江西监察御史屠侨奏，要会同湖广、江西抚镇等官，各量起兵，约会克期夹剿。又该本部覆题："奉圣旨：是，这南赣地方贼情，只照依恁部里原拟事宜，着都御史王守仁自行量调官军，设法剿捕。如有该与江西、两广巡抚、总督等官会兵征剿的，听随会议施行。钦此。"续准兵部咨，该臣题开计处南、赣二府兵粮事宜，及合用本省巡按、御史纪功缘由，该本部覆题："奉圣旨：是，都依拟行。钦此。"俱钦遵。陆续备咨到臣，俱经行江西、广东、湖广各道兵备、守巡等官一体钦遵，调取官军兵快，克期夹攻。及咨巡抚江西都御史孙燧，并行巡按御史屠侨各查照外，续据领兵县丞舒富等呈称，各峯贼首闻知湖广土兵将到，集众据险，四出杀掠，猖炽日甚，乞为急处等因到臣。当将进兵机宜，督同兵备副使杨璋、分守参议黄宏、统兵知府等官邢珣等，议得桶冈、横水、左溪诸贼，荼毒三省，其患虽同，而事势各异。以湖广言之，则桶冈诸巢为贼之咽喉，而横水、左溪诸巢为之腹心；以江西言之，则横水、左溪诸巢为贼之腹心，而桶冈诸巢为之羽翼。今不先去横水、左溪腹心之患，而欲与湖广夹攻桶冈，进兵两寇之间，腹背受敌，势必不利。今议者纷纷，皆以为必须先攻桶冈，而湖广克期乃在十一月初一日，贼见我兵未集，而师期尚远，且以为必先桶冈，势必观望未备。今若出其不意，进兵速击，可以得志。已破横水、左溪，移兵而临桶冈，破竹之势，蔑不济矣。于是，臣等乃决意先攻横水、左溪，密切分布哨道，使都指挥佥事许清率兵千余，自南康县所溪入；知府邢珣率兵千余，自上犹县石人坑入；知县王天与率兵千余，自上犹县白面入；令其皆会横水。使守备指挥郏文率兵千余，自大庾县义安入；知府唐淳率兵千余，自大庾县聂都入；知府季斅率兵千余，自大庾县稳下入；县丞舒富率兵千余，自上犹县金坑入；令其皆会左溪。知府伍文定、知县张戬，候各兵齐集，令其亦从上犹、南康分入，以遏奔冲。臣亦亲率兵千余，自南康进屯至坪，期直捣横水，以与诸军会，而使兵备副使杨璋、分守参议黄宏，监督各营官兵，往来给饷，以促其后。分布既定，乃于十月初七日夜，各哨齐发；初九日，臣兵至南康；初十日进屯至坪。使间谍四路分探，皆以为诸贼不虞官兵猝进，各巢皆鸣锣聚众，往来呼噪奔走，为分投御敌之状，势甚张皇，然已于各险隘皆设有滚木礌石。度此时贼已据险，势未可近。臣兵乘夜遂进。十一日小饷，未至贼巢三十里，止舍，使人伐木立栅，开堑设堠，示以久屯之形。夜使报效听选官雷济、义民萧庾，分率乡兵及樵竖善登山者四百人，各与一旗，赍铳炮钩镰，使由间道攀崖悬壁而上，分列远近极高山项以觇贼。张立旗帜，爇茅为数千灶；度我兵且至险，则举炮燃火相应。十二日早，臣兵进至十八面隘。贼方据险迎敌。骤闻远近山顶炮声如雷，烟焰四起，我兵复呼噪奋逼，铳箭齐发。贼皆惊溃失措，以为我兵已尽入破其巢穴，遂弃险退走。臣预遣千户陈伟、高睿分率壮士数十，缘崖上夺贼险，尽发其滚木礌石，我兵乘胜骤进，呼声震天地。指挥谢昶、冯廷瑞兵由间道先入，尽焚贼巢。贼退无所据，乃大败奔溃。遂破长龙巢，破十八面隘巢，破先鹅头巢，破狗脚岭巢，破庵背巢，破白蓝、横水大巢。

译文

查阅卷宗得知，兵部明确赏罚条例以激励人心的咨文得到批准，该部再次题奏请求敕令："南赣等地区的都御使借用提督军务的名号，给予令旗、令牌使用，来提振军队的威势。所有兵马粮饷的事情，可自行方便筹划；五品以下的文官、三品以下的武官，可自行捉拿处置。如果遇到贼寇进入境内，当即调派军队围剿，不允许沿袭旧时的弊端，招安贼寇，使他们再次成为百姓的祸患。部署的官员兵士，如果在开战之前违反约定期限，逗留不前，临阵退缩，全部按照军法处置。批写：收到圣旨，可以，命令王守仁管理南安、赣州、汀州、漳州等地军务，另外转达敕令给他。其他的事情，各自依照拟定的计划实行。旨意在此。"有因为地方发生贼寇作乱的紧急情况，兵部的咨文被批准："看到你上奏的攻打、致力贼寇的两种方法，何不撰写成文，交给都御使王守仁，全部按照之前明确赏罚条例的事宜，方便行事，以达到成功，不限时间。批写：收到圣旨，可以，这一明确赏罚条例的事项，报备给王守仁知晓。旨意在此。"又有兵部的咨文得到批准，巡抚湖广都御使秦金题奏，该部再次题奏："调查到郴、桂等地区与广东、江西管辖的瑶峒贼寇秘密联通，如果不是三省联合兵力围剿，贼寇必定分散逃遁。何不请求两广及南赣总督、巡抚等官员联合行事，约定日期发兵进剿。收到圣旨：可以，依照拟定的计划实行。旨意在此。"又有巡按江西监察御史屠侨奏称，要联合湖广、江西抚镇等官员，各自酌量派兵，会同商议，约定日期围剿。兵部再次题奏："收到圣旨：可以，南赣地区的贼寇，依照部里原本拟定的计划，派遣都御使王守仁自行酌量调遣官员和军队，想办法捉拿剿灭。如果有需要和江西、两广的巡抚、总督等官员联合军队征讨的，根据商议结果实行。旨意在此。"后来兵部的咨文得到批准，微臣题奏处理南安、赣州两府粮饷的事情，以及任用本省的巡按、御史记录军功的原委，该部再次题奏："收到圣旨：可以，都依照拟定的计划实行。旨意在此。"全都遵照旨意执行。先后转达给微臣，通知了江西、广东、湖广各道兵备、守巡等官员，命令他们全都遵照旨意行事，调派军队及担任缉捕等事的衙役，约定日期进行围剿。又与巡抚江西都御史孙燧商讨，委派巡按御史屠侨探查情报，后来根据领兵县丞舒富等人呈报称，各畲族贼寇首领听闻湖广土兵将要到运，倚仗着险要地势，纠集众人四处烧杀抢掠，日益猖獗，请求从速处理。商讨出兵事宜时，与兵备副使杨璋、分守参议黄宏、统兵知府等官邢珣等人一同商议，认为桶冈、横水、左溪的贼寇，毒害三省，造成的祸患虽然类似，但情况各不相同。从湖广来看，桶冈几个据点是贼寇组织的咽喉，横水、左溪的据点是其心腹；从江西来看，横水、左溪据点是贼寇的心腹，桶冈的据点是其羽翼。现在不先把横水、左溪这两处心腹大患铲除，反而想要和湖广一起围攻桶冈，在两股贼寇势力的包围下进兵作战，必然对我军不利。当下议论者众多，都认为必须首先进攻桶冈，与湖广约定的日期则在十一月初一日，横水、左溪的贼寇见到我军没有集结，约定进攻的日期又尚且遥远，况且认为我军必定会先进攻桶冈，就必然还在观察形势，没有防备。现今如果出其不意地派兵突袭，一定能够成功。攻破横水、左溪后，再转移兵力压制桶冈，就会势如破竹，无往不利。因此，微臣等人就决定率先进攻横水、左溪，秘密地分散布置各路兵马，派都指挥佥事许清率领一千余兵士，从南康县所溪进入；知府邢珣率领一千余人，从上犹县石人坑进入；知县王天与率领一千余人，从上犹县白面进入；命令他们都在横水集结。派守备指挥郏文率领一千余人，从大庾县义安进入；知府唐淳率领一千余人，从大庾县聂都进入；知府季敩率领一千余人，从大庾县稳下进入；县丞舒富率领一千余人，上犹县金坑进入；命令他们都在左溪集结。等到各军集齐，命令知府伍文定、知县张戬，也分别从上犹、南康进入，阻遏贼寇的猛冲。微臣也亲自率领一千余人，从南康县进入，屯扎在至坪，计划直接进攻横水，与各路军队汇合，派遣兵备副使杨璋、分守参议黄宏监督各营官兵及往来的粮饷，安排好后勤工作。排兵布阵确定后，就在十月初七日夜晚，各路一齐出兵；初九，微臣率兵到达南康；初十，进入至坪驻扎。派间谍分为四路探查，都回报称贼寇没有意料到官兵突然发兵，各据点都敲响锣鼓聚集贼众，往来奔走呼喊，各自准备抵抗，形势非常慌张，然而已经在各险要关隘之处设置了滚木礌石。估量此时贼寇已经占据了险要地势，不能轻易靠近。微臣于是率兵趁着夜色继续前进。十一日简单进饭后，在距贼寇据点三十里以外的地方停军驻扎，派人砍伐树木，设立栅栏，开挖沟渠，修筑土堡，展现出长久驻扎的姿态。夜晚派遣前来效力的听选官雷济、义民萧庚分别率领四百多名乡兵及善于登山的樵夫，各自给予他们一面旗帜，提供铳炮钩镰等装备，让他们从小道攀爬崖壁上去，分别在远近的高山山顶观察贼寇动向。立起旗帜，焚烧几千堆茅草；看到我军将要到达险要的地方，就举起铳炮、点燃火堆接应。十二日早上，微臣率兵进入十八面隘，贼寇占据了险要地势迎击，突然听闻远近山顶上火炮声如雷鸣轰隆，硝烟火焰四起，我军也呼啸着奋勇出击，火铳、弓弩万箭齐发，贼寇全都惊慌失措，认为我军已经进入攻破了据点，于是抛弃险地溃逃。微臣预先派遣千户陈伟、高睿分别率领数十名壮士，顺着崖壁攀上，夺取贼寇的险要位置，将其滚木礌石尽数推下，我军乘胜追击，呼喊声震动天地。指挥谢昶、冯廷瑞率兵从小道抢先进入，将贼寇据点焚烧殆尽。贼寇没有可以撤退的地方，于是大败奔逃。由此攻破了长龙据点，十八面隘据点，先鹅头据点，狗脚岭据点，庵背据点及白蓝、横水大据点。

先是，大贼首谢志珊、萧贵模等，皆以横水居众险之中，倚以为固。闻官兵四进，仓卒分众扼险，出御甚力。至是，见横水烟焰障天，铳炮之声撼摇山谷，亦各失势，弃险走。各哨官兵乘之，皆奋勇力战而入。知府邢珣遂破磨刀坑巢，破茶坑巢，破茶潭巢；知县王天与破樟木坑巢，破石王巢；都指挥许清破鸡湖巢，破新溪巢，破杨梅巢；俱至横水。知府唐淳破羊牯脑巢，破上关巢，破下关巢，破左溪大巢；守备指挥郏文破狮寨巢，破义安巢，破苦竹坑巢；指挥余恩破长流坑巢，破牛角窟巢，破鳖坑巢；县丞舒富破箬坑巢，破赤坑巢，破竹坝巢；知府季斆破上西峰巢，破狐狸坑巢，破铅厂巢，俱至左溪。守巡各官亦随后督兵而至。是日，擒斩首从贼人、贼级并俘获贼属男妇、夺回被虏人口、牛马、赃仗数多，其余自相蹂践，堕岸填谷而死者，不可胜计。当是时，贼路所由入，皆刊崖倒树，设阱埋签，不可行。我兵昼夜涉深涧，蹈丛棘，遇险绝，则挂绳崖树，鱼贯而上，猿臂而下，往往失足堕深谷。幸而不死，经数日始能出。各兵已至横水、左溪，皆困甚，不复能驱逐。会日已暮，遂令收兵屯扎。次日，大雾，雨，咫尺不辨，连数日不开。乃令各营休兵享士，而使乡导数十人分探溃贼所往，并未破巢穴动静。一五日，得各乡导报，谓诸贼分阵，预于各山绝险崖壁，立有栅寨，为退保之计，有复合聚于未破之巢者，俱不意我兵骤入，未及搬运粮谷。若分兵四散追击，可以尽获。臣等窃计，湖广夹攻在十一月初一，期已渐迫。此去桶冈尚百余里，山路险峻，三日始能达。若此中之贼围之不克，而移兵桶冈，势分备多，前后瞻顾，非计之得。乃令各营皆分兵为奇正二哨，一攻其前，一袭其后，冒雾速进，分投急击。十六日，知府邢珣攻破旱坑巢、鸾井巢；知府季敩、守备指挥郑文攻破稳下巢、李家巢。十七日，知府唐淳攻破丝茅坝巢。十八日，都指挥许清攻破朱雀坑巢、村头坑巢、黄竹坳巢、观音山巢。十九日，指挥余恩攻破梅伏坑巢、石头坑巢。二十日，知府邢珣又攻破白封龙巢、芒背巢；知县王天与攻破黄泥坑巢、大富湾巢。二十二日，县丞舒富攻破白水洞巢。本日，知府伍文定、知县张戬兵亦至。二十四日，知府伍文定攻破寨下巢，知县张戬攻破杞州坑巢。二十五日，知县张戬又破朱坑巢，知府伍文定破杨家山巢。二十六日，知府季敩又破李坑巢，都指挥许清又破川坳巢。二十七日，守备指挥郑文又破长河洞巢。连日各擒斩首从贼人、贼级并俘获贼属男妇，夺回被虏人口、牛马、赃仗数多。

译文

先前，贼寇大首领谢志珊、萧贵模等人，都因为横水位于众多险地之中，倚仗其作为防御工事。听说官兵从多处挺进，紧急分派众人把守要害之处，顽强抵抗。后来，贼寇见到横水硝烟漫天，火焰四起，铳炮的声音震彻山谷，各路也都陷入了不利的局面，就抛弃险地逃走。各路官兵趁此机会，都英勇拼杀，冲入敌营。知府邢珣攻破磨刀坑据点，茶坑据点，茶潭据点；知县王天与攻破樟木坑据点，石王据点；都指挥许清攻破鸡湖据点，新溪据点，杨梅据点；都抵达了横水。知府唐淳攻破羊牯脑据点，上关据点，下关据点，左溪大据点；守备指挥郏文攻破狮寨据点，义安据点，苦竹坑据点；指挥余恩攻破长流坑据点，牛角窟据点，鳖坑据点；县丞舒富攻破箬坑据点，赤坑据点，竹坝据点；知府季斅攻破上西峰据点，狐狸坑据点，铅厂据点，全都抵达了左溪。守巡各官员也在其后率领军队到达。那天，捉拿斩杀贼寇首领及随从，俘虏贼寇家属，救回被俘虏的人口，夺回牛马、钱财、武器的数量众多，其他互相践踏，跌入山谷死去的贼寇不可胜数。当时，可以进入贼寇据点的路，都削山砍树，设下陷阱，不能通行。我军日夜跋涉河谷深沟，踏过丛丛荆棘，遇到险要的地势，就在高树上悬挂绳索，像鱼一样一个挨一个上去，像猿猴一样摆荡双臂下来，失常不慎跌入深谷之中。侥幸能够不死，也要经过几天时间才能出来。各路兵马到达横水、左溪，都疲惫至极，不能继续追击。适逢日暮时分，就下令收兵，原地驻扎。第二天，雾雨交加，近在咫尺的东西都看不清楚，接连几天都没有放晴。于是命令各营兵士休养生息，派遣数十名向导分别探查贼寇逃亡的方向，并没有惊扰据点里的人。十五日，得到各位向导的报告，说众贼寇分别列阵，预先在各山险要的崖壁上设立了山寨，作为撤退自保的手段，有再次聚集在未攻破据点的贼寇，都未曾料到我军突然攻入，没来得及搬运粮食。如果分散兵力各处追击，可以一网打尽。微臣等私下商议，湖广的围剿在十一月初一，日期已渐渐紧迫。这里距桶冈还有一百多里，山路高险，三日才能到达。如果这里的贼寇包围了却迟迟不能攻克，到时候再转移兵力前去桶冈，势必会留下很多隐患，前后都要顾及，并不是良计。于是下令各营都把军队分为奇正两路，一路从正面进攻，一路偷袭贼寇后方，顶着浓雾飞速进军，分别突击。十六日，知府邢珣攻破旱坑据点、窝井据点；知府季斅、守备指挥郏文攻破稳下据点、李家据点。十七日，知府唐淳攻破丝茅坝据点。十八日，都指挥许清攻破朱雀坑据点、村头坑据点、黄竹坳据点、观音山据点。十九日，指挥余恩攻破梅伏坑据点、石头坑据点。二十日，知府邢珣又攻破白封龙据点、芒背据点；知县王天与攻破黄泥坑据点、大富湾据点。二十二日，县丞舒富攻破白水洞据点。当日，知府伍文定、知县张戬也率领军队抵达。二十四日，知府伍文定攻破寨下据点，知县张戬攻破杞州坑据点。二十五日，知县张戬又破朱坑据点，知府伍文定破杨家山据点。二十六日，知府季敩又破李坑据点，都指挥许清又破川坳据点。二十七日，守备指挥郏文又破长河洞据点。数日来各自捉拿斩杀贼寇首领及随从，俘虏贼寇家属，救回被俘虏的人口，夺回牛马、钱财、武器的数量众多。

是日，各营官兵请乘胜进攻桶冈。臣复议得桶冈天险，四面青壁万仞，中盘百余里，连峰参天，深林绝谷，不睹日月。中所产旱谷、薯蓣之类，足饷凶岁。往者亦尝夹攻，坐困数月，不能俘其一卒，竟以招抚为名而罢。及询访乡导，其所由入，惟锁匙龙、葫芦洞、茶坑、十八磊、新地五处，然皆架栈梯壑，夤悬绝壁而上。贼使数人于崖巅，坐发礌石，可无执兵而御我师。惟上章一路稍平，然深入湖广，迂回取道，半月始至。湖兵既从彼入，而我师复往，事皆非便。今横水、左溪余贼皆已奔入其中，同难合势，为守必力。善战者，其势险，其节短。今我欲乘全胜之锋，兼三日之程，长驱百余里而争利，彼若拒而不前，顿兵幽谷之底，所谓强弩之末，不能穿鲁缟矣。今若移屯近地，休兵养锐，振扬威声，先使人谕以祸福，彼必惧而请服。其或有不从者，乘其犹豫，袭而击之，乃可以逞。乃使素与贼通戴罪义官李正岩、医官刘福泰，释其罪，并纵所获桶冈贼钟景，于二十八日夜悬壁而入，期以初一日早，使人于锁匙龙受降。贼方甚恐，见三人至，皆喜，乃集众会议。而横水、左溪奔入之贼，果坚持不可，往复迟疑，不暇为备。臣遣县丞舒富率数百人屯锁匙龙，促使出降，而使知府邢珣入茶坑，知府伍文定入西山界，知府唐淳入十八磊，知县张戬入葫芦洞，皆于三十日乘夜，各至分地。遇大雨，不得进。初一日早，冒雨疾登。大贼首蓝天凤方就锁匙龙聚议，闻各兵已入险，皆惊愕散乱，犹驱其众男妇千余人，据内隘绝壁，隔水为阵以拒。知府邢珣之兵渡水前击，张戬之兵冲行其右，伍文定之兵自张戬右悬崖而下，绕贼傍击。贼不能支，且战且却。及午，雨霁；各兵鼓奋而前，乃败走。县丞舒富、知县王天与所领兵，闻前山兵已入，亦从锁匙龙并登。各军乘胜擒斩，贼悉奔十八磊。知府唐淳之兵复严阵迎贼，又败。然会日晚，犹扼险相持。次早，诸军复合势并击，大战良久，遂大败。知府邢珣破桶冈大巢，破梅伏巢，破乌池巢；知县张戬破西山界巢、锁匙龙巢，破黄竹坑巢；知府唐淳破十八磊巢；知府伍文定破铁木里巢，破土池巢，破葫芦洞巢；知县王天与破员分巢，破背水坑巢；县丞舒富破太王岭巢。擒斩首从贼人、贼级并俘获贼属男妇、夺回被虏人口、牛马、赃仗数多。贼大势虽败，结阵分遁者尚多。是日，闻湖广土兵将至，臣使知府邢南屯葫芦洞，知府唐淳屯十八磊，知府伍文定屯大水，守备指挥郏文屯下新地，知县张戬屯磜头，县丞舒富屯茶坑，指挥姚玺、知县王天与屯板岭；而副使杨璋巡行磜头、茶坑诸营，监督进止，以继其粮饷。又使知府季敩屯聂都，以防贼之南奔；都指挥许清留屯横水，指挥余恩留屯左溪，以备腹心遗漏之贼；而使参议黄宏留扎南安，给粮饷，以为聂都之继。臣亦躬率帐下屯茶寮，使各营分兵，与湖兵相会，夹剿遁贼。初五日，知府邢珣又破上新地巢，破中新地巢，破下新地巢。初七日，知府唐淳又破杉木坳巢，破原陂巢，破木里巢。十一日，知县张戬破板岭巢，破天台庵巢；十三日，又破东桃坑巢，破龙背巢。连日各擒斩俘获数多。其间岩谷溪壑之内，饥饿病疹颠仆死者，不可以数。于是桶冈之贼略尽。臣以其暇，亲行相视形势，据险立隘，使卒数百，斩木栈崖，凿山开道。又使典史梁仪领卒数百，相视横水，创筑土城，周围千余丈，亦设隘以夺其险。议以其地请建县治，控制三省诸瑶，断其往来之路。事方经营。十六日，据防遏推官徐文英呈称，广东鱼黄等巢被湖兵攻破，贼党男妇千余，突往鸡湖、新地、稳下、朱雀坑等处。臣复遣知府季敩分兵趋朱雀坑等处，知府伍文定趋稳下、鸡湖等处，守备指挥郏文、知府邢珣趋上新等处，各相机急剿。二十日，知府伍文定兵击贼于稳下寨、西峰寨、苦竹坑寨、长河坝巢、黎坑巢。二十三日，守备指挥郏文、知府邢珣击贼于上新地巢，知府伍文定又追击于鸡湖巢。十二月初三日，知府季敩击贼于朱雀坑寨、狐狸坑巢，擒斩首从贼徒、俘获贼属、夺获赃仗数多。于是奔遁之贼始尽。然以湖、广二省之兵方合，虽近境之贼悉以扫荡，而四远奔突之虞，难保必无。乃留兵二千余，分屯茶寮、横水等隘，而以是月初九日回军近县，以休息疲劳，候二省夹攻尽绝，然后班师。两月之间，通计捣过巢穴八十余处，擒斩大贼首谢志珊、蓝天凤等八十六名颗，从贼首级三千一百六十八名颗，俘获贼属二千三百三十六名口；夺回被虏男妇八十三名口，牛马骡六百八只匹，赃仗二千一百三十一件，金银一百一十三两八钱一分；总计首从贼徒、贼属、牛马、赃仗共八千五百二十五名颗口只件。俱经行令转解纪功官处，审验纪录去后，今呈前因。

译文

当日，各营官兵请求趁着胜利进攻桶冈。微臣等再次商议，认为桶冈为天然形成的险要地势，四面都是万丈悬崖，中间盘踞一百多里，山峰众多，高耸入云，密林深谷，幽暗无光。其中产出的旱谷、薯蓣之类作物，足够用来度过荒年。以往也曾围攻此处，白白消耗数月，不能俘虏其一兵一卒，最终以招安的名义放弃。等到访求向导，得知可以进入的地方，只有锁匙龙、葫芦洞、茶坑、十八磊、新地五处，然而都需要搭建栈桥扶梯，攀援绝壁而上。贼寇派遣数人在崖顶向下滚落礌石，无需武器就可以抵御我军。只有上章一路略微平坦，然而深入湖广地区，迂回环绕，半月才能到达。湖广军队已从此处进入，如果我军再次绕行，于军事并不便利。现今横水、左溪残余的贼寇都已经奔逃入桶冈，在同样的威胁下，他们必定联合势力，顽强抵抗。善于作战的人，他的进攻态势是迅速有力的，接近敌人后再迅猛出击。现今我军想要凭借全胜的锋芒，连续三日赶路，跋涉百余里来取得优势，如果不能主动出击，在深谷下方徘徊，就宛如强弩之末，不能发挥作用。如果转移军队，在接近敌人的地方驻扎，养精蓄锐，提振、发扬军队的威势，事先派人告诉贼寇祸福的结果，他们必然畏惧从而投降。其中如果有不顺从的人，趁着他犹豫的时机进行突袭，就可以成功。于是派遣之前与贼寇串通的戴罪义官李正岩、医官刘福泰，免除他们的罪行，并释放捉拿的桶冈贼寇钟景，让他们在二十八日夜晚攀爬崖壁进入据点游说，计划在初一早上，派人在锁匙龙接受敌方投降。贼寇非常恐惧，见到三人到来，都十分惊喜，于是召集众人商议。从横水、左溪奔逃过去的贼寇，果然坚持不能投降，反复犹豫，没有时间防备。微臣派遣县丞舒富率领数百人驻扎在锁匙龙，迫使贼寇投降，又派遣知府邢珣进入茶坑，知府伍文定进入西山界，知府唐淳进入十八磊，知县张戬进入葫芦洞，都在三十日晚，趁着夜色各自到达了分配的地区。遇到大雨，不能前进。初一早上，冒雨迅速登山。贼寇大首领蓝天凤在锁匙龙聚集众人商议，听闻各路军队已进入险地，都震惊散乱，驱赶男丁、妇女一千余人，占据内部的隘口峭壁，阻隔雨水形成阵型，抵御我军。知府邢珣率领的军队渡过河流进攻，张戬的军队在其右侧冲锋，伍文定的军队从张戬右侧悬崖下山，绕道贼寇侧面从旁夹击。贼寇不能支持，边战边退。到了中午，雨过天晴；各路兵士振奋精神奋勇进攻，贼寇兵败溃逃。县丞舒富、知县王天与率领的军队，听闻前山军队已经进入，也从锁匙龙一道登山。各路兵马趁着胜利捉拿、斩杀贼寇，贼寇全部逃到十八磊。知府唐淳的军队再次组织阵型迎击贼寇，贼寇再次败退。然而残余贼寇汇合的当晚，犹且还倚仗险地与我军对立。次日一早，各路军队再次集合，一起进攻，与贼寇激战良久，贼寇再次大败。知府邢珣攻破桶冈大据点，梅伏据点，乌池据点；知县张戬攻破西山界据点，锁匙龙据点，黄竹坑据点；知府唐淳攻破十八磊据点；知府伍文定攻破铁木里据点，土池据点，葫芦洞据点；知县王天与攻破员分据点，背水坑据点；县丞舒富攻破太王岭据点。捉拿斩杀贼寇首领及随从，俘虏贼寇家属，救回被俘虏人口，夺回牛马、钱财、武器的数量众多。贼寇大体形势虽已溃败，但是结成阵列、分别遁逃的人尚且还很多。当日，听闻湖广土兵即将到达，微臣派遣知府邢南驻扎在葫芦洞，知府唐淳驻扎在十八磊，知府伍文定驻扎在大水，守备指挥郏文驻扎在下新地，知县张戬驻扎在磜头，县丞舒富驻扎在茶坑，指挥姚玺、知县王天驻扎在屯板岭；副使杨璋巡行磜头、茶坑各军营，监督军队行进情况，为军队补充粮饷。又派知府季敩驻扎在聂都，防止贼寇向南逃窜；都指挥许清留守横水，指挥余恩留守左溪，防备腹心处遗漏的贼寇；派参议黄宏留守南安，供给粮饷，作为聂都的后援。微臣也亲自领兵驻扎在茶寮，让各营兵马与湖广军队汇合，围剿逃散的贼寇。初五，知府邢珣又攻破上新地据点、中新地据点、下新地据点。初七，知府唐淳又攻破杉木坳据点、原陂据点、木里据点。十一日，知县张戬攻破板岭据点、天台庵据点；十三日，又攻破东桃坑据点、龙背据点。连日来各军捉拿、斩杀、俘虏的人口数量众多。其山岩、谷地、溪流之中，因饥饿、疾病、颠沛而死去的人不可胜数。这样一来，桶冈的贼寇大体灭尽。微臣趁着这一闲暇，亲自探查形势，依据险地设立关隘，派数百名士卒砍伐树木，在悬崖上修建栈道，开凿山体，修筑道路。又派典史梁仪率领数百士卒在横水周围修筑土城，将千余丈的范围围拢起来，也设置关隘来制约险地。商议在此地建立县城，控制三省的瑶族，断绝他们往来的道路。此事刚刚开始筹划。十六日，根据防遏推官徐文英呈报称，广东鱼黄等据点被湖广军队攻破，千余名贼寇党羽、男丁、妇女逃向鸡湖、新地、稳下、朱雀坑等地。微臣又派遣季敩分散兵力前往朱雀坑等地，知府伍文定前往稳下、鸡湖等地，守备指挥郏文、知府邢珣前往上新等地，各自观察时机，迅速出兵围剿。二十日，知府伍文定率军在稳下寨、西峰寨、苦竹坑寨、长河坝据点、黎坑据点与贼寇交战。二十三日，守备指挥郏文、知府邢珣在上新地据点与贼寇作战，知府伍文定又在鸡湖巢追击贼寇。十二月初三，知府季敩在朱雀坑寨、狐狸坑据点与贼寇作战，捉拿斩杀贼寇首领及随从，俘虏贼寇家属，夺回钱财、武器的数量众多。由此，奔逃的贼寇才消灭干净。然而由于湖广、广东两省的军队刚刚汇合，虽然附近的贼寇全都扫清，但贼寇四处奔逃至远处的隐患，难保不会存在。于是留下两千余兵士，分别驻扎在茶寮、横水等隘口，在本月初九撤军回到附近的县城，休养生息，等到两省的围攻全部结束，再凯旋。两个月之内，总计捣毁据点八十余处，捉拿斩杀贼寇大首领谢志珊、蓝天凤等八十六人，随从三千一百六十八人，俘虏贼寇家属两千三百三十六人；救回被俘虏的男丁、妇女八十三人，牛、马、骡子六百零八头，武器两千一百三十一件，金银一百一十三两八钱一分；总计斩获贼寇首领、随从、家属，牛马，武器等八千五百二十五名颗口只件。全部转送至纪功官那里，后续进行审查、核验、记录，此为呈报前事。

参照大贼首蓝天凤、谢志珊等，盘据千里，荼毒数郡，僭拟王号，图谋不轨，基祸种恶，且将数十余年。而虐焰之炽盛，流毒之惨极，亦已数年于兹。前此亦尝夹剿，曾不能损其一毛；屡加招抚，适足以长其桀骜。今乃驱卒不过万余，用费不满三万，两月之间，俘获六千有奇，破巢八十有四，渠魁授首，唯类无遗。此岂臣等能贤于昔人？是皆仰仗朝廷威德之被，庙堂处置得宜，既假臣以赏罚之权，复专臣以提督之任。故臣等得以伸缩自由，举动如志，奉成算以行事，循方略而指挥，将士有用命之美，进止无掣肘之虞，则是追获兽兔之捷，实由发纵指示之功。臣等偶叨任使，亦安敢冒非其绩！夫谋定于帷幄之中，而决胜于千里之外；命出于庙堂之上，而威行于百蛮之表。臣等敢为朝廷国议有人贺，且自幸其所遭，得以苟免覆悚之戮也。及照监军副使杨璋，参议黄宏，领兵都指挥佥事许清，都指挥使行事指挥使郏文，知府邢珣、季敩、伍文定、唐淳，知县王天与、张戬，指挥余恩、冯翔，县丞舒富，随征参谋等官指挥谢昶、冯廷瑞、姚玺、明德，同知朱宪，推官危寿、徐文英，知县陈允谐、黄文鸑、宋瑢、陆璥、千户陈伟、高睿等，以上各官，或监军督饷，或领兵随征，悉皆深历危险，备尝艰难，各效勤苦之力，共成克捷之功。俱合甄录，以励将来。伏愿皇上普彰庙堂之大赏，兼收行伍之微劳。激劝既行，功庸益集，自然贼盗寝息，百姓安生，则地方幸甚！臣等幸甚！

译文

调查到贼寇大首领蓝天凤、谢志珊等人，盘踞在方圆千里的土地上，毒害数个郡县，僭越地拟定王号，意图干出违反法度之事，犯下无数罪恶，造成的恶劣影响将持续数十年。他们气焰嚣张，在此地大肆欺辱残害百姓，也已经有数年之久。之前也曾进行围剿，竟不能对其造成丝毫损失；屡次加以招安，反而使他们更加顽固。现今能调遣的军队不过一万多人，军需耗费不到三万两，两个月之间，俘虏了六千多人，攻破了八十四处据点，斩杀了首领，党羽也没有遗漏。这难道是因为微臣等人比过去的官员更加有才能吗？都是因为仰赖了朝廷施以的威势，朝堂上处理得当，既借与微臣施加赏罚的权力，又命微臣专门担任提督的职务。因此微臣等人才能自由地制定、修改计划，按照目标加以执行，根据筹划行事，依循战略指挥将士，将士们得以完美地执行命令，进退间没有受到牵制的顾虑，所以能胜利捉拿、围剿贼寇，实在是发出命令、下达指示的功劳。微臣等只是侥幸听从指挥，又怎么敢冒领不属于自身的功绩！在营帐之中指定谋略，可以在千里之外取得胜利；在朝堂之上下达命令，威势可以传遍边关的部族。微臣等斗胆为朝廷中有能够议论国事的人才而感到庆贺，并且庆幸自身听从指挥，能够侥幸避免因力不胜任而坏事的惩罚。还有监军副使杨璋，参议黄宏，领兵都指挥佥事许清，都指挥使行事指挥使郏文，知府邢珣、季敩、伍文定、唐淳，知县王天与、张戬，指挥余恩、冯翔，县丞舒富，随征参谋等官指挥谢昶、冯廷瑞、姚玺、明德，同知朱宪，推官危寿、徐文英，知县陈允谐、黄文鹭、宋瑢、陆璥、千户陈伟、高睿等，以上各位官员，或是监督军队、管理粮饷，或是率领军队、前线作战，全都赴汤蹈火，历尽艰辛，各自辛勤效力，共同取得了此次胜利。全都应该提拔重用，来激励后来之人。乞求陛下广泛地赐予朝廷的奖赏，并验收臣等微薄的辛劳。奖赏颁发下去，立下功劳的人也会越来越多，贼寇自然会平息，百姓可以安居乐业，那样将是地方的大幸！臣等的大幸！

立崇义县治疏

十二年闰十二月初五日

据江西巡守岭北道兵备副使杨璋、左参议黄宏会呈：“据南安府知府季敩呈：‘备所属致仕省祭义官监生杨仲贵等呈称，上犹等县横水、左溪、长流、桶冈、关田、鸡湖等处，贼巢共计八十余处，界乎三县之中，东西南北相去三百余里，号令不及，人迹罕到。其初輋贼原系广东流来。先年奉巡抚都御史金泽行令安插于此，不过砍山耕活。年深日久，生长日蕃，羽翼渐多，居民受其杀戮，田地被其占据。又且潜引万安、龙泉等县避役逃民并百工技艺游食之人杂处于内，分群聚党，动以万计。始渐虏掠乡村，后乃攻劫郡县。近年肆无忌惮，遂立总兵，僭拟王号，罪恶贯盈，神人共怒。今幸奏闻征剿，蒙本院亲率诸军，捣其巢穴，擒其首恶，妖氛为之扫荡，地方为之底宁。三县之民欢欣鼓舞，如获更生。访得各县流来之贼，自闻夹攻消息，陆续逃出颇众。但恐大兵撤后，未免复聚为患。合无三县适中去处，建立县治，实为久安长治之策’等因，到道。随取各县乡导，于军营研深。查得前项贼巢，系上犹、大庾、南康三县所属。上犹县崇义、上保、雁湖三里，先年多被贼杀戮，田地被其占据；大庾县义安三里，人户间被杀伤，田地贼占一半；南康县至坪一里，人户皆居县城，田地被贼阻荒。总计贼占田地六里有半。随蒙本院委领兵知府邢珣、知县王天与、黄文鹫亲历贼巢踏勘，三县之中适均去处，无如横水。原系上犹县崇义里地方，山水合抱，土地平坦，堪以设县。随会同分守左参议黄宏，议得合无于此建立县治，尽将三县贼人占据阻荒田地，通行割出。缘里分人户数少，查得南康县上龙一里、崇德一里，亦与至坪相接，缘至坪三都虽非全里，然而地方广阔，钱粮数多，堪以拆作一里，合割并属新县。其间人户数少者，田粮尚存，招人佃买，可以复全。县治既设，东去南康尚有一百二十里，要害去处则有长龙；西去湖广桂阳县界二百余里，要害去处则有土保；南去大庾县一百二十余里，要害去处则有铅厂；俱该设立巡检司。查得上犹县过步巡检司，路僻无用，宜改移上保，备由呈详。奉批：‘看得横水开建县治，实亦事不容已。但未经奏请，须候命下，方可决议。兼之工程浩大，一时恐未易就。今贼势虽平，漏殄尚有，且宜遵照本院钦奉敕谕随宜处置事理，先于横水建立隘所，以备目前不测之虞。除委典史梁仪等一面竖立木栅，修筑土城，修建营房外，查得横水附近隘所，如至坪、雁湖、赖塘等处，盗贼既平，已为虚设。其附近村寨，如白面、长潭、杰潭、不玉、过步、果木、鸟溪、水眼等处居民，访得多系通贼窝主；及各县城郭村寨，亦多有通贼之人。合将各隘隘夫悉行拨守横水，其通贼人户，尽数查出，编充隘夫，永远守把；其不系通贼者，量丁多寡，抽选编佥，轮班更替，务足一千余名之数，责委属官一员统领，常川守把。遇有残党啸聚出没，即便相机剿捕。候县治既立，人烟辏集，地方果已宁靖，再行议处裁损。其开建县治，本院亲行踏勘，再四筹度，固知事不可已。但举大事，须顺民情，兵革之后，尤宜存恤。仰该道会同分守等官，再行拘集地方父老子弟，多方询访，必须各县人民踊跃鼓舞，争先趋事，然后兴工，庶几事举而人有子来之美，工成而民享偕乐之休。仍呈抚按等衙门公同计议施行’等因。依奉会同参议黄宏遵照批呈事理，先于横水设立隘所，防范不虞。及行该府再行拘集询访外，随据府县各申，拘集父老到官，各交口欢欣，鼓舞趋事，别无民情不便等因，备呈到道。”复审无异，转呈到臣。会同巡抚江西等处地方都察院右副都御史孙燧、巡按江西监察御史屠侨，议照前项地方，大贼既已平荡，后患所当预防。今议立县治并巡司等衙门，惩前虑后，杜渐防微，实皆地方至计。及查得横水议建县治处所，原系上犹县崇义里，因地名县，亦为相应。如蒙皇上悯念地方屡遭荼毒，乞敕该部俯顺民情，从长议处，早赐施行，并儒学巡司等衙门一体铨选官员，铸给印信。如此，则三省残孽有控制之所而不敢聚，三省奸民无潜匿之所而不敢逃。变盗贼强梁之区为礼义冠裳之地，久安长治，无出于此。

译文

根据江西巡守岭北道兵备副使杨璋、左参议黄宏联合呈报："根据南安府知府季敩呈报：'所属致仕省祭义官监生杨仲贵等人呈报称，上犹等县的横水、左溪、长流、桶冈、关田、鸡湖等地，总计有八十多处贼寇据点，分布在三县的范围内，东西、南北相距三百多里，荒凉偏僻，命令无法到达。起初畲族流寇原本从广东流窜而来，早年受到巡抚都御史金泽行的命令安置在这里，以砍树耕作为生。年长日久，发展壮大，羽翼繁茂，居民被他们屠杀，田地被他们占有。又悄悄引渡万安、龙泉等县躲避徭役的逃民及手工业者、无业游民等人来此居住，划分群体，积聚党羽，动辄上万人。渐渐开始劫掠乡里村寨，之后又攻打郡城、县城。近几年来任意妄为，没有一点顾忌，还设立总兵，僭越地拟定王号，恶贯满盈，上天和百姓都为之愤怒。现在有幸上奏请求发兵征讨，由本院亲自率领军队，捣毁他们的据点，捉拿贼寇首领，凶恶的氛围扫荡一清，地方因此而安宁下来。三县的百姓心情愉快，精神振奋，如获新生。探查到各县流窜来的贼寇，自从听说了围剿的消息，前后相继逃走的人很多。只是恐怕大军撤走之后，这些人不免会再次聚集，成为祸患。何不在三县适当的地方建立县衙治理此事，实在是实现长期安定太平的良策。'以上事情呈报到道里。随后召集各县乡的向导，到军营深入研究。查明上面提及的贼寇据点，属于上犹、大庾、南康三县。上犹县崇义、上保、雁湖三里，早年多次遭到贼寇屠戮，田地被他们占领；大庾县义安三里，有百姓遭到杀害，一半田地被贼寇占领；南康县至坪一里，百姓都居住在县城里，田地因被贼寇阻断而荒芜。贼寇总共占有的田地达六里半。随后本院委派领兵知府邢珣、知县王天与、黄文鹫亲自前往贼寇据点探查，查到三县中适当的地方，当属横水。横水原本是上犹县崇义里的地方，山水环绕，土地平坦，能够在此设立县城。随后与分守左参议黄宏商议，讨论到何不在此地建立县城，将三县贼寇占领或阻断的田地，全部分割出来。由于上述几里民户较少，查到南康县上龙一里、崇德一里，也与至坪接壤，由于至坪三地虽然都不是全里，但是地域广大，钱粮众多，因此可以拆分作为一里，合并归属于新的县城。其中民户较少的地方，田地和粮食尚且还有存留，招人出租或购买，就可以回复人口。县城设立好后，东距南康还有一百二十里，机要之处有长龙；西距湖广桂阳县二百多里，机要之处有上保；南距大庾县一百二十多里，机要之处有铅厂，这些地方都应该设立巡检司。上犹县过步的巡检司，因位置偏僻而没有发挥作用，应该迁移至上保，全都书面呈报。收到批复：'看到衡水建立县城，也实在是不得已之事。然而没有经过上奏，必须等到命令颁布，才能决定。加上工程量大，短时间内恐怕不能轻易结束。现今贼寇虽然较为平定，但仍有遗漏之徒，姑且应该遵照本院收到的旨意根据情况处理，先在横水建立守备处，以防备现阶段意料之外的隐患。除了委派典史梁仪等人竖立起木栅栏，筑造土城，修建营房外，查到横水附近的守备处，如至坪、雁湖、赖塘等地，贼寇已经平定，设立也没有了意义。附近的村寨，如白面、长潭、杰潭、不玉、过步、果木、乌溪、水眼等地的居民，大多是串通、窝藏贼寇之人；各县城及村寨内，也有很多私通贼寇之人。何不将各地负责看守的人全都调去守备横水，串通贼寇的民户，全部调查出来，充作守备员，永远履行看守的职责；没有串通贼寇的百姓，根据人口的多少，选拔部分编册，轮流替班，务必抽满一千人，委派一名下属官员统领，持续守备。遇到残存党羽聚集出没，当即观察时机围剿捉拿。等到县城设立完毕，居民集聚，地方确实已经安宁下来，再商议处理裁员。建立县城一事，本院亲自前往勘察，多次筹划，深知此事势在必行。但凡进行重大事项，必须顺从百姓的意愿，发生战争之后，尤其应该抚恤民心。因此命令该道连同分守等官，再次召集地方父老乡亲，多方询问访查，必须要各县人民欢喜雀跃，竞相支持此事，这样以后才能动工，然后就能事情成功，民心归附，百姓同乐。仍然呈报抚按等衙门共同商议实行。’依照旨意，连同参议黄宏一起，遵照批复的事宜，现在横水设立守备处，提防意外发生，并命令该府再次召集百姓探访民意。另外，根据府县各自的申报，召集父老乡亲到官府询问，居民全都欢快振奋，争相赞同，没有不支持的情况，以上呈报到道。”再次审查没有异议，转而呈报给微臣。微臣与巡抚江西等处地方都察院右副都御史孙燧、巡按江西监察御史屠侨一同商议，认为上述地区大规模的贼寇已经扫清，之后的隐患也应当预防。现今商议设立县城及巡司等衙门，是吸取过去的教训，防止以后再出现祸患，确实都是适合地方的妙计。又看到商议设立县衙的横水地区，原本属于上犹县崇义里，根据地方给县城命名，也与之相对应。如果陛下怜悯，念及地方屡次遭到毒害，请下令让该部顺从百姓的意愿，多加商议，谨慎处理，早日实行，与儒学巡司等衙门一并选拔官员，给予印章。这样一来，三省残存的贼寇余孽有了管制机构，就不敢再集聚，三省通贼的奸恶之民没有隐藏之处，就不敢再窜逃。将贼寇肆虐的地区变成讲求礼义之地，想要实现长治久安，没有比这更好的办法了。

卷之十一　别录三

奏疏三

乞休致疏

正德十三年三月初四日

臣以菲才，遭逢明盛，荷蒙陛下涤垢掩瑕，曲成器使，既宽尸素之诛，复冒清显之职，增其禄秩，假以赏罚，念其行事之难，授以提督之任，言行计听。感激深恩，每思捐躯以效犬马。奈何才蹇福薄，志欲前而力不逮，功未就而病已先。臣自待罪鸿胪，即尝以病求退，后惧托疾避难之诛，辄复黾勉来此。驱驰兵革，侵染瘴疠，昼夜忧劳，疾患愈困。自去岁二月往征闽寇，五月旋师，六月至于九月，俱有地方之警。十月攻横水，十一月破桶冈，十二月旋师。未几，今年正月又复出剿浰贼。前后一岁有余，往来二三千里之内，上下溪涧，出入险阻，皆扶病从事。然而不敢辄以疾辞者，诚以朝廷初申赏罚之请，再下提督之命，惟恐付托不效，以辜陛下听纳之明，负大臣荐扬之举。且其时盗贼方炽，坐视民之荼毒而以罪累后人，非仁也；己逃其难而遗人以艰，非义也；徒有其言而事之不酬，非忠也。故宁委身以待罪，忍死以效职。

译文

微臣有着微薄的才能，却受到了圣明慷慨的对待，幸蒙陛下为臣指正缺点，使臣能为国效力，既宽恕了臣德不配位的惩罚，又使臣冒领清闲显赫的职位，增加臣的俸禄，授予臣赏赐处罚的权力，念及臣行事的艰难，委任臣提督的官职，听从臣的劝告，采纳臣的计谋。微臣感激陛下深厚的恩德，时常想要奉献一生来为陛下尽到犬马之劳。怎奈何没有才能和福气，思想上想要前进却能力不足，功业还未成就，疾病却已先至。微臣独自在鸿胪寺供职，曾经想凭借病情请求引退，后来惧怕假托疾病躲避灾难的惩罚，就又尽力来到此处。率领军队作战，受到瘴气侵染，日夜忧心劳苦，病痛愈发严重。自从去年二月，微臣前去讨伐福建地区的贼寇，五月班师凯旋，六月至九月，都只有地方上的小规模动乱。十月攻打横水，十一月攻破桶冈，十二月凯旋。不久后，于今年正月又再次前往浰头征讨贼寇。前后一年多时间，往来两三千里的路程，上山下河，出入险地，微臣全都带病坚持。然而微臣不敢轻易因疾病请辞，实在是因为朝廷刚刚按照微臣上奏的赏罚方案颁布施行，又下达委任臣为提督的命令，臣只怕托付给臣的使命不能实现，从而辜负陛下广泛听从、采纳意见的贤明之举，违背大臣们举荐微臣的好意。况且当时盗贼正是猖獗，白白地看着百姓遭到毒害，将罪过推到后继者身上，这是不仁；自己逃避这样的困难而把重担压给别人，这是不义；只说出冠冕堂皇的话，最终事情没有办到，这是不忠。因此微臣宁愿在这里坚守任职，誓死报效国家。

今赖陛下威德，庙堂成算，上犹、南康之贼既已扫荡，而浰寇残党亦复不多。旬日之间，度可底定，决不至于重遗后患，则臣之罪责，亦既可以少逭于万一。但惟臣病月深日亟，百疗罔效，潮热咳嗽，疮疽痈肿，手足麻痹，已成废人。昔人所谓绵弱之才，不堪任重；福薄之人，难与成功；二者臣皆有焉。伏惟陛下覆载生成，不忍一物失所；悯臣舆病讨贼所备尝之苦，哀臣忍死待罪不得已之情，念福薄之有限，怜疾疗之无期，准令旋师之日，放归田里。岂曰保全余息，尚图他日之效。苟遂丘首，臣亦感恩地下，能忘衔结之报乎？臣不胜哀恳祈望之至！

译文

现在有赖于陛下的威势仁德、朝廷的设计谋划，上犹、南康的贼寇已经扫除殆尽，浰头残存的贼寇党羽也寥寥无几。预计一旬之内就可以平定，绝对不会再次留下后患，如此，微臣也可以稍稍躲过不称职的罪责。只是微臣的疾患日渐深重，多次治疗都收效甚微，发热咳嗽，肿胀生疮，手脚麻痹，已经成为了废人。过去的人说，柔弱的人才不能委以重任，福分微薄的人很难成功，这两种情况臣都占据了。陛下宽容慈爱，养育万物，不忍心任何事物白白陨灭；请求陛下怜悯臣带病讨伐贼寇所经受的所有辛苦，怜惜臣本愿誓死效劳却不得不引退的凄苦之情，念及臣福分浅薄，疗愈疾患遥遥无期，准许臣在军队凯旋的那天回归乡野。微臣不只是保全剩下的生命，还要图谋改日的报效。如果最终魂归故里，臣也会在地下感激陛下的恩情，又怎能忘记结草衔环来报答陛下呢？微臣悲苦渴盼已极，恳求陛下准许！

移置驿传疏

正德十三年二月十五日

据江西按察司分巡岭北道兵备副使杨璋呈："奉臣批，据南安府大庾县峰山里民朱仕玦等连名告称：'本里先因敌御畲贼，正德十一年被贼复仇，杀害本里妇男一百余命。各民惊惶，自愿筑砌城垣一座，搬移城内。告申上司，蒙给官银修理三门。今幸完成，居民无虞。正德十二年六月十九日，奉调本里百长谢玉乚等五百名前去本府剿贼，已获功次解报，未蒙发回。今风闻畲贼又要前来复仇，但本城缺兵防守，乞赐裁革宰屋、龙华二隘人夫，前来守城。其赤口巡检司缺官，就乞委官署掌印信，督兵防遏。及愿出地，迁移小溪驿进城，城池驿舍，俱保无虞’等情。奉批岭北道议处。依奉，会同左参议黄宏，议将宰屋、龙华二隘人夫拨付该城防守，该府照磨邓华空闲，合委署掌印信，提督该司弓兵并该城兵众，并力防遏。其小溪驿迁移峰山城内一节，合行该府查勘，应否迁移；过往使客，有无便益；南北水路，有无适均；移驿之费，计算几何。缘由呈详本院，奉批：‘去隘委官，俱准议行。移驿事，仰行该府作急勘报’等因，已经行。据南安府呈：‘蒙二隘人夫拨付峰山守城，行委照磨邓华署掌赤石巡检司印信。及查，议得小溪旧驿，止有人烟数家，孤处河边，且与鸡湖等贼巢相近，曾被强贼来驿，执虏官吏，烧毁公厅。见今贼势猖獗，使客辄受惊惶，不敢停歇。往年亦曾建议迁驿，奈小溪人民俱各包当该驿夫役，积年射利得惯，官吏被其钤制，往往告称移驿不便。况移驿处所虽在城中，离河不远，工程所费亦不过四五十两。如此一举，委果水陆俱便，不惟该驿可保无虞，而往来使客宿歇，亦无惊恐’等因，回报到道，复议相同。”据呈到臣，簿查先为前事，已经批仰该道议处。回报去后，今据前因，看得小溪旧驿屡被贼患，移置峰山城内，委果相应。如蒙乞敕该部查议相同，俯从所请，则一劳永逸，实为地方之幸！

译文

根据江西按察司分巡岭北道兵备副使杨璋呈报：“微臣收到批示，根据南安府大庾县峰山里民朱仕玞等人联合上告：‘本里原先因为抵御畲族贼寇，正德十一年（1516）遭到贼寇报复，杀害了本里男丁、妇女一百余人。百姓各都惊恐不已，自愿修筑一座城墙，迁移至城内居住。申报上级，得到官款资助修理三座城门。现在有幸完成，居民没有后顾之忧。正德十二年（1517）六月十九日，奉命调派本里百长谢玉山等五百人前往本府清剿贼寇，已将取得的功劳呈报，兵士暂时还没有回来。现今听说畲族贼寇又要前来报复，然而本城缺少兵力防守，请求调派部分宰屋、龙华两个隘口的人丁前来守城。赤口巡检司缺少人手，请求委派掌管印信的官员领兵作战，组织贼寇。另外，本城愿意空出土地将小溪驿迁移至城内，这样，城池和驿站的房屋都可以得到保护，没有顾虑。’收到批复由岭北道商议处置。依照批复，微臣与左参议黄宏一起，商议将宰屋、龙华两个隘口的人丁调拨到该城防守，该府照磨邓华有空闲，可以委派官署印信，统领该司弓兵及城内的兵士，合力阻止贼寇进攻。小溪驿迁至峰山城内一事，需要委派该府勘察，是否应当迁移；来往的使者旅客有没有得到便利；南北的水路是否分布均匀；迁移驿站的费用应如何计算。将事情原委书面呈报给本院，得到批复：‘从隘口调派人丁及委派官员之事，全都准许商议后实行。迁移驿站一事，命令该府尽快勘察上报。’已经按批复实行。根据南安府呈报：‘两处隘口的人丁调拨至峰山守卫城池，委派照磨邓华掌管赤石巡检司印信。另外，根据臣等探查，商议认为小溪原来的驿站，附近只有几家人口，独自位于河边，并且与鸡湖等贼寇据点接近，曾经有凶恶的贼寇来到驿站，俘虏官员、烧毁办公厅室。现今贼寇势力凶猛放肆，使得旅客时常受到惊吓，不敢在驿站停留歇息。前几年也曾经建议迁移驿站，怎奈小溪居民都各自包揽了驿站当差的岗位，多年谋取财利，成为习惯，官员受到他们的钳制，往往禀告称迁移驿站有所不便。况且迁移驿站的地方虽然在城内，但是距离河边不远，工程耗费的钱财也不过四五十两。这样一个举措，如果不妨碍水路、陆路交通，不仅该驿站可保证安全无忧，来往的使者旅客住宿歇息，也不会再感到惊恐了。’如此上报到道里，经过再次商议，结论相同。”呈报给微臣。查阅卷宗，之前因为上述事情，已经批复，命令该道商议处置。现在收到再次上报，根据之前的原委，看到小溪原本的驿站屡次遭到贼寇侵害，迁移至峰山城内，确实是合理的解决办法。如果陛下命令该部勘察后商议得出的结果相同，而陛下能听从臣子们的建议，那么将一劳永逸，实在是地方的幸事！

浰头捷音疏

十三年四月二十日

据江西按察司分巡岭北道兵备副使杨璋呈："据一哨统兵守备南、赣二府地方以都指挥体统行事指挥使郏文呈称：'统领远安县义民孙洪舜等兵，于本年正月初七日，攻破曲潭等巢；十一日，攻破半径等巢，共五处。二月二十六日，与贼战于水源等处。擒斩大贼首吴积祥、陈秀谦、张秀鼎等七名颗，贼从陈希九等一百二十六名颗，俘获贼属男妇五十六名口，烧毁贼巢房屋禾仓二百五十三间，及夺获器械等物。'二哨统兵赣州府知府邢珣呈称：'督同同知夏克义、知县黄天与、典史梁仪、老人叶秀芳等官兵，于正月初七等日，攻破方竹湖等巢；初九日，攻破黄田坳等巢，共四处。二十五等日，覆贼于白沙；二月十六日，与贼战于芳竹湖等处。擒斩大贼首黄佐、张廷和、王蛮师、刘钦等一十名颗，贼从黄密等二百六十名颗，俘获贼属男妇八十三名口，烧毁贼巢房屋禾仓二百二十二间，及夺获赃仗牛马等项。'三哨领兵广东惠州府知府陈祥呈称：'督同通判徐玑、新民卢琢等官兵，于正月初七等日，攻破热水等巢；初九等日，攻破铁石障等巢，共五处。二十五等日，覆贼于五花障廷处；二月初二等日，与贼战于和平等处。擒斩大贼首陈活鹞、黄弘闰、张玉林等十一名颗，贼从李廷祥等四百三十一名颗，俘获贼属男妇二百二十名口，烧毁贼巢房屋禾仓五百七十二间，及夺获器械、赃银、牛马等项。'四哨统兵南安府知府季敩呈称：'统领训导蓝铎、百长许洪等官兵，于正月初三等日，攻破右坑等巢；十一日，攻破新田径等巢，共四处。二十七等日，覆贼于北山，又与战于风门奥等处。擒斩大贼首刘成珍等四名颗，贼从胡贵琢等一百三十名颗，俘获贼属男妇一百六十五名口，烧毁贼巢房屋禾仓七十三间，及夺获赃银等物。'五哨统兵赣州卫指挥佥事余恩呈称：'统领新民百长王受、黄金巢等兵，于正月初七日，会同推官危寿、千户孟俊，攻破上、中、下三浰大巢；十一日，攻破空背等巢，共四处。二十五日，覆贼于银坑水等处。擒斩大贼首赖振禄、王贵洪、李全、邹一惟等九名颗；贼从赖贱仔等三百五十名颗，俘获贼属男妇六十二名口，烧毁贼巢房屋禾仓三百二十一间，及夺获器械牛马等项。’六哨统兵赣州卫指挥佥事姚玺呈称：‘统领新民梅南春等兵，于正月初七日，攻破淡方等巢；初九日，攻破岑冈等巢，共四处。二十七日，覆贼于乌虎镇。擒斩大贼首谢銮、曾用奇等五名颗，贼从卢任龙等一百九十九名颗，俘获贼属男妇一百一十二名口，烧毁贼巢房屋禾仓三百七十间，及夺获器械牛马等项。’七哨统兵赣州府推官危寿呈称：‘统领义官叶方等兵，于正月初七日，会同指挥余恩、千户孟俊，攻破上、中、下三浰大巢；初十等日，攻破镇里寨等巢，共四处。二十七日，覆贼于中村等处。擒斩大贼首池仲宁、高允贤、池仲安、朱万、林根等十二名颗，贼从黄稳等二百一十一名颗，俘获贼属男妇三十三名口，烧毁贼巢房屋禾仓三百二十三间，及夺获赃仗牛马等项。’八哨统兵赣州卫千户孟俊呈称：‘统领义官陈英、郑志高、新民卢珂等兵，于正月初七等日，会同指挥余恩、推官危寿，攻破上、中、下三浰大巢；初十等日，攻破大门山等巢，共六处。擒斩大贼首谢凤经、吴宇、张廷与、石荣等九名颗，贼从张角子等一百九十二名颗，俘获贼属男妇一百四十三名口，烧毁贼巢房屋禾仓一百七十三间；及夺获器械、牛马、赃银等项。’九哨统兵南康县县丞舒富呈称：‘统领义民赵志标等兵，于正月十一等日，攻破旗领等巢，共二处。二月十四日，与贼战于乾村等处。擒斩贼从刘三等一百七名颗，俘获贼属男妇二十一名口，烧毁贼巢房屋禾仓五十三间，及夺获器械等物’等因，各呈报到道。

译文

根据江西按察司分巡岭北道兵备副使杨璋呈报：“根据一路统兵守备南、赣二府地方以都指挥体统行事指挥使郏文呈报：‘下官统领远安县义民孙洪舜等人，在本年正月初七日，攻破曲潭等据点；十一日，攻破半径等据点，总共五处。二月二十六日，与贼寇在水源等地交战。捉拿斩杀贼寇大首领吴积祥、陈秀谦、张秀鼎等七人，随从陈希九等一百二十六人，俘虏贼寇家属，男丁、妇女五十六人，烧毁贼寇据点的房屋仓库二百五十三间，夺得武器器械等物。’二路统兵赣州府知府邢珣呈报：‘率领同知夏克义、知县黄天与、典史梁仪、老人叶秀芳等人，在正月初七等日，攻破方竹湖等据点；初九日，攻破黄田坳等据点，总共四处。二十五日等，在白沙击破贼寇；二月十六日，在芳竹湖等地方与贼寇交战。捉拿斩杀贼寇大首领黄佐、张廷和、王蛮师、刘钦等十人，随从黄密等二百六十人，俘虏贼寇家属男丁、妇女八十三人，烧毁贼寇据点的房屋、谷仓二百二十二间，夺得武器牛马等物。’三路统兵广东惠州府知府陈祥呈报：‘率领通判徐玑、新民卢琢等人，在正月初七等日，攻破热水等据点；初九等日，攻破铁石障等据点，总共五处。二十五日等，在五花障廷处击破贼寇；二月初二等日，与贼寇在和平等地交战。捉拿斩杀贼寇大首领陈活鹞、黄弘闰、张玉林等十一人，随从李廷祥等四百三十一人，俘虏贼寇家属男丁、妇女二百二十人，烧毁贼寇据点的房屋、谷仓五百七十二间，并夺得器械、银钱、牛马等物。’四路统兵南安府知府季敩呈报：‘率领训导蓝铎、百长许洪等人，在正月初三等日，攻破右坑等据点；十一日，攻破新田径等据点，总共四处。二十七日等，在北山击破贼寇，又与贼寇在风门奥等地交战。捉拿斩杀贼寇大首领刘成珍等四人，随从胡贵琢等一百三十人，俘虏贼寇家属男丁、妇女一百六十五人，烧毁贼寇据点的房屋、谷仓七十三间，并夺得银钱等物。’五路统兵赣州卫指挥佥事余恩呈报：‘率领新民百长王受、黄金巢等人，在正月初七日，与推官危寿、千户孟俊一同，攻破上、中、下三浰大据点；十一日，攻破空背等据点，总共四处。二十五日，在银坑水等地击破贼寇。捉拿斩杀贼寇大首领赖振禄、王贵洪、李全、邹一惟等九人；随从赖贱仔等三百五十人，俘虏贼寇家属男丁、妇女六十二人，烧毁贼寇据点的房屋、谷仓三百二十一间，并夺得器械、牛马等物。’六路统兵赣州卫指挥佥事姚玺呈报：‘率领新民梅南春等人，在正月初七日，攻破淡方等据点；初九日，攻破岑冈等据点，总共四处。二十七日，在乌虎镇击破贼寇。捉拿斩杀贼寇大首领谢銮、曾用奇等五人，随从卢任龙等一百九十九人，俘虏贼寇家属男丁、妇女一百一十二人，烧毁贼寇据点的房屋、谷仓三百七十间，并夺得器械、牛马等物。’七路统兵赣州府推官危寿呈报：‘率领义官叶方等人，在正月初七日，与指挥余恩、千户孟俊一同，攻破上、中、下三浰大据点；在初十等日，攻破镇里寨等据点，总共四处。二十七日，在中村等地击破贼寇。捉拿斩杀贼寇大首领池仲宁、高允贤、池仲安、朱万、林根等十二人，随从黄稳等二百一十一人，俘虏贼寇家属男丁、妇女三十三人，烧毁贼寇据点的房屋、谷仓三百二十三间，并夺得武器、牛马等物。’八路统兵赣州卫千户孟俊呈报：‘率领义官陈英、郑志高、新民卢珂等人，在正月初七等日，与指挥余恩、推官危寿一同，攻破上、中、下三浰大据点；初十等日，攻破大门山等据点，总共六处。捉拿斩杀贼寇大首领谢凤经、吴宇、张廷与、石荣等九人，随从张角子等一百九十二人，俘虏贼寇家属男丁、妇女一百四十三人，烧毁贼寇据点的房屋、谷仓一百七十三间；并夺得器械、牛马、银钱等物。’九路统兵南康县县丞舒富呈报：‘率领义民赵志标等人，在正月十一日等，攻破旗领等据点，总共二处。二月十四日，与贼寇在乾村等地交战。捉拿斩杀贼寇随从刘三等一百零七人，俘虏贼寇家属男丁、妇女二十一人，烧毁贼寇据点的房屋、谷仓五十三间，并夺得器械等物。’各自呈报到道。

查得先为地方紧急贼情事，据信丰县所呈称，正德十二年二月初七日，龙南县贼首黄秀魁，纠合广东贼首池仲容等，突来本县杀人放火，见今攻城不退，乞要发兵救援等因，该本道议，委经历王祚、县丞舒富领兵剿捕，斩获贼级四颗，被贼杀死报效义士杨习举等十名，执去经历王祚。随该本道亲诣该县，暂将各贼招安，拨回原巢，经历王祚送出。参将失事知县王天爵、卢凤，千户郑铎、朱诚、洪恩，主簿周镇，镇抚刘镗等，俱各有罪。及将前贼应剿缘由，呈详转达具奏外。正德十三年正月初三日，奉提督军门纸牌：‘议照上犹等县贼巢既平，广东龙川县浰头等处贼巢，奉有成命，应该会剿。其大贼首池仲容等，本院已行计诱擒获。见今军势颇振，若不乘此机会，出其不意，捣其不备，坐视以待广兵之来，未免有失事机之会。本院除遵奉敕谕内自行量调官军设法剿捕事理，部勒兵众，分布哨道，行仰守备指挥并知府等官郏文、陈祥等统领，各授进止方略外，备行本职，前去军前纪验功次，及催各哨官兵上紧依期进剿。仍行巡按衙门前来核实施行’等因，随呈巡按江西监察御史屠侨批行本道，先行纪验明白，通候核实施行，依奉督率各省官兵依期进剿去后。今据前因，除将前项功次俱类巡按衙门会审纪验明白，生擒贼犯解赴提督军门斩首枭示，贼属男妇变卖银两，器械、赃仗、赃银俱贮库外，参照浰头大贼首池仲容、池仲宁、池仲安、高允贤、李全等，盘踞一方，历有岁年，僭称王号，伪设官职；广东翁源、龙川、始兴，江西龙南、信丰、安远、会昌等县，屡被攻围城池，杀害官军，焚烧村寨，虏杀男妇，岁无虚日。曾经狼兵夹攻数次，俱被漏网。是乃众贼奸雄之巨擘，三省群盗之根源也。今幸天夺其魄，仲容束手就擒，仲宁、仲安等一时授首，各巢贼从擒斩殆尽。此皆仰仗朝廷德威远播，庙堂成算无遗，提督军门赏罚以信而号令严明，师出以律而机宜慎密，身先士卒而艰险之不辞，洞见敌情而抚剿之有道。以是数十年之巨寇，一旦削平；连四省之编氓，永期安辑。呈乞照详转达”等因，据呈到臣。

译文

查看到先是地方发生的贼寇作乱的紧急情况，根据信丰县呈报，正德十二年二月初七日，龙南县贼寇首领黄秀魁纠集广东的贼寇首领池仲容等人，突然来到本县杀害百姓、四处放火，直到如今仍攻打城池，不见撤退，请求派兵援救。该道商议后，委派经历王祚、县丞舒富率领兵士围剿逮捕，斩下贼寇首级四颗，杨习举等十名报效朝廷的义士被贼寇杀死，经历王祚被掳。随后本道再次前往该县，暂时将各名贼寇招安，驱赶回他们原本的据点，经历王祚被送回。弹劾因过错而误事的知县王天爵、卢凤，千户郑铎、朱诚、洪恩，主簿周镇，镇抚刘镗等人，全部都有各自的罪责。并将上述贼寇应当剿灭的原因，以书面呈报，转交给上级，备文上奏。正德十三年（1518）正月初三日，收到提督阁下的纸文：‘经过商议，查看到上犹等县的贼寇据点已经平定，广东龙川县浰头等地的据点，收到了下达的指令，应当进行围剿。其中贼寇大首领池仲容等人，本院已经设计引诱，将其捉拿。现今军队的士气高昂，如果不趁着这个机会，出其不意地攻打他们没有防备的弱点，而是白白地等着广东援军的到来，不免有贻误事机的可能。本院遵照敕谕传达的自行酌量调派官兵，设法围剿、捉拿贼寇之事，部署军队，划分各路人马，命令守备指挥及知府等官，郏文、陈祥等统领，向他们各自传授进攻和撤退的战略，另外，按自己的本职行事，前往军队中记录兵士取得的功劳，并督促各路官兵抓紧按照日期进行围剿。仍然由巡按衙门前来核验实行。’随后呈报给巡按江西监察御史屠侨，批复本道，先将事宜记录、核验清楚，等到核验确实后实行，再依照指令率领各省官兵按照日期进行围剿。现在根据之前的事宜，将上述兵士立下的功劳全部送至巡按衙门审查记录清楚，活捉的贼寇押送至提督大人处斩首示众，贼寇家属的男丁、妇女变卖成银两，器械、武器、银钱等都贮存在库房，另外，考虑到浰头的贼寇大首领池仲容、池仲宁、池仲安、高允贤、李全等人，驻扎在一个地区内已经有数年，僭越地假称王号，伪造、设立官职；广东翁源、龙川、始兴，江西龙南、信丰、安远、会昌等县，城池屡次受到围攻，贼寇杀害官兵，烧毁村寨，掳掠并残杀男丁、妇女，一年来没有间断过。曾经有狼兵数次进行围攻，都被贼寇逃脱。这是众多贼寇中最为狡猾奸诈之徒，是三省贼寇的根源所在。现在有幸上天剥夺了他们的气运，池仲容已经被捉拿，池仲宁、池仲安等人也在短时间内相继投降，各据点的贼寇捉拿斩杀殆尽。这都是仰赖朝廷的德行和威名遍播四海，朝堂上筹算周全、没有遗漏，提督大人赏罚守信、指令严格清楚，使军队出兵时纪律严明，军机严格保密，作战时身先士卒、不怕艰险，能清楚地预知到敌寇的情况，用巧妙的方法进行安抚或围剿。因此盘踞数十年的庞大贼寇团体，一夕之间得到平定；遍布四省的在籍平民，永远得到了安宁。特此呈报，请求详细转达。”呈报给微臣。

卷查先为地方紧急贼情事，准兵部咨，该巡按江西监察御史屠侨奏，该本部覆题：“节奉圣旨：是，这地方贼情，著都御史王守仁自行量调官军，设法剿捕。钦此。”

译文

查阅卷宗，先是地方贼寇作乱的紧急情况，根据兵部的咨文，巡按江西监察御史屠侨上奏，兵部再次题奏：“收到圣旨：同意，此地发生的贼寇灾情，派遣都御史王守仁自行酌量调遣官兵，设法逮捕。旨意在此。”

及为申明赏罚以励人心事，准兵部覆题，请敕南赣等处都御史假以提督军务名目，给与旗牌应用，以振军威。一应军马钱粮事宜，径自便宜区画。如遇盗贼入境，即便调兵剿杀，不许踵袭旧弊招抚，重为民患。所部官军，若在军前违期逗留退缩，俱听以军法从事。生擒盗贼，亦听斩首示众。贼级听本处兵备会同该道守巡官，即时纪验明白，备行江西按察司造册奏缴，查照剿杀南方蛮贼见行旧例，议拟升赏等因，具题，奉圣旨："是，王守仁著提督南、赣、汀、漳等处军务，换敕与他。其余事宜，各依拟行。钦此。"

译文

还有明确赏罚条例以激励人心一事，根据兵部的题奏，敕令南赣等地的都御史授给微臣提督的名号管理军务，给予微臣令旗、令牌使用，以此提振军队的威势。所有涉及兵马粮饷的事情，允许微臣自行方便谋划。如果遇到贼寇进入境内，当即调派军队清剿，不能沿袭旧时的弊病进行招安，使贼寇再次成为百姓的祸患。微臣率领的官兵，如果在出战前违反期限，逗留不前，临阵退缩，一律按照军法处置。活捉的贼寇，也可以当即斩首示众。贼寇首级由本地的兵备与该道的守巡官及时记录清楚，由江西按察司造册登记，上奏递交，如有剿杀南部边境的贼寇，按照旧例，商议提拔奖赏事宜。题本上奏，收到圣旨："同意，派王守仁督管南、赣、汀、漳等地军务，将敕令转达给他。其余事项，各自按照计划实行。旨意在此。"

又为地方紧急贼情事，准兵部覆题，看得所奏攻治盗贼二说，就令差来人赍文，交与都御史王守仁，悉依前项申明赏罚事理，便宜行事。期于功成，不限以时，相机攻剿等因，具题，节该奉圣旨："是。钦此。"

译文

后来又因为地方发生的贼寇作乱的紧急情况，根据兵部的题奏，看到其上奏的攻打、治理贼寇的两种方法，就命令差役将所奏文书交给都御史王守仁，全都依照前面题奏的明确赏罚条例事宜，方便行事。只要求成功，不限时间，命令王守仁观察时机进行围剿。题本上奏，收到圣旨："同意。旨意在此。"

陆续备咨到臣，俱经通行抚属四省各道守巡、兵备、守备等官一体钦遵，并咨总督两广左都御史陈金查照外，续该臣看得南、赣盗贼，其在南安之横水、桶冈诸巢，则接境于湖郴；在赣州之浰头、桶冈诸巢，则连界于闽、广。接境于湖郴者，贼众而势散，恃山溪之险以为固；连界于闽、广者，贼狡而势聚，结党与之助以相援。臣等遵奉敕谕，及查照兵部咨示方略，初议先攻横水，次攻桶冈，而末乃与广东会兵，徐图浰头。如攻坚木，先其易者，后其节目。自正德十二年九月，臣等议将进兵横水，恐浰贼乘虚出扰，思有以涣离其党。臣乃自为告谕，具述祸福利害，使报效生员黄表、义民周祥等往谕各贼，因皆赐以银布。一时贼党亦多感动，各寨酋长黄金巢、刘逊、刘粗眉、温仲秀等，遂皆愿从表等出投。惟大贼首池仲容，即池大鬓，独愤然谓其众曰："我等做贼已非一年，官府来招亦非一次，此亦何足为凭！待金巢等到官后，果无他说，我等遣人出投亦未为晚。"其时臣等兵力既未能分，意且羁縻，令勿出为患，故亦不复与较。会巢等至，臣乃释其罪，推诚厚抚，各愿出力杀贼立效。于是借其众五百余，悉以为兵，使从征横水。十月十二日，臣等已破横水，仲容等闻之始惧，计臣等必且以次加兵，于是集其酋豪池仲宁、高飞甲等谋，使其弟池仲安率老弱二百余徒，亦赴臣所投招，求随众立效，意在援兵，因而窥觇虚实，乘间内应。臣逆知其谋，阳许之。及臣进攻桶冈，使领其众截路于上新地，以远其归途。内严警御之备，以防其衅；外示宽假之形，以安其心。阴使人分召邻贼诸县被贼害者，皆诣军门计事，旬日之间，至者数十。问所以攻剿之策，皆以此贼狡诈凶悍，非比他贼，其出劫行剽，皆有深谋，人不能测。自知恶极罪大，国法难容，故其所以捍拒之备，亦极险谲。前此两经夹剿，皆狼兵二三万，竟亦不能大捷。后虽败遁，所杀伤亦略相当。近年以来，奸谋愈熟，恶焰益炽，官府无可奈何，每以调狼兵恐之。彼辄谩曰："狼兵易与耳。纵调他来，也须半年；我纵避他，只消一月。"其意谓狼兵之来不能速，其留不能久也，是以益无忌惮。今已僭号设官，奸计逆谋，尤非昔比。必欲除之，非大调狼兵，事恐难济。

译文

这些批复与旨意陆续转达给微臣，已分别巡抚下属四省各道守巡、兵备、守备等官，令他们一并遵照圣旨行事，并且发咨文转达总督两广左都御史陈金照此执行，另外，微臣探查到南安、赣州的贼寇，他们在南安的横水、桶冈的各个据点，与湖郴接壤；在赣州的浰头、桶冈的各个据点与福建、广东相邻。与湖郴接壤的地区，贼寇众多，势力分散，倚仗高山溪流的险要地势作为屏障；与福建、广东相邻的地区，贼寇狡猾机诈，势力集中，结成团体互相援助。微臣等遵照敕谕，并依照兵部下达的战略，初步商议先进攻横水，其次进攻桶冈，最后才与广东军队会师，慢慢谋划攻打浰头。如同切割坚硬的木材，先处理容易的部分，最后攻克结疤之处。自从正德十二年九月，微臣等商议将要向横水进兵，害怕浰头的贼寇趁守备空虚外出袭扰，计划使其担忧恐慌、丧失战意，从而分离贼寇党羽。于是微臣自己写了规劝的通告，详细陈述了利害关系，派遣报效生员黄表、义民周祥等人前去传达给各名贼寇，并赐给他们银钱布匹。一时间贼寇也多有感动之人，各个寨子的首领，如黄金巢、刘逊、刘粗眉、温仲秀等人，都愿意听从劝告，主动投降。只有贼寇大首领池仲容，即池大鬓，一人恼怒地对众人说："我们做贼寇已经不是一年了，官府前来招安也不止一次，这又怎么能作为你们投降的倚仗呢！等到金巢等人到达官府后，如果果真没有其他说辞，我们再派人外出投降也不晚。"当时微臣等人的兵马还未部署得当，况且意在笼络牵制贼寇，不让他们外出作乱，因此也不再与他们计较。金巢等人抵达官府后，微臣就赦免了他们的罪责，诚心规劝他们，给予优厚的抚恤，他们全都愿意贡献力量斩杀贼寇，从而立下功劳。于是借用了他们五百余人，统统收编入军队，令他们跟随部队出征横水。十月十二日，微臣等已经攻破横水，仲容等人听闻，开始感到恐惧，预料到微臣等必然会陆续攻打他们，于是召集贼寇首领池仲宁、高飞甲等人谋划，派其弟池仲安率领二百余名老弱之人，也来向微臣投降，请求跟随部队作战立功，实则目的在于援助据点内的贼寇，因此窥探我军军情，观察时机从内部策应。微臣私下里知道他们的计谋，表面上接受他们归降。等到臣等进攻桶冈时，让他率领部下在上新地拦截贼寇，以增加他们返回的路程。对内严格实行警戒防备，防范他们制造漏洞；对外假作宽松的氛围，使他们放松警惕。暗地里派人分别前往临近贼寇据点的县城，召集受到贼寇侵害的百姓，令他们全部来到军营商议，一旬之内，就来了几十人。询问他们清剿贼寇的方法，都认为这些贼寇狡猾奸诈、凶残勇猛，不能与其他贼寇相比，他们每次外出劫掠，都有详细的计划，令人难以捉摸。他们知道自己罪大恶极，国家的法律不会饶恕他们，因此他们反抗抓捕的手段，也极为狡猾多变。之前经过两次围剿，都派出狼兵两三万人，竟然都不能轻松取胜。虽然贼寇最后失败逃走，但双方伤亡人数也相差无几。近几年来，贼寇的计谋更加完备，气焰愈加嚣张，官府没有应对办法，只能每每调派狼兵进行恐吓。他们不以为意地说："狼兵容易对付罢了。纵使调派他们过来，也需要半年的时间；我们即使躲避他们，也只需要一个月。"意思是说狼兵不能迅速到来，也不便在此久留，因此日益无所忌惮。现在已经僭越地设立王号，安排官职，奸诈的计谋与逆反的野心，更是不能和往日相比。如果一定要除掉他们，不能大规模调派狼兵助战，事情恐怕难以成功。

臣以为兵无常势，在因敌变化而制胜。今各贼狃于故常，且谓必待狼兵而后敢攻，此所以不必狼兵而可以攻之也。乃为密画方略，使数十人者各归部集，候我兵有期，则据隘遏贼。十一月，贼闻臣等复破桶冈，益惧，为战守备。臣使人至贼所，赐各酋长牛酒，以察其变。贼度不可隐，则诈称龙川新民卢珂、郑志高等将掩袭之，是以密为之防，非敢虞官兵也。臣亦阳信其言，因复阳怒卢珂、郑志高等擅兵仇杀，移檄龙川，使廉其实，且趣各贼伐木开道，将回兵自浰头取道，往讨之。贼闻，以为臣等实有为之之意，又恐假道伐之，且喜且惧。因遣来谢，且请无劳官兵，当悉力自防御之。卢珂、郑志高、陈英者，皆龙川旧招新民，有众三千余。远近皆为仲容所胁，而三人者独与之抗，故贼深仇忌之。十二月望，臣兵回至南康，卢珂、郑志高等各来告变，谓池仲容等僭号设官，今已点集兵众，号召远近各巢贼首，授以"总兵""都督"等伪官，使候三省夹攻之兵一至，即同时并举，行其不轨之谋。及以伪援卢珂等官爵"金龙霸王"印信文书一纸粘状来首。臣先已谍知其事，及珂等来，即阳怒，以为尔等擅兵仇杀投招之人，罪已当死；今又造此不根之言，乘机诬陷；且池仲容等方遣其弟领兵报效，诚心向化，安得有此。遂收缚珂等，将斩之。时池仲安之属方在营，见珂等入首，大惊惧，至是皆喜，罗拜欢呼，竞诉珂等罪恶。臣因亦阳令具状，谓将并拘其党属，尽斩之。于是遂械系卢珂，而使人密喻以阳怒之意，欲以诱致仲容诸贼。且使卢珂等先遣人归集其众，候珂等既还，乃发。臣又使生员黄表、听选官雷济往喻仲容，使勿以此自疑。密购其所亲信，阴说之，使自来投诉。二十日，臣兵已还赣，乃张乐大享将士。下令城中，今南安贼巢皆已扫荡，而浰头新民又皆诚心归化，地方自此可以无虞。民久劳苦，亦宜暂休为乐。遂散兵使各归农，示不复用。而使池仲安亦领众归，助其兄防守，且云卢珂等虽已系于此，恐其党致怨，或掩尔不虞。仲安归，具言其故，贼众皆喜，遂弛备。臣又使指挥余恩赍历往赐仲容等，令毋撤备，以防卢珂诸党，贼众亦喜。黄表、雷济因复说仲容："今官府所以安辑劳来尔等甚厚，何可不亲往一谢！况卢珂等日夜哀诉反状，乞官府试拘尔等，若拘而不至者，即可以证反状之实；今若不待拘而往，因面诉珂等罪恶，官府必益信尔无他，而谓珂等为诈，杀之必矣。"所购亲信者复从力赞，仲容然之，乃谓其众曰："若要伸，先用屈。赣州伎俩，亦须亲往勘破。"遂定议，率其麾下四十余人，自诣赣。臣使人探知仲容已就道，乃密遣人先行属县勒兵，分哨道，候报而发。又使千户孟俊先至龙川，督集卢珂、郑志高、陈英等兵。然以道经浰巢，恐摇诸贼，则别赍一牌，以拘捕卢珂等党属为名。各贼闻俊往，果遮迎问故，俊出牌视之，乃皆罗拜，相争导送出境。俊已至龙川，始发牌部勒卢珂等兵。众贼闻之，皆以为拘捕其属，不复为意。闰十二月二十三日，仲容等至赣，见各营官兵皆已散归，而街市多张灯设戏为乐，信以为不复用兵。密赂狱卒，私往觇卢珂等，又果械系深固。仲容乃大喜，遣人归报其属曰："乃今吾事始得万全矣！"臣乃夜释卢珂、郑志高等，使驰归发兵，而令所属官僚次设羊酒，日犒仲容等，以缓其归。正月三日，度卢珂等已至家，所遣属县勒兵当已大集，臣乃设犒于庭，先伏甲士，引仲容入，并其党悉擒之。出卢珂等所告状，讯鞫皆伏，遂置于狱，而夜使人趋发属县兵，期以初七日同时入巢。于是知府陈祥兵从龙川县和平都入，指挥姚玺兵从龙川县乌虎镇入，千户孟俊兵从龙川县平地水入，指挥余恩兵从龙南县高沙保入，推官危寿兵从龙南县南平入；知府邢珣兵从龙南县太平保入，守备指挥郏文兵从龙南县冷水径入，知府季敩兵从信丰县黄田冈入，县丞舒富兵从信丰县乌径入，臣自率帐下官兵，从龙南县冷水径直捣下浰大巢，而使各哨分路同时并进，会于三浰。

译文

微臣认为用兵作战没有固定的方法，关键在于根据敌情变化采取灵活机动的战略，从而取得胜利。现今贼寇习惯于应对之前的进攻策略，并且认为我军一定会等到狼兵到达后才敢发动攻击，这就是我方不需要狼兵也可以攻打他们的倚仗。于是微臣等秘密谋划战略，令召集来的几十人各自归入部队，等到我军确定进攻时间，就占据险要位置阻击贼寇。十一月，贼寇听闻微臣等再次攻破桶冈，愈发恐慌，开始准备防守反击。微臣派人到达贼寇据点，赐予各位首领牛肉和美酒，观察他们的动向。贼寇估量事情不能隐瞒，就谎称龙川新民卢珂、郑志高等人将对他们发动偷袭，因此秘密防范他们，不是敢提防官兵。微臣也表面上相信他们的言辞，因而又假装恼怒卢珂、郑志高等人擅自率领兵士攻打贼寇，转而向龙川发布文书，令其查明实情，并驱使贼寇砍伐树木、开辟道路，将要调转军队，从浰头经过，前往龙川讨伐他们。贼寇听闻，认为微臣等确实有攻打卢珂、郑志高等人的意思，又担忧我军借道攻打他们，因此又是欣喜又是恐惧。故而遣人过来传达谢意，并且请求不劳动官兵，自当全力抵御。卢珂、郑志高、陈英，全都是龙川过去招纳来的新民，与他们一起的有三千多人。附近居民都受到池仲容等人的胁迫，只有这三人与他们对抗，因此贼寇非常仇视忌惮他们。十二月望日，微臣率兵返回南康，卢珂、郑志高等各自前来禀告贼寇的动向，说池仲容等人僭越地自称王号、设立官职，现今已经集合众人，召唤附近各据点的贼寇首领，授予他们“总兵”“都督”等虚假的官职，令他们等三省围攻的军队一到，就同一时间出兵，实行谋逆反叛的计划。并主动上交了贼寇伪造、授予卢珂等人官爵“金龙霸王”的印信文书一份。微臣事先已经探查到此事，等到卢珂等人到来，就假装发怒，说他们擅自领兵杀害已经归降的人，按照罪行应当处死；现今又捏造这种没有根据的言论，趁机冤枉他人；况且池仲容等人刚刚派遣弟弟带着人马来立功参战，诚心想要归服，怎么会做出这种事呢。于是捉拿关押了卢珂等人，要将他们斩首。当时池仲安等人的下属正在军营内，见到卢珂等人将被斩首，十分惊慌，又都感到欣喜，环绕着下拜，欢呼不已，争相诉说他们的罪行。微臣因而也表面下令准备公文，言明将一并捉拿他们的党羽，将他们尽数斩首。接着就拘捕了卢珂，派人秘密告诉他们微臣佯装生气的原因，想要用他们诱导池仲容等贼寇。并且让卢珂等人预先派人回去召集众人，等到卢珂等人回归，就动身参战。微臣又派生员黄表、听选官雷济前去安抚仲容，让他不要因此担忧自身。秘密收买了他的亲信，让其私下里游说池仲容，使池仲容自己前来状告卢珂的罪行。二十日，微臣的军队已经回到赣州，就安排乐舞大肆犒赏将士。对城中下令说：现在南安的贼寇据点都已经清扫干净，浰头的新民又都诚心诚意归服，地方从此可以安全无忧。百姓长久辛劳，也应当暂时休息，寻欢作乐。又遣散军队，使他们各自回归农事，以示不再用兵。让池仲安也带领众人回去，帮助他的兄长防守据点，并且提到卢珂等人虽然已经收押在此，但恐怕他的同党产生仇怨，可能会趁其不备进行袭击。仲安回到据点，将事情详细汇报，贼寇众人都感到欣喜，于是放松了戒备。微臣又派遣指挥余恩携带文书前往交与池仲容等人，让他们不要撤下防备，以防范卢珂的党羽，贼寇也十分惊喜。黄表、雷济就再次劝说仲容：“现今官府之所以能顺利捉拿卢珂等人，多亏了你们的协助，何不亲自前往赣州接受我们的感谢呢！况且卢珂等人日夜诉苦，反过来状告，并请求官府捉拿你们，如果官府前来捉拿却没有捉到，就可以证明他的状告是真实的；现在如果不等官府捉拿就自行前往，趁机当面陈述卢珂等人的罪行，官府必定会更加相信你们而不是他，会认为卢珂等人弄虚作假，一定会处死他们。”被收买的亲信也随之大力赞赏此事，仲容同意了，对其他人说：“如果要施展抱负，必须要先忍耐。赣州所用的把戏，也必须亲自前往侦破。”于是做出了决定，率领部下四十多人，自行前往赣州。微臣派人探查到仲容已经上路，就秘密派人预先来到下属县城布置兵马，划分好各路军队，等待消息出兵。又派千户孟俊先抵达龙川，召集卢珂、郑志高、陈英等人。然而因为此路行经浰头据点，担忧惊动贼寇，所以令其另外携带一份信物，以捉拿卢珂等人的党羽为名号行动。众贼寇听说孟俊前来，果然迎上来询问原因，孟俊拿出信物给他们看，贼寇全都环绕其下拜，争相为他们引路，送他们走出境内。孟俊到达龙川后，才拿出信物部署卢珂等人的兵力。贼寇听闻，都认为是在捉拿卢珂的下属，因而不再在意。闰十二月二十三日，仲容等人到达赣州，看到各营官兵都已经解散归田，街道坊市大多张灯结彩，设戏摆宴，对不再出兵一事信以为真。秘密买通狱卒，私下里前往探视卢珂等人，又看到他们果然被牢牢关押。仲容于是非常欢喜，派人回去告诉他的下属说："现在我们的计划终于万无一失了！"微臣于是趁夜释放了卢珂、郑志高等人，让他们迅速返回率领军队出发，又命令下属官员依次设宴，每日款待仲容等人，以拖延他们归去的时间。正月三日，估量卢珂等人已经到家，遣人去下属县城召集的兵士应当已部署完毕，微臣便在官府中设宴，预先安排兵士埋伏，引诱仲容入内，连同其党羽一并捉拿。出示卢珂等人呈交的诉状，审问核查后全都认罪伏法，关押到监狱中，趁夜派人告知下属县城的兵士，约定在初七日同时进攻据点，围剿贼寇。在这样的情况下，安排知府陈祥率兵从龙川县和平都进入，指挥姚玺率兵从龙川县乌虎镇入，千户孟俊率兵从龙川县平地水进入，指挥余恩率兵从龙南县高沙保进入，推官危寿率兵从龙南县南平进入；知府邢珣率兵从龙南县太平保进入，守备指挥郏文率兵从龙南县冷水径进入，知府季敩率兵从信丰县黄田冈进入，县丞舒富率兵从信丰县乌径进入，微臣亲自率领部下官兵，从龙南县冷水径直接袭向下浰大据点，命令各路军队同时出兵，在三浰会合。

先是，贼徒得池仲容报，谓赣州兵已罢归，他已弛备，散处各巢。至是，骤闻官兵四路并进，皆惊惧失措。乃分投出御，而悉其精锐千余，据险设伏，并势迎敌于龙子岭。我兵聚为三冲，掩角而前。指挥余恩所领百长王受兵首与贼遇，大战良久，贼败却。王受等奋追里许，贼伏兵四起，奋击王受。推官危寿所领义官叶芳兵鼓噪而前，复奋击贼伏兵后；千户孟俊兵从傍绕出冈背，横冲贼伏，与王受合兵。于是贼乃大败奔溃，呼声震山谷。我兵乘胜逐北，遂克上、中、下三浰。各哨官兵遥闻三浰大巢已破，皆奋勇齐进，各贼皆溃败。知府陈祥兵遂破热水巢、五花障巢，指挥姚玺兵遂破淡方巢、石门山巢、上下陵巢，知府邢珣兵遂破芳竹湖、白沙巢，守备指挥郏文兵遂破曲潭巢、赤唐巢，知府季敩兵遂破布坑巢、三坑巢。是日，擒斩首从贼人、贼级，俘获贼属男妇、牛马、器仗数多，其余堕崖填谷死者不可胜计。是夜，贼复奔聚未破巢穴。次日早，乃令各哨官兵探贼所往，分投急击。初九日，知府陈祥兵破铁石障巢、羊角山巢，获贼首"金龙霸王"印信旗袍，知府邢珣兵破黄田坳巢，指挥姚玺兵破岑冈巢，指挥余恩兵破塘含洞巢、溪尾巢。初十日，千户孟俊兵破大门山巢，推官危寿兵破镇里寨巢。十一日，知府邢珣兵破中村巢，守备郏文兵破半径巢、都坑巢、尺八岭巢，知府季敩兵破新田径巢、古地巢，指挥余恩兵破空背巢，县丞舒富兵破旗岭巢、顿冈巢。十三日，千户孟俊兵破狗脚坳巢、水晶洞巢、五湖巢、蓝州巢。十六日，推官危寿兵破风盘巢、茶山巢。连日各擒斩首从贼人、贼级，并俘获贼属男妇、牛马、器仗数多。然各巢奔散之贼，其精悍者尚八百余徒，复哨聚九连大山，扼险自固。当臣看得九连山势极高，横亘数百余里，四面斩绝。我兵既不得进，而其内东接龙门山后，诸处贼巢若百数。以我兵进逼，贼必奔往其间，诱激诸巢，相连而起，势亦难制。然彼中既无把截之兵，欲从傍县潜军断其后路，必须半月始达，缓不及事。止有贼所屯据崖壁之下一道可通，然贼已据险，自上发石滚木，我兵百无一全。于是，乃选精锐七百余人，皆衣所得贼衣，佯若奔溃者，乘暮直冲贼所据崖下涧道而过。贼以为各巢败散之党，皆从崖下招呼，我兵亦佯与呼应，贼疑，不敢击。已度险，遂扼断其后路。次日，贼始知为我兵，并势冲敌。我兵已据险，从上下击。贼不能支，乃退败。臣度其必溃，预令各哨官兵四路设伏以待，贼果分队潜遁。二十五日，知府陈祥兵覆贼于五花障，知府邢珣兵覆贼于白沙，指挥余恩兵覆贼于银坑水。二十七日，指挥姚玺兵覆贼于乌虎镇，推官危寿兵覆贼于中村，知府季敩兵覆贼于北山，又战于风门奥。其余奔散残党尚三百余徒，分逃上、下坪、黄田坳诸处，各哨官兵复黏踪会追。二月初二日，知府陈祥兵复与贼战于平和。初五日，复战于上坪、下坪。初八日，推官危寿、指挥余恩兵复与贼战于黄坳。十二日，知府陈祥兵复与贼战于铁障山。十四日，县丞舒富兵复与贼战于乾村，又战于梨树。十四日，知府邢珣、季敩兵复与贼战于芳竹湖。二十三日，县丞舒富兵复与贼战于北顺，又战于和洞。二十六日，守备郏文兵复与贼战于水源，战于长吉，战于天堂寨。连日擒斩首从贼人、贼级数多。三月初三日，据乡导人等四路爪探，皆以为各巢积恶区狡之贼，皆已擒斩略尽，惟余党张仲全等二百余徒，其间多系老弱，及远近村寨一时为贼所驱胁、从恶未久之人，今皆势穷计迫，聚于九连谷口，呼号痛哭，诚心投招。臣遣报效生员黄表往验虚实，果如所探。因引其甲首张仲全等数人前来投见，诉其被胁不得已之情。臣量加责治，随遣知府邢珣往抚其众，籍其名数，遂安插于白沙。

译文

一开始，贼寇众人得到池仲容回报，说赣州军队已经解散回归农事，便放松了戒备，分散回到各自的据点。后来突然听闻各路官兵一齐出动，全都惊恐不已，不知如何应对。于是分别外出抵御，千余名精锐兵力悉数出动，依据险要地势设下埋伏，集结众人在龙子岭与我军交战。我军合并为三路，以包围之势前进。指挥余恩率领的百长王受的军队首先与贼寇遭遇，激战良久，贼寇败退。王受等人奋力追击数里路，贼寇潜伏的兵力突然从四下出现，悍然向王受等人发动袭击。推官危寿率领的义官叶芳带领军队擂鼓呐喊着前进，又从后面英勇攻击贼寇的伏兵；千户孟俊率兵从旁边的山坡背面绕出，横向冲击贼寇的伏兵，与王受的军队合并。在这样的情况下，贼寇惨败溃逃，呼喊声震彻山谷。我军乘胜向北追击，攻下了上、中、下三浰据点。各路官兵遥遥听闻三浰的大据点已被攻破，全都受到鼓舞，一齐进兵，各据点的贼寇都战败溃逃。知府陈祥率兵攻破热水据点、五花障据点，指挥姚玺率兵攻破淡方据点、石门山据点、上下陵据点，知府邢珣率兵攻破芳竹湖据点、白沙据点，守备指挥郏文率兵遂破曲潭据点、赤启据点，知府季敩率兵攻破布坑据点、三坑据点。当日，捉拿斩杀贼寇首领、随从，俘虏贼寇家属的男丁、妇女，夺得牛马、武器等数量众多，其他坠落山崖、跌入山谷而死的人不可胜数。当夜，贼寇再次前往未被攻破的据点聚集。次日一早，就命令各路官兵探查贼寇的动向，分头突击。初九日，知府陈祥率兵攻破铁石障据点、羊角山据点，夺得贼寇首领“金龙霸王”印信、令旗及袍服，知府邢珣率兵攻破黄田坳据点，指挥姚玺率兵攻破岑冈据点，指挥余恩率兵攻破塘含洞据点、溪尾据点。初十日，千户孟俊率兵攻破大门山据点，推官危寿率兵攻破镇里寨据点。十一日，知府邢珣率兵攻破中村据点，守备郏文率兵攻破半径据点、都坑据点、尺八岭据点，知府季敩率兵攻破新田径据点、古地据点，指挥余恩率兵攻破空背据点，县丞舒富率兵攻破旗岭据点、顿冈据点。十三日，千户孟俊率兵攻破狗脚坳据点、水晶洞据点、五湖据点、蓝州据点。十六日，推官危寿率兵攻破风盘据点、茶山据点。数日来捉拿斩杀贼寇首领、随从，并俘虏贼寇家属男丁、妇女，夺得牛马、武器等数量众多。然而各据点中奔逃的凶猛强悍的贼寇，尚且还有八百多人，又聚集在九连大山，据守险要的地势进行抵抗。当时微臣看到九连山山势高耸，绵延数百里，四面都是悬崖峭壁。我军不能进入，而且山内东部连接龙门山后半，各处贼寇据点有百余个。我军向前压进，贼寇必然会奔逃入其中，怂恿劝诱各据点，到时所有据点相继出动，形势也会难以控制。然而途中没有拦截他们的兵力，如果想要从相邻县城潜入截断他们的后路，必须要半月时间才能到达，过于迟缓，来不及成功。只有贼寇屯驻的崖壁下面有一条道路可供通行，然而贼寇已经占据险要位置，如果从上方投下礌石滚木，我军定会伤亡惨重。于是微臣选派了七百余名精悍的兵士，全都身着抢来的贼寇服装，伪装成四散奔逃的贼寇，趁着暮色径直从贼寇盘踞的崖下山涧越过。贼寇以为是各据点战败逃散的同党，都向山崖下招手呼唤，我军也假装与其回应，贼寇心存怀疑，不敢轻易攻击。我军度过险地后，就趁势阻断了贼寇的后路。次日，贼寇才知道是我方军队，集结起来发动袭击。我军已经占据险地，从上方向下击敌。贼寇不能支持，于是战败撤退。微臣估量他们一定会溃败，预先派遣各路人马兵分四路，设下埋伏等待，贼寇果然分散成数队潜逃。二十五日，知府陈祥率兵在五花障击破贼寇，知府邢珣率兵在白沙击破贼寇，指挥余恩率兵在银坑水击破贼寇。二十七日，指挥姚玺率兵乌虎镇破敌，推官危寿率兵在中村破敌，知府季敩率兵在北山破敌，又在风门奥与贼寇交战。其他逃散的残存党羽还有三百余人，分别逃窜至上坪、下坪、黄田坳等地，各路官兵又紧跟着贼寇留下的踪迹合兵追捕。二月初二日，知府陈祥率兵再次与贼寇在黄坳交战。初五日，又在上坪、下坪与贼寇交战。初八日，推官危寿、指挥余恩率兵在黄坳与贼寇交战。十二日，知府陈祥率兵在铁障山与贼寇交战。十四日，县丞舒富率兵在乾村与贼寇交战，又在梨树作战。十四日，知府邢珣、季敩率兵在芳竹湖与贼寇交战。二十三日，县丞舒富率兵在北顺与贼寇交战，又在和洞作战。二十六日，守备郏文率兵在水源与贼寇交战，又在长吉、天堂寨作战。数日来捉拿斩杀贼寇首领、随从的人数众多。三月初三日，根据乡导等人在四路的探查，都认为各个据点罪大恶极、凶残狡猾的贼寇，都已经捉拿斩杀殆尽，只剩残党张仲全等二百余人，其中多是老弱之人，还有附近村寨里一时受到贼寇威胁驱使、作恶不久的人，现今都无计可施，聚集在九连山谷入口，大声哀嚎痛哭，诚心投降。微臣派遣报效生员黄表前往核验真假，果然如同探查到的那般。因而引导其首领张仲全等数人前来参见，陈述其受到威胁、迫不得已的情况。微臣酌量加以惩治，随后派遣知府邢珣前往安抚众人，将姓名及人数登记在册，把他们安置在白沙。

初七日，据知府邢珣等呈称："我兵自去岁二月从征闽寇，迄今一年有余，未获少休，今幸各巢贼已扫荡，余党不多，又蒙俯顺招安，况今阴雨连绵，人多疾疫，兼之农功已动，人怀耕作，合无俯顺下情，还师息众。"及义官叶芳等并各村乡居民亦告前情。臣因亲行相视险易，督同副使杨璋、知府陈祥等经理立县设隘、可以久安长治之策，留兵防守而归。

译文

初七日，根据知府邢珣等人呈报："我军自从去年二月征讨福建的贼寇，到现在为止已经一年多了，未曾有过一点休息，现今侥幸各据点的贼寇已经清扫完毕，残存的党羽不多，又受到官府招安，况且如今时常下雨，百姓大多感染疾病，加之农事已开始繁忙，人们惦念着农耕事宜，何不顺从百姓的愿望，使军人回归农事，安抚人心。"还有义官叶芳及各村、乡居民也报告了上述情况。因此微臣亲自前往考察局势，与副使杨璋、知府陈祥等人一同商议设立县治、关隘，使地方长久治安的策略，留下军队在此地防守，然后才着手返还。

盖自本年正月初七日起，至三月初八日止，前后两月之间，通共捣过巢穴三十八处，擒斩大贼首二十九名颗，次贼首三十八名颗，从贼二千零六名颗，俘获贼属男妇八百九十名口，夺获牛马一百二十二只匹，器械、赃仗二千八百七十件把，赃银七十两六钱六分，总计擒斩、俘获、夺获共五千九百五十五名颗口只匹件把。俱经行令兵备等官审验纪录，仍行纪功御史疑实施行，具由呈报去后，今据前因，臣等会同江西巡按御史屠侨、广东巡按御史毛凤，参照大贼首池仲容等，荼毒万民，骚扰三省，阴图不轨，积有年岁，设官僭号，罪恶滔天，比之上犹诸贼，尤为桀骜难制。盖上犹诸贼虽有僭窃不轨之名，而徒惟劫掠焚烧是嗜；至于浰头诸贼，虽亦剽劫掳掠是资，而实怀僭拟割据之志。故其招致四方无藉，隐匿远近妖邪，日夜规图，渐成奸计。兼之贼首池仲容、池仲安等，又皆力搏猛虎，捷竞飞猱，凶恶之名久已著闻，四方贼党素所向服，是以负固恃顽，屡征益炽。前此知其无可奈何，亦惟苟且招安，以幸无事，其实无救荼毒之惨，益养奸宄之谋。今乃臣等驱不练之兵，资缺乏之费，不逾两月，而破奸雄不制之虏，除三省数十年之患。此非朝廷威德，庙堂成算，何以及此！臣等切惟天下之事，成于责任之专一，而败于职守之分挠。就今事而言，前此尝夹攻二次，计剿数番，以兵则前者强，而今者弱，前者数万，而今者数千；以时则前者期年，而今者两月；以费则前者再倍，而今者什一；以任事之人，则前者多知谋老练之士，而今者乃若臣之迂疏浅劣，然而计功较绩，顾反有加于昔，何哉？实由朝廷之上，明见万里，洞察往弊，处置得宜。既假臣以赏罚之权，复改臣以提督之任；既以兵忌遥制，而重各省专征之责，又虑事或牵狃，而抑守臣干预之请；授之方略而不拘以制，责其功成而不限以时。以故诏旨一颁，而贼先破胆夺气；咨文一布，而人皆踊跃争先。效谋者知无沮扰之患，而务竟其功；希赏者知无侵削之弊，而毕致其死。是乃所谓“得先胜之算于庙堂，收折冲之功于樽俎”，实用兵之要道，制事之良法也。事每如此，天下之治有不足成者矣。

译文

从本年正月初七日开始，到三月初八日为止，前后两个月之间，总共到会贼寇据点三十八处，捉拿斩杀贼寇大首领二十九人，次级首领三十八人，随从两千零六人，俘虏贼寇家属男丁、妇女八百九十人，夺得牛马一百二十二头，武器、器械两千八百七十件，银钱七十两六钱六分，总计捉拿、斩杀、俘虏、夺得的人口及物资五千九百五十五名颗口只匹件把。全都命令兵备等官员审问、核验，记录清楚，仍然由纪功御史核实后实行，并进行书面呈报，现在根据之前发生的事，微臣等人与江西巡按御史屠侨、广东巡按御史毛凤一同，考虑到贼寇大首领池仲容等人，残害众多百姓，扰乱三省地域，暗自谋划违逆之事，已经有许多年了，僭越地使用王号、设置官职，罪大恶极，相比于上犹的一众贼寇，尤其倔强难以管制。大概是因为上犹的贼寇虽然有图谋不轨的名声，但实际上只嗜好打家劫舍、杀人放火；至于浰头的贼寇，虽然也做劫掠抢夺的恶事，但实际上怀着谋逆朝廷、割占地盘的目的。因此他们招揽各处没有籍贯的百姓，藏匿附近作恶多端的罪犯，每日规划图谋，逐渐形成了阴险的计策。加上贼寇首领池仲容、池仲安等人，力量足以与猛虎搏斗，敏捷胜似猿猱，凶狠恶劣的名声早已传遍，各处的贼寇党羽一向顺服他们，因此他们倚仗着险要的地势，屡次外出强占土地、欺压百姓，气焰愈加猖狂。之前官府没有能力围剿他们，也只是姑且进行招安，抱着相安无事的侥幸心理，其实不能拯救惨遭毒害的百姓，反而愈加滋养了贼寇违法作乱的图谋。现在微臣等驱使着没有经过正规训练的士兵，凭借不多的粮饷，不超过两月，击败了奸诈桀骜、势力庞大的贼寇群体，铲除了三省数十年来的祸患。如果没有朝廷的威势与德行，没有朝堂上的谋划筹算，怎么能做到这个地步呢！微臣等深切地认为，天下的大事，只有职责专任才能成功，权责分摊就会导致失败。以现在的事情来说，之前该地曾经两次围攻贼寇，累计进行了数次清剿，从兵力来看，之前的军队强大，现在的军队弱小，之前有数万兵士，现在只有数千人；从时间来看，之前的耗时有一年多，现在却仅有两月；从资费来看，之前的耗费是现在的两倍，现在的花费只有十分之一；从担任职责的官员来看，之前任命的人多为足智多谋，经验丰富之人，现在却只有像微臣一样疏忽浅薄、愚昧顽劣的人，然而计算比较二者的功劳，现在反而超过以往，为什么呢？实在是因为朝廷上洞察细微，发现了以往做法的弊端，处理方式也恰当得体。既赐予微臣奖赏、处罚的权利，又改授微臣提督的官职；既考虑到用兵不宜远征，故而注重各省独自征伐的职责，又考虑到事态可能牵滞拖延，故而制止了守备大臣过问插手的请求；只传授宏观的战略，不规定具体方法，只命令事情成功，不限制时间。因此诏令一经颁布，贼寇就先闻风丧胆；咨文一经下达，百姓都争相配合。出谋划策的人知道不会受到阻挠，因此必定会完成事功；希求赏赐的人知道奖赏不会受到克扣剥削，因此效力至死。这就是所谓的“在朝廷上预先筹算胜利的条件，在酒宴谈判中制敌取胜”，这实在是用兵的关键，制胜的妙计。如果每件事情都能像这样，治理天下就没有不能成功的地方。

臣等偶叨任使，何幸滥竽成功！敢是献捷之余，拜手稽首以贺，伏愿皇上推成功之所自，原发纵之有因，庶无僭赏，以旌始谋。及照兵备副使杨璋，监军给饷，纪功督战，备历辛勤，宜加显擢；守备指挥郏文、知府陈祥、邢南、季敩、推官危寿、指挥余恩、姚玺及千户孟俊、县丞舒富等，皆身亲行阵，屡立战功，俱合奖擢，庶示激扬，以为后劝。

译文

微臣等偶然担此重任，本是才疏学浅，何其有幸能够成功！斗胆在献上胜利之外，拱手伏地以表庆贺，希望陛下能推究事情成功的原因以及指挥调度的经过，不要致使无功受禄或赏过其功，以此彰显原定策略的英明。兵备副使杨璋，管理军队和粮饷，记录功劳，督促战事，历经辛苦，应该给予提拔；守备指挥郏文、知府陈祥、邢南、季敩、推官危寿、指挥余恩、姚玺及千户孟俊、县丞舒富等人，全都亲身上阵，屡次立下战功，都应该予以奖赏，以显示激励赞扬，鼓舞后人。

臣本凡庸，缪当重任，偶逢事机之会，幸免覆餗之诛。然功非其才，福已逾分，遂沾痿痹之疾，既成废弃之人。除已别行请罪乞休外，缘系捷音，及该兵部议拟期于成功，不限以时，题奉钦依事理，为此具本题知。

译文

微臣本来是平庸凡俗之人，本不应该担当重任，偶然遇到建功立业的机会，侥幸免去败事的惩罚。然而此次功劳并非臣本身的才能，得到的福气已经超出了微臣的本分，因而患上了肢体麻痹失能的疾病，成为了废人。已经另行上书请求陛下责罚，并容许臣回乡养病，此外，由于是获胜的捷报，并且兵部商议时决定只求成功，不约定时限，已经遵照兵部的指示完成，特此禀告陛下。

添设和平县治疏

十三年五月初一日

据江西按察司分巡岭北道兵备副使杨璋、广东按察司分巡岭东道兵备佥事朱昂会呈："据赣州府知府邢珣、惠州府知府陈祥呈，奉臣案验，据广东惠州龙川、河源等县省祭监生、生员、耆老陈震、余世美、黄宸等连名呈称：'浰头、岑冈等处叛贼池大鬓等，魁首动以百十，徒党不下数千，始则占耕民田，后遂攻打郡县。谢玉璘、邹训等倡乱于宏治之末，而此贼已为之先锋；徐允富、张文昌继乱于正德之初，而此贼复张其羽翼，荼毒三省。二十余年以来，乃为逋逃之主，遂称群贼桀骜之魁。捉河源县之主簿，虏南安府之经历，绑龙南县之县官，戮信丰所之千户，肆然无忌。规图渐广，凶恶日增，僭称王号，伪建元帅、总兵、都督、将军等名目。虽屡蒙上司动调官兵，多方征剿，俱被漏网为患。今蒙提督军门亲捣贼巢，归荡残党，除数郡之荼毒，雪万姓之冤愤。若不趁此机会，建立县治，以控制三省贼冲之路，切恐流贼复聚，祸根又萌。切见龙川和平地方，山水环抱，土地坦平，人烟辏集，千有余家。东去兴宁、长乐、安远，西抵河源，南界龙川，北际龙南，各有数日之程。其间山林阻隔，地里辽远，人际既稀，奸宄多萃。查得父老相传，原系循州一州龙川、雷乡二县，后因地方扰乱，人民稀少，除去循州、雷乡两处，止存龙川一县。洪武初间，龙川尚有五十五里，其后州县既除，声教不及。洪武十九等年，贼首谢仕真等相继作乱，将前项居民尽行杀戮，数百里内，人烟断绝。自此贼巢日多，居民日耗，始将龙川县都图并作七里。迄于近年，民遭荼毒，遂至此极。如蒙怜念，于和平地方设建县治，以控制猺洞；兴起学校，以移易风俗；及将和平巡检司改立浰头，屯兵堤备，庶几变盗贼之区为冠裳之地，实为保安至计’等因，据呈到院。看得东南地方，但系盗贼盘踞，即皆深山穷谷，阻险辽绝之区，是以征剿之后，其民类皆愿立县治以控制要害，敷施政教而渐次化导之。故东南弭盗安民，则建立县治亦其一策。近该本院亲剿浰贼，见今住军九连大山，往来浰头、和平等处，备阅山溪形势，讲求贼情民俗，深思善后之图，实有如各役所呈者。但开建县治，置立屯所，必须分割都图，创起关隘，城池宫室之费，力役输调之资，未经查勘议处，难便奏闻。案：‘仰本道即行副使杨璋会同佥事朱昂，督同府县掌印官，拘集各该地方乡老里甲人等，备勘和平、浰头两处，某处可以建筑城池，某地宜以添设巡逻，某县都图相近可以分割，某里村寨接连堪以拨捕，某所巡司可以移镇，某乡丁户可以编佥；其移民以就由，调兵以守隘，一应工役所需，作何区处，再行考求图籍，诹谘耆老，必求至当归一。具由呈来，以凭议处定夺，仍呈总督、总镇、巡按衙门公同计议施行’等因。各职遵依，督同龙川县署县事主簿陈甫、河源县署县事县丞朱爀就近拘集龙川县通县并河源县惠化都里老沙海、钟秀山等，与原呈陈震等到职会勘。和平峒地方原有二千余家，因贼首池大鬓等作耗，内有八百余家投城居住，尚存一千余家。本峒羊子一处，地方宽平，山环水抱，水陆俱通，可以筑城立县于此；招回投城之人，复业居住。分割龙川县和平都、仁义都并广三图共三里，及割附近河源县惠化都，与接近江西龙南县邻界，亦折一里前来，共辏一县。及将先年各处流来已成家业寓民，尽数查出，责令立籍，拨捕绝户图眼，一体当差。其和平巡检司宜立浰头，以控制险阻。仍于本县并龙南县量编隘夫几百名，委官管领，兼同该司弓兵巡逻，使盗贼不得盘据。其盖造衙门大小竹木，和平、浰头各山产有，俱派本处人户采办，不用官钱。其余砖石灰瓦、匠作工食之费，须查支官库银两。及差委公正府佐贰官一员，清查浰头、岑冈等处田土，除良民产业被贼占耕者照数给主外，中间有典与新民，得受价银者，量追价银一半入官，其田给还管业；其余同途上盗田土，尽数归官卖价，以助筑修城池官廨之用。其龙川县分割三图，止存五图在彼，路通冲要，答应繁难。查得邻界长乐县所属清化都，正与龙川连近，乞于该都分割一图，补辏管辖，庶为适均等因。又据龙南县太平等保里老赖本立等呈称：'本县东南与广东龙川、河源二县，西南与广东始兴县连界，多深山穷谷，向因各处流贼过境劫掠，太平保设有横冈、角嵊二隘，上蒙、高沙二保设有牛冈、阳陂二隘，就于各保佥点隘夫乡兵守把。后因池大鬓等不时出劫，各隘烧毁一空。今征剿既平，宜将前项隘所修筑把守，可保四境无虞。及照本县止有四里半，邑小民寡，递年逋负追并，况与龙川县又系隔省穹远，乞免分割，以苏民困'等因。各职并行会议得贼平之后，经久良图，诚无逾于添设县治者，今龙川县里老人等，愿于和峒羊子铺添设县治，及分割都图，清卖贼田，移置巡司，量佥隘夫等情，俱相应俯顺。惟称又要分拆江西赣州府龙南县附近都图，缘系两省地方，相隔愈远，未免影射差役，两无归著，难以准行。止该于龙南县该管图保，修筑旧隘。其新兴地方，系通始兴县要路，宜添设一隘，各于邻近地方多佥乡夫守把。及看得修筑城池、学校、仓场、铺舍等项，中间有碍百姓田庐税粮，亦该委官丈量，照数除豁。相距龙川县二百里之程，该量设铺舍十处。一应工程，除大小竹木派令人户采办，其余砖石、灰瓦等项物料，各色匠作工食，猝难料计，应合委官估计，通该银若干，扣除前项田价银两若干，余于惠州府库相应官银支给；尚有不敷，另行申请。合用人工，该起龙川县与河源县惠化都民夫答应。其移置浰头巡检司，应隶新县管辖。该司弓兵四十名，额数寡少，合于龙川县和平、仁义、广三图量编四百名，龙南县量编二百名，俱令该县掌印官编佥造册，分为二班，半年一换。俱各委官管领，兼同该司官巡逻，遇有盗贼生发，即随扑获。隘夫限满，亦须该班者交代方还。各府、州、县巡捕官，俱要不时往来巡点。其清卖贼田，修筑城池等项，俱各委官分投干办，方得集事。再照新县里粮数少，官员应该减裁，且系偏僻之地，驿递不必添设。遇有使客往来，总于龙川县雷乡驿应付。前项居民，被贼残害，疮痍未苏，加以创县劳费，困苦可矜。成县之日，凡遇一应杂泛差役，坐派钱粮物料等项，俱各酌量减省；期待三年之后，方与各县一体差科。庶几舆情允惬，事体允当等因，到道。会同佥事朱昂覆议相同合就会案呈详"等因，据呈到臣。会同钦差巡按广东监察御史毛凤，议照前项地方实系山林深险之所，盗贼屯聚之乡，当四县交界之隙，乃三省闰余之地，是以政教不及，人迹罕到。其间接连闽、广，反覆贼巢，动以百数。据而守之，真足以控诸贼之往来，杜奸宄之潜匿。弃而不守，断为狐鼠之窟穴，终萃逋逃之渊薮。况前此本亦州县旧区，始以县存，而民犹恃为保障；后因县废，而贼遂据以陆梁。是又往事之明验矣。当贼猖獗之日，地方父老屡有取复县治之议，然其时贼方盘据，势有不能。今赖朝廷威德，巢穴荡平，若不乘此机会，复建县治以扼其要害，将来之事，断未可知。臣等班师之日，胁从投招者尚不满百，今未两月，远近牵引而至且二百矣。若县治不立，制驭阔疏，不过一年，泛然投招之人必皆复化为盗，其时又复兴师征剿，剿而复聚，长此不已，乱将安穷！夫盗贼之患，譬如病人，兴师征剿者，针药攻治之方；建县抚辑者，饮食调养之道。徒恃针药之攻治，而无饮食以调养之，岂徒病不旋踵，将元气遏绝，症患愈深，后虽扁鹊、仓公，无所施其术矣。臣等窃以设县移司，实为久安长治之策。伏愿皇上鉴往事之明验，为将来之永图，念事机之不可失，哀民困之不可再，俯采臣等所议，特敕该部早赐施行。及照建县之所，地名和平，以地名县，以为得宜。乞从所奏，并将该设职官印信即与铨选铸给。简员以省费，均地以平徭，移巡司以据险要，宽赋役以苏穷民。如此，则夷险为易，化盗为良，可计日而效。不惟臣等得以幸逃日后之谴责，朝廷亦免再役之勤，百姓永享太平之乐矣。

译文

根据江西按察司分巡岭北道兵备副使杨璋、广东按察司分巡岭东道兵备佥事朱昂联合呈报："根据赣州府知府邢珣、惠州府知府陈祥呈报，微臣查阅卷宗进行了核实，根据广东惠州龙川、河源等县省的祭监生、生员、耆老陈震、余世美、黄宸等人联合呈报称：‘浰头、岑冈等地的叛乱贼寇池大鬓等人，头目动辄有百十个人，随从党羽超过数千人，开始时强占、使用农民的田地，后来就攻打郡城、县城。谢玉璘、邹训等人在弘治末年掀起战乱，这些贼人已经能作为他们的先锋；徐允富、张文昌在正德初年制造乱事，这些贼寇又扩大了他们的影响，毒害三省百姓。二十多年以来，他们成为了不断逃窜的主要群体，可以称为众贼寇中最为顽固不化、难以管制的一批人。强抓河源县的主簿，俘虏南安府的经历，绑架龙南县的县官，杀害信丰所的千户，大肆作恶，毫无忌惮。野心与图谋日渐宽广，穷凶极恶的脾性日益增加，僭越地假称王号，佯装设立元帅、总兵、都督、将军等名号。虽然上级屡次调派官兵，多次对他们进行围剿，但是全都被他们逃脱，成为地方上的隐患。现今提督大人亲自领兵捣毁贼寇据点，荡平残存党羽，除去了数个郡县可能遭受的毒害，洗清了数万百姓的冤屈愤懑。如果不趁着这个机会，建立县城，以此控制三省贼寇往来的道路，下官实在担忧流窜的贼寇再次聚集，祸根会再次萌生。探查到龙川和平一地，周围有山水环绕，土地平坦，人口聚居，周边有一千余户百姓。东邻兴宁、长乐、安远，西接河源，南靠龙川，北连龙南，距这些地方都有几日的路程。中间有山林阻隔，地域辽阔，人烟稀少，奸贼多汇集于此。根据一代代人传下来的说法，此地原本是循州龙川、雷乡两县，后来因为地方混乱，人口较少，裁撤了循州、雷乡两个地方，只保留龙川一个县。洪武初年，龙川尚且有五十五里，后来因为州县都被裁撤，教化无法到达。洪武十九年等，贼寇首领谢仕真等人接连发动叛乱，大肆屠杀上述地区的居民，几百里内，再无人烟。从此，贼寇的据点日渐增加，居民人口日益减少，才将龙川县地域合并为七里。到了近几年，百姓遭到的毒害，已经到了如此不堪的地步。如果圣上怜悯，在和平一地建立县治，以此控制贼寇据点；兴办学校，来改变旧时的陋习；并将和平巡检司移建到浰头，屯驻军队防守戒备，也许能将贼寇泛滥之处转变为制度礼法完备的地方，实在是确保安定的良计。’呈报到院。微臣考察东南地区，发现只要是贼寇驻扎的地方，都是高山深谷，地势险要的位置，因此征讨剿灭贼寇以后，当地居民都愿意建立县治来控制这些重要的地点，在此传播制度、教化，逐渐引导他们。故而东南地区若想平息贼寇、安抚百姓，建立县治也是一种方法。近来本院亲自剿灭浰头的贼寇，现今军队驻扎在九连大山，来往于浰头、和平等地，详细考察山谷、河流的走向，探访当地的贼寇情形与百姓风俗，仔细思考处理遗留问题的办法，确实像各位官员呈报的那样。然而建立县治，设置屯所，必须要分割县域，设立隘口，建设城池建筑的资费，调拨官员劳力的用度，不经过一番调查商议，实在难以奏禀。案：‘命令本道现行副使杨璋与佥事朱昂一同，带着府县掌印官，召集该地区乡老及里甲的百姓，详细探查和平、浰头两地，弄清何处可以建设县城，何处应该设置巡逻队，哪县县域接近可以分割，哪里村寨相连可以划拨过来，何处的巡司可以移建，哪乡的人丁可以收编；迁移百姓填充县城，调派军队把守关隘，所有事情需要的工程、劳力，如何处理，然后再考察地形户籍，与有名望的老人商议，一定要形成合适统一的计划。详细呈报，任凭商议决定，仍然呈报给总督、总镇、巡按衙门共同商议实行。’各官员遵照旨意，带领龙川县署县事主簿陈甫、河源县署县事县丞朱爀从周边召集龙川县通县并河源县惠化都里老沙海、钟秀山等人，与原先呈报此事的陈震等人共同探查商讨。和平峒地区原本有两千多家百姓，因为贼寇首领池大鬓等人作祟，其中有八百多户投奔到城中居住，还留存有一千多户。本峒羊子一地，地方宽阔平坦，山水环绕，水陆都能连通，可以在这里建立县城；招回移居城镇的人，继续在这里就业居住。分割龙川县和平都、仁义都及广三图三里，并分割附近河源县惠化都，在接近江西龙南县的地方，也分割出一里，共同凑成一县。并将早年从各地迁来，已经成家立业的居民全部查清，要求他们建立户籍，寻找调拨没有子孙的人过来居住，一并任用他们当差。和平巡检司应该设立在浰头，以此管控险要地势。再在本县及龙南县酌量收编几百名隘夫，委派官员带领他们，与该司的弓兵一起巡逻，使贼寇不能在这里设立据点。修建官府的大小竹子、木材，和平、浰头各个山上都有产出，都派本地的人丁外出采集，不动用公库银两。其他的砖石灰瓦、工作伙食的资费，必须从公库中支用。并委派公正府辅佐官一人，核实浰头、岑冈等地的农田土地，除了被贼寇强占的百姓田地按照数目归还原主外，中间还有典当给新民，自己得到典当银两的，追缴所得银两的一般纳入官府，田地还给原主耕作；其他同样由贼寇占领的田地，全都归属官府变卖，所得费用资助城池官署的修筑。龙川县分割三图出去，原县只保留五图，龙川县境内道路与交通枢纽连通，管理繁琐困难。调查到邻近的长乐县下属的清化都，正好与龙川县相连，请求从该都中分割一图，划归给龙川县管辖，也许能恰当平均。又根据龙南县太平等保的里老赖本立等人呈报：'本县东南与广东龙川、河源二县，西南与广东始兴县接壤，多有高山深谷，过去因为各地流窜的贼寇路过境内打抢劫，太平保设立有横冈、角嵊两个关隘，上蒙、高沙二保设立有牛冈、阳陂两个隘口，就在各保编派隘夫乡兵把守。后来因为池大鬓等人时常外出抢劫，各个隘口都被烧毁殆尽。现今征讨围剿已经完毕，应该重新修建上述隘口，并安排人把守，这样可以保证四面安全无忧。又看到本县只有四里半，地小民少，接连数年拖欠税务，况且与龙川县又是相隔一省，路途遥远，请求免除分割，以缓解百姓的穷困。'各位官员一同商议后认为，贼寇平定之后，保证长治久安的良计，确实不过增设县治，现今龙川县的里老等人，同意在和峒羊子铺增设县治，并分割地域，变卖贼寇田地，移建巡司，编派隘夫等事，全都予以支持。只是宣称又要拆分江西赣州府龙南县附近地域，由于两省的地方相距较远，不免会影响当差的官吏，不能归属两地管理，遇到事情难以得到批准施行。应该只在龙南县管辖的范围内重修旧的隘口，新划拨的地方，是与始兴县的主路连通，应该增设一个隘口，各在邻近的地方多编设乡夫把守。又看到修筑城池、学校、仓库、铺舍等条，中间有占用百姓田屋、征收百姓税粮的，也应该委派官员核准规模、数量，按照数目免去相应的税收。距离龙川县二百里的范围内，应该酌量设立十处铺舍。全部工程，除了大大小小的竹子、木材派居民采集筹办以外，其他的砖石、灰瓦等材料，各名工匠、后勤人员的吃住津贴等耗费，实在难以估量，应该委派专门官员进行核算，统共需要的银两数目，减去上述变卖田地折算的银两数目，其余的从惠州府库房中拨调相应官银支用；如果还有不足，另外进行申请。应该使用的人力，征聘龙川县与河源县惠化都的民夫来做。移建的浰头巡检司，应该隶属于新县管辖。巡检司内弓兵有四十人，名额较少，应该从龙川县和平、仁义、广三图酌量调编四百人，从龙南县调编二百人，全都令该县掌印官编入名册，分成两班，每隔半年轮换一次。各自都委派官员统领，与该司官员一并巡逻，遇到贼寇生事，当即进行捉拿。隘夫值守的期限到了，也必须与接替值班的人交接后才能返还。各府、州、县的巡捕官，都要时常前来巡视检查。清点、变卖贼寇田地，修建城池等事，都各自委派官员分头办理，如此才能顺利完成。又考虑到新县钱粮尚且不足，官员应当有所裁撤，而且位于偏僻的地方，不用增设驿站。遇到信使客人来往经过，都在龙川县雷乡驿站接待。之前提及的居民，遭到贼寇残害，创伤还未能恢复，加上开创新县的劳力与花费，困苦至极，可怜可叹。新县落成之日起，凡是所有杂务差事，摊派钱粮物资等事，一律酌量减少；等到三年以后，再与各县一同分派差役和赋税。这样邻里百姓不会有意见，事情也可以适当地完成。呈报到道。与佥事朱昂共同商议，看法一致，一并书面呈报。”由此呈报给微臣。微臣与钦差巡按广东监察御史毛凤商议，认为上述地区确实属于深山密林、地势险要之处，是贼寇驻扎的老巢，正好位于四县交界的空隙，是三省管辖之外的地方，因此制度教化不能到达，外面的人也很少前来。此地连接闽、广，贼寇多次在这里建立据点，动辄达到上百之数。派兵控制并把守此地，确实足以掌控贼寇的来往行动，杜绝奸人藏匿在此。如果放弃守卫，这里一定会成为贼寇宵小群聚的巢穴，最终会变成漏网罪犯的法外之地。况且此地之前本来也是州县的旧地，一开始存在县治，百姓的生活因此得到保障；后来县治废除，贼寇就逐渐占据了这里。这也是过往的经验清楚证明的事。贼寇放肆作恶的时候，当地的父老乡亲多次商议要恢复县治，然而当时贼寇正盘踞在此，形势不利。现今仰仗着朝廷的威势与德行，贼寇的据点都被扫平，如果不趁着这个机会，再次建立县治来控制这一机要之处，以后会发生的事，实在不能预料。微臣等人撤兵返回的时候，贼寇随从中投降的人尚且不满一百，现今还不到两个月，附近闻讯而来投降的贼寇已经有两百人了。如果不设立县治，管理依旧松散，那么不超过一年的时间，当下跟从投降的人必然都再次变成贼寇，到那时若再次发动军队围剿，围剿后贼寇又会聚集，长此以往，永无宁日，此地的战乱将何时止息！

贼寇的祸患，就像生病之人，出兵围剿，是用针药治疗的方法；建立县治安抚管理，是用饮食调养的手段。仅仅依靠针药治疗而不用饮食来进行调养，病情还未痊愈，身体的元气就已经断绝，病症反而会更加严重，之后即使是扁鹊、仓公这样的名医，也没有办法医治了。微臣等私下认为设立县治、移建巡司确实是长治久安的良策。希望陛下审视已经明白验证过的往事，为以后的长久发展考虑，念及此次机会不容错失，怜悯百姓不能再次承受这样的困苦，采纳微臣等人的建议，敕令该部早日实行。又考虑到建立县城的地方名为和平，用这个地名为县城命名，微臣等认为合适。请求陛下同意微臣的奏请，并将应该设立的官职印信选拔人才授予。精简官员来节约费用，均分土地来平衡徭役，移建巡司来控制险地，减少赋役来缓解百姓的压力。这样一来，将险地变为易于治理之处，引导贼寇变为良民，就指日可待了。不仅微臣等人能侥幸逃脱日后败事的惩罚，朝廷也能免去再次兴师动众的辛苦，百姓可以永远享有太平盛世的欢乐了。

三省夹剿捷音疏

十三年六月十五日

具广东按察司等衙门整饬兵备监统佥事等官王大用等呈："正德十二年九月内，具乐昌县知县李增禀称'贼首龚福全、高快马等不时出没为患。近蒙军门案验，内开三省会兵进剿，缘照官兵未到，诚恐各贼探知，自分必死，群合四出攻劫，不惟居民受害，抑恐患及城池。议要从宜设法，以缓其势，待军兵到日，另行遵奉号令'等因。本职看得各贼俱系先前大征漏网，招亡纳叛，踪迹诡秘。为今之计，必先诱其腹心以为我用，然后以次剪其羽翼，庶以贼攻贼，彼势可孤而我患可保。已经呈奉军门议处，设法诱致去后，续据知县李增报称'岐田山贼犯龙贵等十二名、天塘贼犯陈满等十名，各挈家赴县首，愿擒获同伴解官。于本年十一月二十八日，督同龙贵等，计诱贼犯萧缘等六十名。十二月初二日，陈满等计诱贼犯李廷茂等二十三名'

等因。及据通判邹级、仁化县知县李萼呈称‘大贼首高快马带从贼一十五名、贼妇二口，潜住地名癞痢寨深坑，结巢藏住。随统民壮兵夫谭志泽等，于闰十二月初一日戌时，进兵围寨。至初二日早擒捕，本贼突出山头迎敌，追至始兴县界，各军奋勇同前，生擒大贼首高快马即高仲仁、从贼三名、贼妇贼女各一口，及行凶器械并被伤兵夫刘廷珍等’，开报到道。节据知府姚鹏等呈称：‘督率军兵夫快抵巢与贼交锋，陆续擒斩首从贼犯李万山、赖永达等一千三百二十名颗，俘获贼属男妇七十六名口，夺回被掳男妇一十三名口，及赃仗、牛马等物。’又据知县李增呈：‘缉得贼首李斌，亡命在湖广乌春山躲住。飞报到职，当就发遣捕盗老人李攻瓒等，星夜潜至地名姜阳峒，藏踪缉探，始擒本贼，余党俱各奔遁。’缘由各开到道，参称贼首李斌节与高快马、龚福全等，纠众流毒三省，屡劳征讨，各遵奉军门号令，穷追深入，一旦就擒，各照县示重赏。而知县李增，督兵设策，屡有奇功，亦合奖劳，以励将来。”等因，备呈转报到臣。

译文

根据广东按察司等衙门整饬兵备监统佥事等官王大用等人呈报：“正德十二年九月内，根据乐昌县知县李增呈报：‘贼寇首领龚福全、高快马等人时常外出作乱。近来大人亲自过问调查，命令三省官兵联合围剿，由于目前官兵还未抵达，实在担忧众贼寇预先探知此事，认为自己必死无疑，因此聚集起来四处烧杀劫掠，这样不仅居民受到残害，恐怕也会危及城池。商议认为要拟定一个合理的办法，延缓贼寇的攻势，等到军队到来的时候，再遵照大人的安排行事。’本官探查到各贼寇都是之前大规模征讨时侥幸逃脱的人，招纳逃亡的犯人及叛军，行踪神秘，不可捉摸。现今的计策，一定要先引诱他们的亲信为我军做事，然后依次剪除他们的党羽，这样一来，让贼寇互相厮杀，他们的势力就会孤立，我方的祸患也能暂时稳定。已经呈报给大人商议，之后想办法引诱、离间贼寇，又根据知县李增呈报：‘岐田山贼寇龙贵等十二人、天塘贼寇陈满等十人，各自携家人来到县里自首，愿意捉拿同伙押送官府。在本年十一月二十八日，带领龙贵等人，设计劝诱贼寇萧缘等六十人。十二月初二日，陈满等人设计劝诱贼寇李廷茂等二十三人。’

又根据通判邹级、仁化县知县李萼呈报：‘贼寇大首领高快马带领随从贼寇十五人、妇女二人，暗地里前往名为癞痢寨的坑谷，设立据点藏匿。随后本官统领强壮的百姓、兵员谭志泽等人，在闰十二月初一日戌时，出兵包围癞痢寨。到初二日早上捉拿，贼寇出到山头之外迎击，追到始兴县边界，各军英勇前进，活捉贼寇大首领高快马即高仲仁、随从三人、妇人女孩各一人，夺得武器器械，兵士刘廷珍被贼寇击伤。’以上呈报到道里。根据知府姚鹏等人呈报：‘率领军队衙役前往据点与贼寇作战，先后捉拿、斩杀贼寇首领及随从李万山、赖永达等一千三百二十人，俘虏贼寇家属男丁、妇女七十六人，救回被俘虏的男丁、妇女十三人，夺得银钱、武器、牛马等物。’又根据知县李增呈报：‘捉拿到贼寇首领李斌，其逃亡至湖广乌春山躲藏。信息传递给本官，当即派遣捕盗老人李攻瓒等人，趁夜悄悄前往名为姜阳峒的地方，隐藏踪迹，暗地探查，最终才捉到李斌，其他同伙都各自逃跑。’事情原委都呈报到道里，弹劾称贼寇首领李斌节与高快马、龚福全等人，纠集众人毒害三省，屡次劳动官府讨伐，此次各路军队遵照大人的指令，深入追击到底，只要捉拿成功，都依照县里的公示给予丰厚的奖赏。知县李增，统领军队、拟定策略，屡次立下大功，也应该奖赏其功劳，以此激励以后的人。”转达呈报给微臣。

亦据整饬兵备兼分巡岭东道监统佥事等官顾应祥等呈：“据领哨通判莫相等呈称：‘统领汉达、官军、民壮、打手人等，照依刻期，进剿上下横溪、阙峒、深峒等巢。贼党竖立排栅，统众迎敌，杀伤兵夫。彼时军兵胁谋，奋勇斗战，当将各巢攻破。陆续擒斩贼犯吴瑄、邓仲玉等共六百九十名颗，俘获贼属男妇三百九十五名口，夺回被虏男妇七口，及牛马、器械等物，解送前来会审。又发兵搜斩贼级一十二颗，生擒贼人三名，并俘获贼属等项。’随据本官禀称：‘横溪大贼首吴玑，招集亡命，遁往地名东田村深山结巢。即禀蒙监督佥事顾应祥出给重赏，指示方略，密切发兵，抵吴玑巢穴，四面围攻。被玑等乱用药弩射出拒敌，我兵冒伤奋勇进剿，先用铳箭将吴玑打倒，贼势少却。我兵呼噪大进，将吴玑等首从并贼属尽数擒斩，共十三名颗，俘获贼属六口，夺回被虏妇女二口。阵亡兵夫六口。’缘由呈解到道。看得贼首吴玑，系是稔恶巨寇，流劫两省，拒敌官军。而通判莫相设法防捕，致缚前凶，应和奖劳”等因，备呈开报到臣。查得先准兵部咨，为地方紧急贼情事，该巡抚湖广都御史秦金奏，该本部覆题：“看得郴、桂等处与广东、江西诸峒联络，若非三省会兵夹攻，贼必遁散他处。合无请敕两广并南、赣总督、巡抚等官，会同克期进兵”等因，具题：“节奉圣旨：是，都依拟行。钦此。”续为申明赏罚以励人心事，臣节该钦奉敕谕：“但有盗贼生发，即便严督各该兵备、守备、守巡并军卫有司，设法剿杀。其领兵官员，不问文职武职，若在军前违期并逗遛退缩者，俱听以军法从事。仍要选委廉能属官，密切体访，或佥所在大户，量加粮赏，或购令贼徒自相斩捕，皆听尔随宜处置。钦此。”又准兵部咨，为地方紧急贼情事，内开：“节据乐昌县知县李增禀称，贼首高快马等八百余徒，在地名柜头村行劫。又据乳源县禀称，贼徒千余人在洲头街流劫。及据湖广郴州申，贼首龚福全、高仲仁等，虽蒙征剿，党恶犹存。正德七年，兵备衙门招抚龚福全，给与冠带，设为瑶官，高仲仁等给与衣巾，设为老人。未及两月，已出要路，劫杀军民，号称‘高快马’‘游山虎’‘金钱豹’‘过天星’‘密地蜂’‘总兵’等官名目。正德十一年七月内，流劫乐昌及江西南康等县。后蒙抚谕，将高仲仁、李斌给与冠带，重设瑶官。未宁半月，一起八百余徒出劫乐昌，虏捉知县韩宗尧；一起七百余徒出劫生员谭明浩等家；一起六百余徒，从老虎峒等处出劫；一起五百余徒，从兴宁县出劫。呈乞转达，请军夹剿等因，各报到臣。看得前项盗贼，恶贯已盈，神怒人怨。譬之疽痈之在身，若不速加攻治，必至溃肺决肠。而攻治之方，亦有二说”等因，该本部覆题：“看得所奏攻治盗贼二说，大意谓事权隆重，若无意于近功，而实足为攻取之几。征调四集，虽可以分咎，而不免为地方之累。穷究根本，辨析详明，言虽两端，意实有在。合无本部行文，就令差来人赍回，交与都御史王守仁，悉依前项申明赏罚事理，便宜行事。期于成功，不限以时，相机攻剿”等因，具题：“节该奉圣旨：是，钦此。”钦遵。节经通行各省及各该道守巡、兵备等官一体钦遵，勘处调集兵粮，克期攻剿，以靖地方。续据广东布政司等衙门左布政使等官吴廷举等会呈，奉臣并总督两广军务兼理巡抚、太子太保、都察院左都御史陈金案验，各准兵部咨，备行钦遵，查勘计处呈报等因，遵依。会同都、布、按三司等官欧儒等，并岭东道兵备佥事等官王大用等，议将立剿贼巢，起调汉达官军土兵员名，分定哨道，监统把截。进攻道路及合用粮饷等项，备开呈详。随据监督兵备佥事王大用等，各将进兵机宜呈详到臣。

译文

又根据整饬兵备兼分巡岭东道监统佥事等官员顾应祥等人呈报："根据领哨通判莫相等人呈报：'率领汉达、官军、壮民、打手等人，依照约定的日期，攻打上下横溪、阏峒、深峒等据点。贼寇建立起成排的围栅，带领众人迎击我方，杀害、击伤兵士。当时兵士、衙役等人协同谋划，英勇作战，将各个据点陆续攻克。先后捉拿斩杀贼寇吴瑄、邓仲玉等总共六百九十人，俘虏贼寇家属的男丁、妇女三百九十五人，救回被俘虏的男丁、妇女七人，夺得牛马、器械等物，押送至官府进行审理。又派兵搜寻斩杀贼寇十二人，活捉贼寇三人，并俘虏贼寇家属。'随后根据本官的呈报：'横溪的贼寇大首领吴玑，召集流亡的贼寇，逃至名为东田村的地区的山中建立据点。当即向上禀报，监督佥事顾应祥给予下官丰厚的奖赏，安排作战战略，秘密迅速地出兵，抵达吴玑的据点，从四面进行围攻。吴玑等人使用涂抹毒药的弩箭射击进行抵抗，我军带着伤势英勇前进，先用铳箭击倒吴玑，贼寇的攻势稍稍退却。我军趁机呼喊着大批进攻，将吴玑等贼寇首领、随从、家属全部捉拿或斩杀，总共十三人，俘虏贼寇家属六人，救回被俘虏的妇女二人。有六名兵士在战斗中牺牲。'将事情原委都呈报到道里。考虑到贼寇首领吴玑是罪大恶极的贼犯，在两省流窜劫掠，抵抗官军追捕。通判莫相设下计谋捉拿，使吴玑顺利落网，应该予以奖赏。"以上事项都书面呈报给微臣。查阅卷宗，先是根据兵部的咨文，因为地方发生的贼寇作乱的紧急情况，巡抚湖广都御史秦金上奏，该部再次题奏："看到郴、桂等地与广东、江西诸峒互相联系，如果不是三省联合兵力围剿，贼寇必然会逃散到其他地方。何不命令两广及南、赣的总督、巡抚等官员，共同约定日期出兵。"题本上奏："收到圣旨：可以，依照计划实行。旨意在此。"后来因为明确赏罚条例以激励人心的事，微臣收到陛下的诏令：“只要有贼寇出现，当即就严格督促各兵备、守备、守巡及军队守卫的官吏，设法清剿。率领军队的官员，无论文官还是武官，如果有在出兵前违反期限，逗留退缩的，全部按照军法处置。还要委派廉洁、有才能的下属，秘密体察访问，或是编录所在地区的富商大户，由他们提供支持，酌量给予粮钱赏赐，或是收买贼寇，让他们捉拿、斩杀同伙，全都任你酌情处理。旨意在此。”又根据兵部另一份咨文，内容是因为地方发生贼寇作乱的紧急情况，里面说到：“根据乐昌县知县李增冰雹，贼寇首领高快马等八百多人，在名为柜头村的地方抢劫。又根据乳源县冰雹，千余名贼寇在洲头街流窜打劫。又根据湖广郴州申报，贼寇首领龚福全、高仲仁等人，虽然曾受到征讨，但党羽仍然残留。正德七年（1512），兵备衙门招安龚福全，授予他衣冠绶带，任命他为瑶官，授予高仲仁等人衣巾，任命他们为老人。不到两个月，他们已经来到主干道路上，抢劫、杀害兵士百姓，自号‘高快马’‘游山虎’‘金钱豹’‘过天星’‘密地蜂’‘总兵’等官职。正德十一年（1516）七月内，流窜劫掠乐昌及江西南康等县。后来官府进行招抚，授予高仲仁、李斌等人衣冠绶带，重新任命他们为瑶官。还未安宁半个月，一次八百多人外出抢劫乐昌，俘虏知县韩宗尧；一次七百多人外出抢劫生员谭明浩等户；一次六百多人，从老虎峒等地外出劫掠；一次五百多人，从兴宁县外出劫掠。在此呈报，请求转达，派军围剿，事宜呈报给微臣。看到上述贼寇，恶贯满盈，上天愤怒，百姓怨恨。就像身上长出的恶疮，如果不尽快进行治疗，一定会导致肺肠溃烂。而治疗的方法，也有两种。”该部再次题奏：“看到上奏的平定贼寇的两种办法，大概是说事关重大，如果不在意短期内取得功劳，就确实可以有成功的机会。从四方调派军队，虽然可以分摊罪责，但是也一定会加重地方的负担。探究其根本，辩论分析详细清楚，言论虽然从两个方面来说，但是确有实在的意义。何不由本部进行回复，就让前来送信的人捎回，交给都御史王守仁，都依照之前所说明确赏罚条例的事宜，由他方便行事。要求成功，不限定时间，伺机进行围剿。”题本上奏：“收到圣旨：可以，旨意在此。”遵照圣旨执行。通知各省及各道守巡、兵备等官，要求他们一并遵守，处理征调粮草事宜，约定日期进攻，以平定地方的祸乱。又根据广东布政司等衙门左布政使等官员吴廷举等人联合呈报，微臣及总督两广军务兼理巡抚、太子太保、都察院左都御史陈金进行核验，各自根据兵部的咨文，遵照旨意行事，调查处理后呈报上级，遵旨。与都、布、按三司官员欧儒等人，以及岭东道兵备佥事王大用等人，一同商议，认为应当清剿贼寇据点，启用调派汉运官军兵士，划分各路军队，监控战场，拦截贼寇。进攻路线及需要的粮草等事，书面列出呈报。随后监督兵备佥事王大用等人，各自将出兵事宜书面呈报给微臣。

参看得两广总督、总兵等官，虽已奉命行取回京，然军马钱粮调度方略，悉经区画，会有成案。本院见督官兵征剿浰头等贼，未能亲往督战。除分兵设策，督令副使杨璋等四面防截外，仰各官查照原议，上紧依期进剿，毋得迟疑参错，致误事机。一应临敌制度，俱在各官相机顺应。若贼势难为，兵力不逮，或先散离其党与，或阴诱致其腹心；声东击西，阳背阴袭，勿据一议，惟求万全。军门遥远，不必一一呈禀，反成牵滞。又经牌仰上紧相机督剿去后。今据前因，除将各道呈报前项擒斩首从贼人贼级共二千八百九名颗，俘获贼属并夺回被虏男妇五百四名口，夺获器械赃物一百三十二件把、牛马八十三只匹，总计二千八百八名颗口只匹件把。行仰各道径送巡按纪功御史审验记录，造册奏缴外，参照大贼首高仲仁、李斌、吴玑等，荼毒三省，稔恶多年，敌杀官兵，攻劫郡县。即其奸计，虽亦不过妖狐黠鼠之谋；就其虐焰，乃已渐成封豕长蛇之势。今其罪贯既盈，神怒人怨，数月之间，克遂歼殄，雪百姓之冤愤，解地方之倒悬。此皆仰仗天威，庙堂有先胜之算，帷幄授折冲之谋，贼徒破胆，将士用命之所致也。臣等获睹成功，岂胜庆幸！及照巡按纪功御史毛凤，振扬风纪，作励将士，既尽纪验之职，复多调度之方，此于常格，劳绩尤异。佥事王大用、顾应祥等，监统督调，备效勤劳，懋著经营之略，共收克捷之功。其都指挥王英、欧儒，知府姚鹏，通判邹级、莫相，知县李增、李葶，或领兵督哨，或追剿防截，类皆身貌行阵，且历艰难，均合甄收，普加旌擢。伏望皇上既行大赏于朝，复沛覃恩于下，庶示激奖，以劝后功。

译文

看到两广总督、总兵等官员，虽然已经收到命令返回京城，但是兵马钱粮的调遣战略，都已经有了谋划，战术方案已经完成。本院督促官兵征讨围剿浰头的贼寇，没能亲自前去监控战场。除了划分各路人马，安排进攻策略，命令副使杨璋等人把守四方拦截外，命令各官依照原本的计划，尽快按照日期进行围剿，不能犹豫而出现错漏，致使延误军机。所有迎敌的策略，都由各位官员根据事态相应调整。如果贼寇凶猛难以攻克，兵力有所不足，或是先分散离间他们的同伙，或是暗地里引诱他们的心腹反叛；声东击西，阳背阴袭，不必拘束于一种策略，只求面面俱到，不给贼寇逃脱的机会。军营总部距离较远，不用每件事都详细禀报，那样反而会成为牵累。之后又有文书命令尽快伺机围剿。现今根据之前发生的事，各道呈报之前捉拿斩杀的贼寇首领、随从总共两千八百零九人，俘虏贼寇家属并救回被俘虏的男丁、妇女五百零四人，夺得器械、财物一百三十二件把，牛马八十三只匹，总共两千八百零八名颗口只匹件把。令各道径直送至巡按纪功御史处核验登记，编制成名册上缴，此外，考虑到贼寇大首领高仲仁、李斌、吴玑等人，毒害三省，作恶多年杀害官兵，劫掠郡县。他们奸恶的伎俩，虽然仅仅是狡诈的狐狸、老鼠那般的诡计；但他们肆虐的气焰，已经逐渐有了凶猛的野猪长蛇那样的气势。现今他们恶贯满盈，上天愤怒，百姓怨恨，我军用几个月的时间攻破了据点，歼灭了所有贼寇，雪洗了百姓的冤屈愤恨，解救了地方极其危难的处境。这都是仰赖陛下的威势，朝堂上有统揽全局的筹算，营帐中有克敌制胜的策略，贼寇畏惧震悚，是将士们坚决贯彻军令的结果。微臣等目睹了此事的成功，何其有幸！巡按纪功御史毛凤，提振、弘扬良好的风气，激励将士，既尽到了记录核验功劳的职责，又提出了许多安排人员的方法，相比于平常的官员，劳苦与成绩尤其突出。佥事王大用、顾应祥等人，监督统领，辛勤效力，多方制定了作战策略，共同享有取得胜利的功勋。都指挥王英、欧儒，知府姚鹏，通判邹级、莫相，知县李增、李莩，或是率领军队、监督战况，或是围剿贼寇、拦截逃犯，全都亲自上阵，经历了艰辛的战斗，都应该予以表彰提拔。希望陛下既能在朝堂上施行隆重的封赏，又能将深厚的恩泽遍及到下层官员中去，以示奖赏，从而鼓励后来的人。

臣以凡庸，兼复多病，缪膺地方之责，属征调四出，不能身亲督战，然赖总督诸臣先已布授方略，领哨诸将得以遵照奉行，戮力效死，竟收完绩。真所谓碌碌因人成事，虽无共济之功，实切同舟之幸。除先已具本请罪告病乞休外，缘系捷音事理，为此具本题知。

译文

微臣平庸迟钝，加上体弱多病，惭愧地接受了保护地方的职责，四处征派调度，不能亲自前往战场监督作战，有赖于总督及诸位官员已经事先传授了战略，领兵的诸位将领能够遵照命令执行，共同协作，抵死效力，最终才能收获成功。这就是所说的庸庸碌碌，依靠他人的努力才得以成功，微臣虽然没有与他们共同取得胜利的功劳，但也实在为能够与他们共事而感到庆幸。先前微臣已经上书题奏，言明自己的病情，请求回乡休养，此外，由于是作战取胜的捷报，特此禀告陛下。

辞免升荫乞以原职致仕疏

十三年六月十八日

臣于六月初六日准兵部咨，为捷音事，该臣题，该本部覆题："节该奉圣旨：王守仁升右副都御史，荫子一人做锦衣卫，世袭百户，写敕奖励。钦此。"钦遵。臣闻命惊惶，莫知攸措，感极而惧，若堕冰渊。切念臣以章句腐儒，过蒙朝廷涤瑕掩垢，收录于摈弃之余，既又求长于短，拔之闲散之中，授以巡抚之寄。其时臣以抱病在告，两疏乞休，偶值前官有托疾避难之嫌，该部论奏之意甚严，朝廷督责之旨又切，遂不遑他计，狼狈就途。莅事之后，兵耗财匮，盗炽民穷，缩手四顾，莫措一筹。朝廷悯念地方之颠危，虑臣才微力赐，必致倾偾，谓其责任之不专，无以连属人心；赏罚之不重，无以作兴士气；号令之不肃，无以督调远近。于是该部议假臣以赏罚，朝廷从而假之以赏罚；议给臣以旗牌，朝廷从而给之以旗牌；议改臣以提督之任，朝廷从而改之以提督之任。授之方略而不拘以制，责其成功而不限以时。由是，臣以赏罚之柄，而激励三军之气；以旗牌之重，而号召远近之兵；以提督之权，而纪纲八府一州之官吏。伸缩如志，于是兵威渐长，贼气先夺，成军而出，一鼓而破横水，再鼓而灭桶冈。全师克捷，振旅复举，又一鼓而破三浰，再鼓而下九连。皆役不再籍，兵无挫刃。分巡官属赍执旗牌一麾督两广夹剿之师，亦莫不畏危用命，咸奏成功。由是言之，其始捉臣之来莅事者，该部之议，朝廷之断也；旗牌之能号召者，该部之议，朝廷之断也；提督之能纪纲者，该部之议，朝廷之断也；方略之所分布，举动之得展舒者，该部之议，朝廷之断也。臣亦何功之有，而敢冒承其赏乎？譬之驽骀之马而得良御，齐辑乎辔衔之际，而缓急乎唇吻之和；内得于人心，外合于马志；故虽驽下，亦能尽日之力而至百里。人见其驽而百里，因谓之能；不知其能致此，皆御马者驱策之力，不然，将数里而踣，或十数里而止矣。马之疲劳或诚有之，而遂以归功于马，其可乎？况臣驱逐之余，疾病交作，手足麻痹，渐成废人。前在贼巢，已尝具本请罪，告病乞休，日夜伏候允报，庶几生还畎亩。乃令求退而获进，请无使赏有滥及，收回成命。臣苟有微劳，不加罪戮，容令仍以原职致仕，延余喘于田野。如此，则上无滥恩，下无奸赏，宣力受任者，得免于覆竦之诛，量能度分者，获遂其知止之愿。臣无任感恩惧罪，恳切祈望之至！

译文

微臣在六月初六日收到兵部的咨文，因为作战取得胜利的事，微臣已经上奏，兵部再次上奏："收到圣旨：王守仁胜任右副都御史，一个儿子得到优待成为锦衣卫，以百户世袭，颁发敕令奖赏。旨意在此。"微臣听闻命令震惊惶然，不知所措，感激至极，又惧怕辜负陛下的美意，整个人如同坠落在结冰的深渊。考虑到微臣凭借迂腐的文章学识，过度地蒙受朝廷的恩德，朝廷不计较微臣平庸的才能，除去微臣的恶习，从闲散之列将微臣提拔出来，授予臣巡抚的职务。当时臣因疾病缠身，两次上疏请求引退，不巧遇到前任官员出现了假托疾病逃避国难的行为，兵部上奏时言辞激烈，朝廷对此进行了严厉的问责处置，因此臣来不及思考其他办法，只能仓促就任。到达职位后，当地兵力耗尽、财源匮乏，盗贼猖獗、百姓困苦，臣环顾四周，一筹莫展。朝廷念及地方的危难，考虑到臣才能低微、有心无力，一定会导致当地的情况更加严重，就提出责任如果不能专任，就无法团结官民的思想；赏罚如果不分明，就无法提振士气；命令如果不够威严，就无法调动附近的官兵。于是兵部经过商议，决定借给臣赏罚的权力，因此朝廷才借给臣赏罚的权力；决定授予臣令旗令牌，因此朝廷才授予臣令旗令牌；决定改任臣为提督，因此朝廷才任命臣为提督。传授给臣作战的方略，又不拘泥于具体的制度，要求臣取得成功，又不限制取胜的时间。因此，臣得以凭借赏罚的权力鼓励军队的士气；凭借令旗令牌的威能号令附近府县的军队；凭借提督的权柄统帅八府一州的官员。各项事务都能凭微臣的心意行动，在这样的情况下，军队的威势逐渐增长，叛贼的气焰先被压制，大军听令出动，首先攻破了横水据点，其次消灭了桶冈的巢穴。全军得胜凯旋，休整后再次出动，又先是攻破了三浰据点，然后拿下了九连地区。所有的战役都没有二次发兵，每次都大获全胜。分巡官员带着令旗令牌前来监督两广围剿的军队，也都奋不顾身，亲临前线，最终取得了这样的成功。根据这样来看，最初派遣微臣前去该地就任，是兵部的建议，朝廷的决策；令旗令牌之所以能号召军队，是兵部的建议，朝廷的决策；提督之所以能统帅官吏，是兵部的建议，朝廷的决策；排兵布阵的战略，微臣随心所欲的行动，都来源于兵部的建议，朝廷的决策。微臣又有什么功劳，敢冒领不属于自己的赏赐呢？就像劣马找到了优秀的骑手，在协调缰绳和辔衔的时候，轻重缓急，让马的唇吻感受与自己一致；让马的意志与骑手达成一致；这样一来，即使是劣马，也能在一天内跑完百里的路程。人们看到劣马跑了百里之遥，就认为这匹马优秀；却不知马能取得这样的成绩，都是骑手驱策的功劳，否则，马跑至数里就会跌倒，也许跑了十几里就会停下了。马或许确实付出了辛劳，然而因此就将功劳归给马匹，这样怎么行呢？何况微臣奔走效力期间，病痛缠身，手脚麻痹，已经渐渐成为了废人。之前在贼寇据点的时候，已经上奏说明病情，请求退休，日夜等候着陛下允许的诏令，以便回到田野乡间苟延残喘。不料陛下使请求引退的臣子升职，请求陛下不要滥用赏赐，收回命令。如果陛下还念及臣微小的功劳，不对臣进行责罚，就请允许臣仍旧以原本的官职辞退，回到乡里度过晚年。这样一来，陛下没有过度的恩赏，臣子不会冒领赏赐，接受任命付出辛劳的人，可以避免因力不胜任而败事的责罚，有自知之明的人，也能顺应自己适可而止的心愿。微臣感激不尽，殷切期望至极！

再议崇义县治疏

十三年十月十一

据江西按察司分巡岭北道兵备副使杨璋呈奉臣案验："准户部咨，覆题建立县治以期久安事。卷查先该本道议横水地方应行事宜，开列条款，备呈提督军门，议委南康县县丞舒富，将大庾、南康、上犹三县机快，各点集三百名，分作三班，专委本官统领，来往巡视。如有余党复集，即便擒拿。有功一体转达升赏。及于三县起人夫各一百名，分作三班，就委本官不妨往来巡逻，兼督采办木植，烧造砖瓦等役。俱经备行本官，将开去事宜查照施行外，随奉提督军门批：'据县丞舒富呈称，依奉前去横水建立县治处所，将县治公廨，儒学殿庑堂斋，布按分司及府馆、旌善、申明等亭，仓廒、牢狱、养济、仓场等房，并城中街道，带同地理阴阳曾成伦等，定立向止，分处停当，已经画图贴说呈报外，合用木植，督令义官李玉玺前去地名左溪、关田等处采运。随拘各项木作，于正德十三年四月初六日起手兴工。即今先将县治并儒学起造将完，各分司等衙门料物皆备，亦皆陆续起造，但砖瓦灰泥等匠工食，应该估计，不若包工论价，庶使工程易完。已经督同备估，共该银一千零七十一两七钱九分四厘。请给钱粮支用等因，批行本道，再与详审。'看得所呈修理次第，已是停当；所议包工论价，亦为有见。合行赣州府将大征支剩银两照数支给应用。及照衙门既已建立，必须城池保障，合无仍行通知计处城墙周围高阔丈尺、工食，或先筑土城，待后包砌，或应一时兼举，就行本官会同各县掌印官，查照里分粮数多寡，均派修筑，与夫城门城楼之费，一并估修。已经备由通行呈奉抚按衙门依拟施行，俱行赣州府照数查发，及行县丞舒富遵照支估修外，续据县丞舒富呈称：'量计新县城墙周围五百丈，即今新筑土城，高一丈七尺，面阔七尺五寸，脚阔一丈。若令三县里甲自行修筑，不无延挨，必须顾倩泰和县上工数百，先筑土城。自七月十一日起工，扣至八月终，土城可以通完，然后用砖包砌，庶得坚久。其三县征收工价解给，庶得实用。并将城门、城楼、城墙筑砌砖石工食，共计估该银八千四十五两六钱七分二厘，备由开呈'等因。奉批：'仰分巡道再加议看施行。'查得大庾等县，共计仅五十二里，而估计银两颇多，疲弊之民，诚所不堪。及照大征变卖贼属牛马赃银二千六百七十一两四钱九分，及本道问过赃罚纸米价银一千余两，见在合查商税银辏补三百七十四两八分二厘，共四千四十五两六钱之数，先行给发，止余四千两。查将三县丁粮通融分派，责委公正官员征收监督，禁革侵渔骚扰等因，备由呈奉提督军门，批：'役三县而建横水，似亦动众劳民；建横水而屏三县，实乃一劳永逸。但当疲困之余，务以节省为贵。议该并县最合事宜，非独民减科扰，抑且财获实用。仰悉照议施行。仍行各县，痛禁里胥，不得侵渔骚扰。晓谕居民，各宜乐事劝工，毋忘既往之患，共为久安之图。'呈缴依奉遵照查支分派修理去后，今照前项县治、学校、分司、各该衙门，盖造将完，而土城扣至八月终亦可完，官民住坐，可保无虞。烧砖包砌，计亦不难。其街道市廛，俱有次第，商贾往来，渐将贸易。缘县名未立，官员未除，所辖里分之民心，罔知趋向；所安新民之版籍，尚未归著。及照县治既建，凡百草创，为县官者若非熟知地方与凡捕盗安民之术，民情土俗之宜，皆能洞晓，举而用之，鲜不败事。随会同江西布政司分守岭北道左参政吴大有，议得县丞舒富，先因前贼攻围该县，戮力拒贼，得以保全；后因大征领哨，获功居多，贼首谢志山独为所获；续委巡视三县，招安新民六百余名，帖然安堵；复委督修前项县治卫门城池，半年俱各就绪；今委署掌上犹县事，百废俱兴。及访本官存心刚直，行事公平，历官已及四年，未有公私过犯；虽未出身学校，经义亦能通晓。合无念新县草创之功，百务鼎新之始，转达具奏，升以新县知县职事。然而升授正官，或于事例有碍，合无量授府州佐贰之职，令其署掌新县县事，候数年后地方安妥，另行改选，庶官得其人，事得其理，而地方可保无虞”等因，据呈到臣。

译文

根据江西按察司分巡岭北道兵备副使杨璋呈报给臣的公文：“根据户部的咨文，再次上奏关于建立县治来保证地方太平的事宜。查阅卷宗，先是本道商议横水地区的一应事项，列出条款，呈报给提督大人，商议委派南康县县丞舒富，将大庾、南康、上犹三县的衙役，各选择三百人，分成三队，专门委派该官统率，往来巡视各处。如果看到贼寇残党再次聚集，当即进行捉拿。队内的功劳一并上报，予以赏赐。并从三县中各自挑选一百名壮丁，分成三队，委派该官率领，除了各处巡逻之外，还要监督购置木材，烧造砖瓦等差事。已经通知到舒富，根据列出的事项一一实行，随后收到提督大人的批示：‘根据县丞舒富呈报，奉命前去横水建立县治，将县治官署，儒学学校的校舍，布按二司以及府馆亭、旌善亭、申明亭等，还有仓库、监狱、收养处、仓场等房屋，连同城内的街道，根据地形走势、风水格局等，安排朝向，确定位置，分别处理妥当，已经绘出地图，做好说明，呈报给上级，应该使用的木材，命令义官李玉玺前往名为左溪、关田的地方采办运输。随后召集各个木器作坊，在正德十三年四月初六日开始动工。现今先将县治官署及儒学学校所需木器造完，各司等衙门材料都已备齐，也都先后开始制造，然而砖瓦灰泥等工匠的薪资，应该提前估算，不如以外包工程后议价，这样工程易于完成。已经连同官员一起估算，共计需要银钱一千零七十一两七钱九分四厘。请求发给钱粮使用，由本道批准施行，再详细审理。’看到呈报的修造顺序，已经很妥当；商议的包工价格，也较为合理。命令赣州府将之前集中征讨后使用剩余的银两依照数目支派给他们使用。又考虑到衙门既然已经建立，必须有城池保障安全，何不再通知相应官员计算出四周城墙的尺寸及工人的薪资，或者先修筑土城，等到之后再用砖泥包砌；或者两边同时进行，通知该官连同各县掌印官，根据地方存粮数目，摊派给工人修筑，与城门、城楼的费用一起估算监修。已经通知到抚按衙门依照命令施行，命令赣州府依照数目发放银钱，并通知县丞舒富遵照估算的支出数目修造，又根据县丞舒富呈报：‘测量出新县城墙四周长五百丈，现今新修筑的土城，高一丈七尺，面阔七尺五寸，脚阔一丈。如果命令三县百姓自己修建，一定会延期，必须雇请泰和县的能工巧匠数百人，先把土城筑好。从七月十一日开始动工，到八月底，土城可以修完，然后用砖包砌，这样城墙才能坚固持久。另外三县征收工人的薪资送至新县，这样才有可行性。又估算了城门、城楼、城墙修筑所需的砖石及工人薪资，总共需要银钱八千四十五两六钱七分二厘，开列呈报。’收到批复：‘命令分巡道再次调查商议后施行。’调查到大庾等县，总计五十二里，而预算的银两太多，疲惫困苦的百姓实在不能承担。又考虑到集中征讨时变卖贼寇家属及牛马的银钱共计二千六百七十一两四钱九分，以及本道罚收的纸米等折价银钱一千余两，现在核算商税银两凑集三百七十四两八分二厘，总计四千四十五两六钱，先发派下去，库内只剩四千两。将三县丁粮酌情分摊，委派公正的官员征收并监督，严禁侵吞牟利、骚扰百姓，呈报给提督大人，收到批示：‘使用三县的官民修建横水，似乎有些兴师动众；在横水建立县治来保卫三县，确实是一劳永逸的计策。只是当下正是百姓困苦的时候，务必要注意节省。经商议后认为三县一齐担任此事最为合理，不仅减少了百姓的科派，也让闲置的钱财发挥了实际作用。命令地方遵照计划施行。还要通知各县，严格约束吏胥，不能侵吞牟利、骚扰百姓。告知民众，都应积极从事修建工作，不要忘记过去贼寇带来的灾祸，官民一起建设长治久安的县城。’依照命令，各官纷纷前去调查情况、调整预算、分派工作、参与修建，现今上述县治、学校、分司、各类衙门，已基本修造完成，土城到八月底也可以完成，官民的衣食住行，已经可以保障。烧造砖瓦、包砌城墙，估计也非难事。城中的街道民居，都井然有序，往来商人，也渐渐在此贸易。由于县名尚未确定，官员没有任命，不知辖地内百姓的意愿如何；招安的新民的户籍，还没有落地。又考虑到县治已经建好，一应事物刚开始创办，担任县官的人如果不能熟知地方捉拿贼寇、安抚百姓的策略，不能通晓民风民俗，任用这样的人，大多都会坏事。随后本官连同江西布政司分守岭北道左参政吴大有一起商议认为，县丞舒富之前因贼寇围攻该县，该官团结人丁尽力抵抗贼寇，最终保全县城；之后在集中征讨中担任领队，立下许多功劳，单独抓获了贼寇首领谢志山；又接到委派巡视三县，招安新民六百余人，都顺从安定地居住下来；又被委派监督修建上述县治城门城池，半年就全部安排妥当；现今委任他掌管上犹县事宜，各种废置的事业都兴办了起来。又探访到该官心性刚直，处事公正，任官已经四年，于公于私都没有过错；虽然不是从学校毕业，但是也能明白经义。何不念在新县开创之初，百废待兴的时候，将此事转达上奏，提拔其为新县知县。然而提拔授予正官，或许与旧例不合，何不酌情授予其府州佐贰官的职位，使其掌管新县事宜，等到几年后地方安定下来，再另外选派官员，这样官职可以由合适的人担任，一应事务可以得到合理的安排，地方可以确保安定无恙。”事情呈报给微臣。

卷查先据副使杨璋、参议黄宏会呈：“上犹等县群贼猖獗为害，幸蒙提督军门躬督诸军荡平巢穴，三县之民欢欣鼓舞，如获更生。但恐大兵撤后，余党未免啸聚，要于横水等处建立县治，并巡司等衙门，以绝后患。实为久安长治之策”等因。已经批仰该道重覆查勘无异，会同江西巡抚都御使孙燧、巡按江西监察御史屠侨，处议明白，各具本奏请定夺去后，随准户部咨，该本部覆题：“看得添设县治，既该府按官员会议，相应依拟，合咨提督南、赣、汀、漳军务左佥都御使王守仁同抚按官会委该道守巡官，选委府县佐贰能干官员，先将添设县治合用一应材木砖瓦等物料先为措置收买，并顾觅人夫工匠，价银逐一估计辏处，就便兴修，务使工日就而民力不劳，物咸备而财用不乏。候城池、公宇、县治、学校、仓廒、街道、民居、吏舍等项，粗有规制，另为会奏，以凭上请定拟县名，及咨吏、礼二部选官铸印施行”等因，具题：“奉圣旨：是。钦此。”及准兵部覆题：“议得勘乱于已发，固为有功；弭乱于未然，尤为有见。今都御使王守仁与巡抚、巡按及守巡官深谋远虑，议建县治、巡司以控制无统之民，事体民情，俱各顺当。及先编佥隘夫，委官守把，事在必行，不可犹豫。合无本部将开设县治一节移咨户部，奏请定立县名，速行遵守。仍依所奏，添设长龙、铅厂二巡检司，及将过步巡检司行移吏、礼二部，选调官员，铸换印信、条记，并行江西布政司查拨吏役，编佥弓兵。中间一应事宜，悉听都御使王守仁会同巡抚都御使孙燧查照原拟，从宜处置，务在事体稳当，贼害绝除，期副委任”等因，具题：“奉圣旨：是。钦此。”钦遵。备行守巡该道一体钦遵施行。仍呈抚按衙门知会外，今呈前因。臣会同巡抚江西等处地方都察院右副督御史孙燧、巡按江西监察御史屠侨，议照该道所呈前项县治、学校、分司等衙门，盖造不日通完，而城池砌筑，亦已将备。惟称新县草创之初，百务鼎新，必须熟知民情土俗之宜者以为县官。及会访县丞舒富才力堪任，乞要量升府州佐贰之职，令其署掌新县一节，实亦酌量时宜，保土安民之意。伏望皇上悯念远土凋敝之余，小邑草创之始，乞敕该部俯采会议原由，再加审察，将县丞舒富量为升职，管理新县，或别行咨访谙晓夷情、熟知土俗、刚果有为者，前来开创整理，庶几疮痍之民可以渐起，而反覆之地得以永宁矣。

译文

查阅卷宗，先前根据副使杨璋、参议黄宏联合呈报：“上犹等县的贼寇气焰猖獗，四处作乱，有幸蒙受提督大人亲自率领军队攻破据点，三县的百姓心情愉快、精神振奋，如获新生。只恐怕大军撤回后，贼寇残党不免再次聚集，需要在横水等地建立县治及巡司等衙门，以此断绝后患。实在是长治久安的计策。”已经批复命令该道再次调查确定情况，微臣连同江西巡抚都御使孙燧、巡按江西监察御史屠侨商议清楚，各自题本上奏，请求陛下定夺，随后根据兵部的咨文，该部再次上奏：“看到增设县治一事，该巡抚、巡按官员已经会同商议，依照拟定的计划，通知提督南安、赣州、汀州、漳州军务的左佥都御使王守仁连同巡抚、巡按官员，委派该道守巡官，选拔府县能干的佐贰官，先将增设县治需要用到的一切木材砖瓦等材料购置完毕，并寻找、雇佣人丁工匠，所需银两一一计算凑集，顺便开始兴建，务必使得工期较短，不过分劳动当地百姓，物资充沛，钱财充足。等到城池、官署、县治、学校、仓库、街道、民居、吏舍等处，大概有了制度安排，再另行上奏，请求陛下拟定县名，并通知吏、礼二部选拔官员、铸造印信。”题本上奏：“收到圣旨：可以。旨意在此。”又根据兵部再次上奏：“经过商议，本部认为，平定已经发生的战乱，固然有功劳；消灭还未发生的祸乱，则更为优异。现今都御使王守仁与巡抚、巡按及守巡官深谋远虑，商议建立县治、巡司来掌控无人管理的百姓，从实际情况及百姓意愿来看，都较为合适。应先招收把守关隘的丁夫，派遣官员看守，此事务必要完成，不能犹豫。何不本部将增设县治一事转达户部，由他们上奏请求确定县名，以便速速遵照命令施行。依照上奏的内容，增设长龙、铅厂两个巡检司，并将过步巡检司移至吏、礼二部，选派官员，铸造印信、钤记，并通知江西布政司调拨官吏，编收弓兵。其中一切事务，都听从都御使王守仁及巡抚都御使孙燧决定，酌情处理，务必要使事情妥当，贼患清除，不辜负朝廷的委任。”题本上奏：“收到圣旨：可以。旨意在此。”遵命行事。通知守巡该道一并遵照命令施行。又呈报给抚按衙门知晓，现在向陛下呈报之前的事。微臣连同巡抚江西等处地方都察院右副督御史孙燧、巡按江西监察御史屠侨商议认为，该道呈报的上述县治、学校、分司等场所，很快将要完工，城池的修筑也已经差不多了。只是新县开创之初，百废待兴，必须要选派熟知风俗民情的人作为县官。官员们联合探访到县丞舒富才能可以担任，请求酌情提拔其为府州佐贰官，命令其掌管新县一事，确实也是斟酌当下情况，保证地方长治久安的意思。恳望陛下念及偏远地方民生凋敝，新县刚刚开创，敕令该部采纳官员商议的结果，再进行审查，酌情提拔县丞舒富的官职，命令其管理新县，或者另行查访熟悉当地风俗民情、刚正有作为的官员前去开创整理新县事务，这样一来，遭到创伤的百姓可以渐渐恢复，反复生乱的地方也可以永葆安宁了。

再议平和县治疏

十三年十月十五日

据福建布政司呈称：“漳州府知府钟湘关称，正德十二年四月撤兵之时，蒙福建参政陈策、副使唐泽批，据南靖县儒学生员张浩然等，及据本县清宁、河头社义民乡老曾敦五、林大俊等各呈，要于河头地方添设县治，以控制贼巢；建立学校，以易风俗；改移小溪巡检司，以防御缓急。行仰本职踏勘。随即呈豪漳南道兵备佥事胡琏督同本职并南靖县知县施祥等踏勘，河头大洋陂一处堪设县治，枋头板一处堪设巡检司，委果人心乐徙，一劳永逸。议将南靖县清河、宁里二图，新安里三图，漳浦县二都二图、三都十图，计一十二図，十班人户，查揭册籍，割属新设县治管摄。其南靖县止有一十八图，应当里役，邑小事繁，办纳不前。又查龙溪县原有一百五十二图，内有二十一都并二十五图地方，与南靖密迩，相应拨补管辖，截长补短，里甲便于应当，钱粮易于催办，事颇相应。转呈镇巡抚按等衙门，各具本题奉钦依，准于前项地方添设县治，及改移巡司衙门。其县名并该设官吏印信，令行布政司径自奏请，给赐铨拨铸降。合用木石灰瓦等料，先尽本府并所属县分在库赃罚银两支给买办。若有不敷，从宜处置，不许动支军饷钱粮及科取小民等因。随即呈委南靖县知县施祥、漳平县知县徐凤岐，董工兴作。于正德十二年十二月初九日，本职督同各官亲到河头，告祀社土，伐木兴工。至次年五月内，据知县徐凤岐呈报，外筑城垛具已完备，惟表城因风雨阻滞，期在九月工完。及据知县施祥呈报，县堂、衙宇、幕厅、仪门、六房，及明伦堂俱各坚完，惟殿庑、分司、府馆、仓库、城隍、社稷坛，亦因风雨阻滞，次第修举，期在仲冬工完。又据南靖县县丞余道呈称，带同木石匠陈恩钦等，前到漳汀枋头板地方丈量土城，周围一百一一丈，雇募乡夫春筑完固，给发官银，砍办木植，督造巡司公馆、前厅各一座、仪门一座、鼓楼一座、后堂各一座，各盖完备。惟土城公馆、巡司厢房欠瓦，暂将茅覆，候秋成农隙修举等因。随于正德十三年三月初六日，行令小溪巡检郭森前去到任，前去地方。今据各委官员呈报，功已垂成，势不容缓。照得县名须因土俗，本职奉委亲历诸巢，询知南靖县河头等乡，俱属平和社，以此议名平和县。及割南靖县清宁里七图、新安里五图，共计粮三千九百九石六斗七升四合七勺五抄，计一十二里，合为裁减县分，一知一典治之。原议漳浦县二都二图、三都十图，地方隔远，民不乐徙，今议不必分割。再照新县所属多系新民，须得廉能官员，庶几开新创始，事不烦而民不扰。其学校教官，合无止选一员署印，先行提学道，将清宁、新安二里见在府县儒学生员，就便拨补廪增之数，其有不足，于府县学年深增附内，量拨充补；又或不足，于新民之家选取俊秀子弟人学，使其改心易虑，用图自新。及照南靖县邑小事繁，分割一十二里，添设新县办纳，愈见不堪。合无亦作裁减县分，以一知一典治之。又查得龙溪县一百五十二图内，将二十一都七图、二十五都五图，共计一十二图，计粮一千六百八十一石七斗七升三合八勺三抄，拨辏南靖县抵纳粮科。又照南靖小溪巡检司既已改立漳汀，合改漳汀巡检司印信，奏请改铸，并新县儒学、医、阴阳等衙门，据例该铸印信。缘由备申到司。”转呈到臣。

译文

根据福建布政司呈报：“漳州府知府钟湘关称，正德十二年四月退兵的时候，得到福建参政陈策、副使唐泽批准，根据南靖县儒学学生张浩然等人，以及本县清宁、河头社的义民、乡老曾敦五、林大俊等人各自呈报，套在河头地区增设县治，以此控制贼寇据点；设立学校，以此改换风俗；移建小溪巡检司，以此防范突发事件。命令本官进行勘察。随后漳南道兵备佥事胡琏带领下官以及南靖县知县施祥等人前往勘察，发现河头大洋陂一地可以设立县治，枋头板一地可以建立巡检司，如果百姓愿意迁移过去，那就是一劳永逸的美事。商议将南靖县清河、宁里二图、新安里三图，漳浦县二都二图、三都十图，总共十二图，十班民户，查明户籍在册情况，划分到新设立的县治下管理。由于南靖县只有十八图，需要管理乡里的差役，地方虽小，但事务繁多，办理事项进展缓慢。又探查到龙溪县原本有一百五十二图，里面有二十一都及二十五图地区，与南靖县相邻，应当互相划拨增补管辖地域，取长补短，如此里甲就便于管理，钱粮之事也容易督办，各项事务都能顺利完成。转而呈报镇巡抚按等衙门，各自题本上奏，得到批准，在上述地区设立县治，并移建巡司衙门。县名及应当设立的官职信物，令布政司自行上奏请批，由圣上批准选派官员及铸造信物。应该使用的木石灰瓦等材料，先尽量使用本府及所属县分管的赃款、罚款等银两进行采买。如果有所欠缺，酌情处理，不能动用军队粮饷及科派百姓。随后转达、委派南靖县知县施祥、漳平县知县徐凤岐监督工程实施情况。在正德十二年十二月初九，本官与各官一同前往河头，祭祀土地，开展工程。到第二年五月，根据知县徐凤岐呈报，外围的城垛已经修建完毕，只是外城建设因为受到雨雪天气的阻碍，预计在九月完工。又根据知县施祥呈报，县堂、衙宇、幕厅、仪门、六房及明伦堂都各自修建完毕，只有殿庑、分司、府馆、仓库、城隍、社稷坛，也因为雨雪天气的阻扰，需要依次修筑，预计在仲冬完工。又根据南靖县县丞余道呈报，他带领木石工匠陈恩钦等人，前往漳汀枋头板地区测量土城，四周有一百一十丈长，雇佣乡里的民夫修筑坚固，下发官银作为报酬，砍伐木材，监督人手修造巡司公馆、前厅各一座、仪门一座、鼓楼一座、后堂各一座，全都修建完毕。只有土城公馆、巡司厢房，由于缺少瓦片，暂时用茅草覆盖，等到秋季农事结束，民众闲暇之时再继续修筑。随后在正德十三年三月初六，命令小溪巡检郭森前往该地上任。现今根据委派官员的呈报，事情已经快要成功，形势不能再拖延。考虑到县名必须沿袭当地习俗，本官接到委派亲自到达各个贼寇据点，询问得知南靖县河头等乡，全都属于平和社，因此商议命名为平和县。又分割南靖县清宁里七图、新安里五图，总计有粮三千九百九石六斗七升四合七勺五抄，共十二里，为了裁减县域，安排知县、典史各一人治理。之前讨论到漳浦县二都三图、三都十图，地方相距较远，民众不愿意迁徙，现今商议不必再进行分割。又考虑到新县下属的百姓多为新民，必须有廉洁能干的官员，这样才能开创新局，没有繁杂的琐事，百姓也不会受到烦扰。学校的教员，何不只选派一人授予信物，先通知提学道，将清宁、新安二里现在在府县就读的儒学学生，就近挑拨，补充廪增生员的数量，有所不足的，从府县学校当年新增的附生里酌量调拨补充；还有不足的，从新民家中选拔优秀弟子入学，让他们调整思想，避免忧虑，发愤图强。再考虑到南靖县地域较小，事务繁多，再分割十二里增设给新县管理，就更加不能支持。何不也裁减县治，安排知县、典史各一人进行治理。又查看到龙溪县一百五十二图内，将二十一都七图、二十五都五图，共计十二图，总共一千六百八十一石七斗七升三合八勺三抄粮食，调拨至南靖县抵纳粮科。又看到南靖小溪巡检司已经移建至漳汀，应当改用漳汀巡检司信物，上奏请求另行铸造，还有新县儒学、医、阴阳等衙门，根据惯例应当铸造信物。事情原委申报到司。”转达给微臣。

卷查先据福建漳南道兵备佥事胡琏呈，前事已经查勘无异，具有奏请定夺去后，续据该道呈，备知府钟湘呈，将分割南靖等县都图随近新设县治官摄，以办粮差，并估计过城垣、城楼、窝铺等项工料银两数目。及查府库各项官银，实有一万余两，堪以支用，要行委官择日兴工筑砌。缘由备呈到臣。

译文

查阅卷宗，先前根据福建漳南道兵备佥事胡琏呈报，以往的事情已经探查清楚，全都上奏请求定夺，又根据该道以及知府钟湘的呈报，将要分割南靖等县的地域，就近设立新县，由官府管辖，以办理赋税差役事项，并预算了城墙、城楼、官衙商铺等工程需要的银两数目。清查官库各项官银，实际有一万余两，足够使用，需要委派官员选定日期动工修建。事情原委书面呈报给微臣。

看得开设县治，既以事体相应，已行俱奏，及令该府一面抚顺民情，动支银两兴工外，其间分割都图、议估工价一应事务，军门路远，难以遥断，皆须该道及该府亲民各官自行查勘的确，果已宜于民情，便于事体，无他私弊，即便就行定议，以次举行。候奏准命下之日，应奏文者。若更繁文往复，徒而迟误日月，无益于事。又经批仰著实干理，仍行镇守巡按衙门知会间，随准户部覆题："内开前项情节，既该本官勘处停当，具奏前来，相应依拟。合无本部仍行左佥都御史王守仁再查无异，准于前项地方添设县治及改移巡检司衙门"等因，具题："奉圣旨：是。这添设县治事宜，各依拟行。钦此。"钦遵。备咨前来，节经行仰福建布政司及分巡漳南道转行该府一体钦依施行去后，今据前因，参看得所成新设县治，既已议名平和，小溪巡检司改名漳汀巡检司，及学校例该一正二副，今称草创之初，止乞选官一员掌管，并拨补廪增生员等项，俱于事体相应。除行该司径自具奏外，为照南靖县原系全设衙门，今既分割都图添补新县，委系邑小费繁，似应裁减，止用一知一典，已足敷治。又龙溪县一百五十二图，将二十一都七图、二十五都五图，共计一十二图拨辏南靖抵纳粮差，揆于事体，颇亦均平。伏望皇上俯顺下情，乞敕该部议处裁拨，庶几量地制邑，得繁简之宜；而兴事任功，从远近之变。缘系裁减官员及拨都图事理，为此具本请旨。

译文

设立县治一事，从各项事宜来看均属合适，已经上奏请求批准，并命令该府 安抚民心，支派银钱动工，此外，其中划分区域、计算工务耗费等一系列事宜，巡抚大人相距甚远，很难远程进行决断，都需要该道及该府廉洁爱民的官员自己调查清楚，如果确实对民生有利，方便各项事情开展，且没有其他隐患，可以当即召开会议决定，依次开展各项工作。等到奏疏被批准的命令下达的时候，遵照奏疏的内容执行。如果用繁琐的文书来往沟通，只会白白延误日期，对事情没有任何好处。又得到批准，命令干练务实的官员进行治理，仍然在巡按衙门里当差，随后根据户部的题奏："上述事情，应当由本官调查处理完毕，上奏请旨，相应遵照办理。何不本部仍然派遣左佥都御史王守仁再探查清楚，确定没有异议后，批准在上述地区增设县治以及移建巡检司衙门。"题本上奏："接到圣旨：可以。增设县治事情，各自依照计划实行。旨意在此。"依照旨意实行。书面呈报过来，命令福建布政司及分巡漳南道转达该府，一并遵照旨意行事，现今根据之前的事，看到新设立的县治，已经商议命名为平和，小溪巡检司改名为漳汀巡检司，学校照例应当安排一正二副三名管事官员，现今正值建立初期，只请求选派一名官员管理，并拨派廪增生员等事，各项事宜都较为合适。命令该司自行题本上奏，此外，考虑到南靖县原本是部门完整的全设衙门，现今既然划分地域增设新县，此后实在属于地域较小、事务繁多，似乎应当裁撤官员，只任用知县和典史各一人，就已足够治理。龙溪县一百五十二图，将二十一都七图、二十五都五图，总计十二图划分给南靖县折抵征求的赋税和差役，从事情本身考虑，也达到了均衡。恳望陛下顺从百姓的呼声，命令该部商议处置，裁撤、调拨相应人员，如此就能做到根据地理情况建设县治，官职委任繁简得当；划分县治及移建巡司，也顺从了距离远近的条件。因为是涉及裁撤官员及划分地域的事，特此上奏，请求陛下的旨意。

再请疏通盐法疏

十三年十月二十二日

据江西按察司分巡岭北道兵备副使杨璋呈："备赣州府呈：'蒙备仰本府，即将正德十二年正月起，至九月终止，抽过税银及上犹、龙川两次用兵支过军饷并今剩余银两查报等因。依蒙查得正德十一年十二月终止，旧管银三千五百七十四两三钱一厘二丝一忽九微，并新收正德十二年正月起至正德十三年九月终止，共抽过商税银一万六千七百八十八两五钱八分七厘七毫五丝，两次用兵共用过银四万七千二百八十七两二钱二分八厘四毫三丝八忽六微，米九千九百四十九石五斗六升九合四勺四抄，谷五百三十九石四斗；内除提督南、赣、汀、漳等处军务都察院左佥都御史王守仁查发纸米价银八十九两六钱，巡抚江西等处地方都察院右副都御史孙燧查发纸米价银二千两，本道查发纸米价银七千八百二十两二钱七分八厘六毫，南、赣二府查出在库赃罚缺官柴薪等项银一万九千五十九两四分六厘六毫八忽三微外，实支用过商税银一万八千三百一十八两三钱三厘三毫三丝三微，见今余剩银二千四十四两五钱八分五厘七毫五丝一忽六微'等因，开报到道。案查先为比例请官专管抽分以杜奸弊事，准户部咨，该巡抚右副都御史周南题：'备仰本道照奉钦依事理，即将所收商税再行参酌，从轻定议则例，仍严加稽考，各使税课所入，随多寡以为数，而不以多取为能。其广东盐课，许于南、赣二府发卖，不许再行抽税。袁、临、吉三府不系旧例行盐地方，不许到彼发卖。所抽分商税，除军饷听巡抚都御史动支外，其余不许擅动。年终差人解部，辏支光禄寺赊欠铺行厨料果品支用，以省加派小民。仍将再议过缘由，呈报施行'等因。行据赣州府呈称，依奉将贡水该抽诸货从轻定拟则例，及开称广东盐引不许放过袁、临、吉三府发卖等因，备呈本院，详允出给禁约；及将余剩银二千九百六十七两一钱八分二厘二毫三丝一忽九微，行令起解间，随据该府呈，奉巡抚江西等处地方都察院右副都御史陈金批：

‘看得该府连年用兵之费，所积不多，近又定拟除减，所入亦少。况地方盗贼不时窃发，别无堪动钱粮，将余剩税银暂且存留在库，以备军饷’等因。已该前兵备副使陈良珊，将自正德六年十一月二十七日立厂抽分起至正德十二年终止，造册，差舍人王鼎，续该本职将正德十一年正月起至本年十二月终止，造册，差舍人屠贤，各奏缴讫。本年九月二十六日，抄奉提督军门案验：‘准户部咨，备行本道照奉钦依事理，将广东官盐暂许袁、临、吉三府发卖，自今为始，至正德十三年终止。仍将先次未解并今次抽税过银两、支用过数目缘由造册，径自奏缴，及造清册赍送该部并本院查考。’除遵奏外，查得正德十三年将终，及上犹、龙川两处征剿事毕，所据商税收支，应该造册解缴。备行该府查报去后，今据前因，查得南、赣地方两次用兵，中间商税实为军饷少助；然而商税之中，盐税实有三分之二。为照南、赣二府与广东翁源等县壤地接连，近该两广具奏征剿，前贼乘虚越境，难保必无。见今府库空虚，民穷财尽，将来粮饷绝无仰给。况此盐利一止，私贩复生，虽有禁约，势所难遏。与其利归于奸人，孰若有助于军国！合无转达，将前项盐税著为定例，许于袁、临、吉三府地方发卖。照旧抽税，以供军饷；每年终依期造报，余剩之数解部，转发光禄寺支用，以省加派小民。如此，则奸弊可革，军饷有赖，光禄寺供用亦得少资，诚所谓一举而数得矣。呈乞照详转达”等因，具呈到臣。

译文

根据江西按察司分巡岭北道兵备副使杨璋呈报：“根据赣州府呈报：‘本府接到命令，立即将从正德十二年正月开始，到九月为止，抽过的税银以及上犹、龙川两次出兵作战所支用的军饷，和现在剩余的银两进行清查上报。遵照命令，调查到正德十一年十二月为止，旧时结余的银两共有三千五百七十四两三钱一厘二丝一忽九微，正德十二年正月开始到正德十三年九月为止新征收的税银中，总共抽取商税银两一万六千七百八十八两五钱八分七厘七毫五丝，两次出兵作战总共使用四万七千二百八十七两二钱二分八厘四毫三丝八忽六微银钱，消耗稻米九千九百四十九石五斗六升九合四勺四抄、谷物五百三十九石四斗；其中提督南安、赣州、汀州、漳州等地军务的都察院左佥都御史王守仁发放银两八十九两六钱，巡抚江西等处地方的都察院右副都御史孙燧发放银两二千两，本道发放银两七千八百二十两二钱七分八厘六毫，南安、赣州二府清查出库存的赃款、罚款及空缺官员的柴米薪俸等银两共一万九千零五十九两四分六厘六毫八忽三微，此外，实际支出使用的商税银两有一万八千三百一十八两三钱三厘三毫三丝三微，现今剩余银两二千零四十四两五钱八分五厘七毫五丝一忽六微。’书面呈报到道里。查阅卷宗，先前曾安排官员专门管理按比例抽税以杜绝奸恶之事，按照户部的咨文，巡抚右副都御史周南题奏：‘命令本道遵照旨意行事，即刻对征收的商税再次进行考量，从轻议定纳税比例，仍然严格进行稽查，使税课的收入，根据数目的多少按比例定量，而不是一味地多加抽取。广东盐课，只允许在南安、赣州两府贩卖，不能再另行抽取。袁州、临江、吉安三府不是旧例中盐商流动之区，不允许到那里贩卖。抽取的商税，除了军饷由巡抚都御史调动支用外，其余的不允许擅自动用。年终派遣专人押送至部里，贴补光禄寺所欠铺户的果品、膳食材料费用，以免摊派给百姓。将会再次商议讨论事情原委，上报请求批准施行。’根据赣州府呈报，遵照命令将贡水应当抽税的货物从轻拟定抽税比例，并且声明广东的盐引不能偷偷运到袁州、临江、吉安三府进行贩卖等情，书面呈报给本院，允许给发禁令；又将剩余的二千九百六十七两一钱八分二厘二毫三丝一忽九微银两，将要下令押送，随后根据该府呈报，巡抚江西等处地方的都察院右副都御史陈金批示：‘看到该府连续多年出兵作战的军费，积存得并不多，近期又决定削减部分商税，收入也有所减少。况且地方盗贼时常暗地聚集，出没作乱，又没有其他可以动用的钱粮，因此将剩余的税银暂时存放在库房，以此补充军饷。’已经由前兵备副使陈良珊将从正德六年十一月二十七日设立抽分厂抽税开始，到正德十二年为止的记录，整理制作成册，派遣舍人王鼎接任职务，将正德十一年正月开始到本年十二月为止的记录，整理制作成册，派遣舍人屠贤将文册奏缴。本年九月二十六日，抄奉提督大人的通报：‘根据户部的咨文，转达本道遵照旨意行事，将广东官盐暂时允许运至袁州、临江、吉安三府进行发卖，从现在开始，到正德十三年为止。仍然将之前没有押送的以及现今抽取过的税银数目、支出使用的数目和用途，登记成册，自行上奏提交，并制作清册递交户部及本院留作查验核实之用。’遵照执行，此外由于正德十三年将要结束，且上犹、龙川两地的军事行动已经结束，所有商税的收入支出情况应该造册上缴。由该府进行查验核实，现在根据前面的事，看到南安、赣州地区的两次出兵作战，期间商税确实对于补充军饷起到了一定的作用；然而商税之中，盐税实际上占据了三分之二。考虑到南、赣两府与广东翁源等县相互接壤，近来两广都上奏进行围剿，之前的贼寇难免不会趁着间隙越过边境，流窜他省。现今府库空虚，百姓也穷困没有财产，将来出兵需要的粮饷绝对难以供给。何况此项盐税的收益一经停止，私自贩卖的情况必将再次发生，到时即使有禁令约束，形势也将难以遏制。与其将利益让给奸诈的商贩，还不如用其资助军队及国家！何不转呈上级，将之前的盐税规定为定例，允许在袁州、临江、吉安三府区域内贩卖。按照旧例抽税，以此资助军饷；每年年终按时造册上报，剩余的税银押送至部里，转送至光禄寺使用，以免再摊派百姓。这样，奸恶弊病就可以除去，军饷也有了倚仗，光禄寺的开支也可以得到稍微的补贴，实在是所谓一举多得。现在呈报，希望代为详细转达。”此事呈报给微臣。

查得接管卷内，先为处置盐铁以充军饷事，江西布政司呈，奉总制江西左都御史陈金批：“查得广西、岭北二道滩石险恶，淮盐不到，商人往往私贩广盐，射利肥己。先蒙总督衙门奏准，广盐许行南、赣二府发卖，仰令南雄照引追纳米价，类解梧州军门，官商两便，军饷充足。当时止是奏行南、赣，不曾开载袁、临、吉三府，合无遵照敕谕，便宜处置，暂将广盐许下三府发卖，立厂盘掣，以助军饷。”随该布政司管官刘果等议称：“委果于事有益，于法无碍，具呈详允，批行遵照立厂抽税”等因。续该户部复议，内开“广东盐课，许令南、赣二府发卖，不许到于袁、临、吉三府，备行禁革”外，正德十二年正月十五日，臣抚临赣州，随据副使杨璋呈称：“奏调三省官兵夹剿上犹等巢，粮饷所费，约用数万石，若不早行计处，必致有误军机。查得前项盐法，准行南、赣二府贩卖，果系一时权宜，不系洪武年间旧例。合无查照先年便宜事例，行令前商，许令袁、临、吉三府贩卖，所收银两，少备军饷，候事少宁，另行具题禁止”等因，呈详到臣。看得即今调兵夹剿，粮饷缺乏，遵照敕谕径自区画事理，批行该道暂且照议施行，候平定之日照旧停止。具题去后，随准户部复议：“将广东官盐暂于袁、临、吉三府发卖，至正德十三年终止。行该道官照前抽分，将税课供给军饷，不许多取妄用，至期照旧停止”等因，具题：“奉圣旨：是。钦此。”钦遵。已经转行该道一体钦遵。去后，今呈前因，为照袁、吉等地方，溪流湍悍，滩石峻险。淮盐逆水而上，动经旬月之久；广盐顺流而下，不过信宿之程。故民苦淮盐之难，而惟以广盐为便。自顷奉例停止，官府但有禁革之名，其实私盐无日不行。何者？因地势之便，从民心之欲，非但不能禁之于私，每遇水发，商舟动以百数，公然蔽河而下，如发机之弩。官府逻卒寡不敌众，袖手岸傍，立视其过，孰得而沮遏之！故广盐行则商税集，而用资于军饷，赋省于贫民；广盐止则私贩兴，而弊滋于奸宄，利归于豪右。此近事之既验者。今南、赣盗贼，虽已仰仗天威，克平巢穴，然漏殄残党，难保必无。且地连三省，千数百里之内，连峰参天，深林蔽日，其间已招之新民，尚怀反覆；未平之贼垒，多相勾联，乘间窥窃，不时而有。方图保成之策，未有撤兵之期。况后山、从化等处，见在调兵征剿，臣亦缪承方略之命，师行粮食，势所必然。今府库空虚，民穷财尽，若盐税一革，军饷之费，苟非科取于贫民，必须仰给于内帑。夫民已贫而敛不休，是驱之从盗也；外已竭而殚其内，是复残其本也。矧内帑之发，非徒缓不及事，抑恐力有未敷。臣切以为宜开复广盐，著为定例，籍其税课，以预备军饷不时之急；积其羡余，以少助内府缺乏之需。实夹公私两便，内外兼资。夫聚敛以为功，臣之所素耻也；掊克以招怨，臣之所不忍也。况臣废疾日深，决于求退，已可苟避地方之责，但其事势不得不然。若已毕而复举，是遗后人以所难，而于职守为不忠矣。愿皇上悯地方之疮痍，哀民贫之已甚，虑军资之乏绝，察臣心之无他，特敕该部俯采所议，酌量裁处，早赐施行，则地方幸甚！

译文

调查档案得知，先是处理盐铁税收补充军饷一事，江西布政司呈报，总制江西左都御史陈金批复：“调查到广西、岭北二道河滩上碎石嶙峋，淮盐不能到达，商人常常私自贩卖广盐，谋取高利。先前得到总督衙门的批准，允许广盐运到南、赣二府贩卖，命令南雄依照盐引追缴粮米折合的数目，运送至梧州军营处，如此官府及商户都能得到便利，军饷也能保持充足。当时只是下令在南、赣地区实行，没有涉及袁、临、吉三府，何不遵照敕令，灵活处理，暂时允许广盐运到下三府贩卖，设立抽分厂进行管理，以此来资助军饷。”随后布政司管官刘果等人商议称：“如果确实有利于各项事务开展，且没有违反律法，就书面上报，请求准许，等待批准之后就遵照旨意设立抽分厂抽税。”接着户部再次进行商议，称“广东的食盐，允许到南、赣二府进行贩卖，不允许流通至袁、临、吉三府，颁布禁令管制”，正德十二年正月十五日，微臣担任巡抚之职来到赣州，随后根据副使杨璋呈报：“上奏调派三省官兵围剿上犹等据点，耗费的粮草和军饷约数万石，如果不提早筹划办理，一定会贻误军机。经过调查，上述盐法只允许在南、赣二府贩卖，确实是短时间内的权宜之计，而不是从洪武年间流传下来的旧制度。何不按照早些年灵活处置的事例，命令之前所说的商户，允许他们到袁、临、吉三府进行贩卖，由此征收的税银可以稍微补充军饷，等到军事行动有所平定，再上奏请求禁止。”呈报送达到了微臣手里。微臣调查到现今正在调派兵士围剿贼寇，粮草军饷有所缺乏，遵照敕令自行筹划一事，批复该道暂时按照商议的计划施行，等到贼寇平定的时候再次依照旧例禁止。题本上奏以后，接着按照户部再次商议的结果：“暂时允许广东官盐在袁、临、吉三府贩卖，到正德十三年为止。命令该道官员按照前例抽税，将税银用来补充军饷，不允许额外抽取、擅自滥用，到了期限则按照旧例停止。”题本上奏：“收到圣旨：可以。旨意在此。”遵照敕令实行。已经转达给该道，让他们一并遵守。现在呈报了之前发生的事，考虑到袁、吉等地方，河流湍急，滩石险峻。淮盐的运输需要逆着水流前行，动辄需要十天至一个月的时间；广盐的运输只需顺流而下，不超过一个昼夜即可到达。因此百姓都苦于淮盐运输困难，只认定运输便利的广盐。自从奉命停运广盐以来，官府只有禁止的名号，实际上私盐没有一天停止偷运。为什么呢？因为他们利用了地势的便利，顺从了百姓的意愿，官府不仅不能在私人层面禁止广盐运输，每逢河水暴涨的时候，运盐的商船动辄达到上百之数，明目张胆地填充河道，顺流而下，迅速如同离弦的弓箭。官府负责巡逻的士兵寡不敌众，只能立在岸旁，眼睁睁地看着盐船过去，谁能阻止他们呢！因此允许广盐售卖，商税就会增加，就能以此资助军饷，减轻摊派给贫苦百姓的赋税；禁止广盐售卖，私人偷运就兴盛起来，弊病就会从这些违法之事中滋生，丰厚的利益都由地方豪强掌握。这是近来发生的事已经予以验证的。现今南、赣地区的贼寇，虽然仰仗着朝廷的威势，据点已被荡平，但是不能保证一定没有漏网的残党。况且此地与三省相连，一千数百里之内，多是高耸入云的山峰以及遮天蔽日的山林，其中已经招徕的新民尚且怀着反叛的意图；没有消灭的贼寇据点还在互相勾结，时常趁着守备间隙窥探劫掠。现今正在谋划保卫防守的策略，撤兵回朝的日期还未可知。况且后山、从化等地，现在正调兵征剿贼寇，微臣也侥幸担负制定战略的职责，此项行军作战需要耗费的粮草，是在所难免的。现在国家的府库空虚，百姓也穷困没有存款，如果盐税遭到革除，军饷的费用，如果不从平民百姓中征收，就必须仰赖官库给予。百姓已经万分贫困，赋税征敛却不停止，这是逼迫他们去做盗贼；地方的财源已经空虚，还要透支中央的财产，这又是在动摇国家的根本。况且国库调拨钱财，不仅速度缓慢赶不及战事，恐怕也不能完全解决问题。微臣深以为应当放开广盐政策，允许其贩卖，并将其确定为长久的政策，借助此项盐税，来应对突然使用军饷的紧急情况；积攒剩余的盐税，来稍稍弥补国库的空虚。实在是官府和百姓都能得到便利，中央和地方的财政也能有所宽裕。压榨百姓取得钱财，并以此作为功劳，微臣一向引以为耻；搜刮民财而招致怨恨，是微臣不忍为之的。何况微臣的病痛日益加深，一心请求退隐，已经可以姑且逃避地方的职责，然而事态如此，根据形势不得不这样做。如果祸事解决后又再次发生，这是给后人留下困难，对于肩负的职责也可以算作不忠了。希望陛下念及地方遭受的创伤，怜悯百姓困苦到极点的境况，考虑到军饷极度缺乏，明察微臣绝无私心，敕令该部采纳下面的意见，酌情裁定处理，早日下令施行，如此将是地方上的大幸！

升荫谢恩疏

十四年正月初二日

正德十三年六月初六日，准兵部咨："为捷音事，该臣题，该本部覆题：'节该奉圣旨：王守仁升右副都御史，荫子一人做锦衣卫，世袭百户，写敕奖励。钦此。'备咨钦遵。"臣窃自念功微赏重，深惧冒滥之诛，已于本月十八日具本乞恩，辞免升荫，容照原职致仕。复蒙圣旨："王守仁才望素著，屡次剿贼成功，升官荫子，宜勉遵成命，不准休致。该部知道。钦此。"备咨钦遵。臣闻命自天，局身无地。窃惟因劳而进秩者，朝廷赏功之典；量能而受禄者，人臣自守之节，故功宜惟重。虽圣帝之宽仁，而食浮于行，尤君子所深耻。陛下之赐，行其赏功之典也；臣之不敢当者，亦惟伸其自守之节而已。军志有之："该罚而请不罚者，有诛；该赏而请不赏者，有诛。"古之人君执其赏罚，坚如金石，信如四时，是以令之所播如轰霆，兵之所加无坚敌，而功之所成无愆期。今日之事，兵事也。汉臣赵充国云："兵事当为后法。"臣诚自知贪冒之耻，然亦安敢徇一己之小节，以乱陛下之军政乎！但荫子实非常典，私心终有所未安。黾勉受命，忧惭交集。自恨疾病之已缠，深惧图报之无日。感激洪恩，莫知攸措。除别行具本请罪乞休外，为此具本称谢！

译文

正德十三年六月初六日，按照兵部的咨文："为捷报一事，该臣题奏，由本部再次题奏：'收到圣旨：王守仁升任右副都御史，他的儿子予以关照，准许其中一人做锦衣卫，世代承袭百户的头衔，下发敕令奖励。旨意在此。'以咨文下发，遵命行事。"微臣私自认为功劳太小，得到了过重的奖赏，深恐遭受冒功领赏的责罚，已经在本月十八日题本上奏，请求陛下的恩泽，免去升职和荫子，允许微臣仍然担任原职。又收到圣旨："王守仁的才学和声望一向闻名，多次围剿贼匪取得成功，特此提拔官职、荫袭子孙，应当遵照敕令接受，不允许辞官。通告兵部知道。旨意在此。”下发咨文，遵命行事。微臣收到陛下的成命，没有退缩的余地。微臣私下认为凭借立下的功劳而提拔官阶，是朝廷奖赏功勋的原则；根据自身的能力接受俸禄，是臣子应有的操守，因此功劳无论大小都应当从重奖赏。虽然陛下宽厚仁爱，重赏臣属，但是收到的俸禄超过做出的功绩，也尤其是君子深深感到羞耻的。陛下的赏赐，是履行朝廷奖赏功勋的原则；微臣不敢接受封赏，也只是为了保持自身清廉的操守。军志曾有记载：“该惩罚而要求不受惩罚的人，应受惩罚；该赏赐而要求免除赏赐的人，应受惩罚。”古时的帝王执行赏罚，坚定如同金石，守信如同四季的更迭，因此他们政令的传播如同迅疾的雷霆，军队所到之处没有坚不可摧的敌人，功业的达成绝不会超过预定的日期。现今的事情，如同用兵的大事。西汉名臣赵充国说过：“用兵之事应当为后世效法。”微臣知道自己冒功领取赏赐为人不齿，然而怎么敢因为一己的小事而扰乱陛下的军政大法呢！只是荫袭子孙确实不是朝廷常设的制度，微臣内心始终感到不安。勉强接受命令，心中忧惧羞惭，百感交集。怨恨自己疾病缠身，深怕没有时间报效陛下。微臣感激陛下深厚的恩德，不知应如何是好。将另行递交奏疏，请求戴罪辞休，特此上奏，详陈感恩之情！

乞放归田里疏

十四年正月十四日

正德十三年十月初二日，准吏部咨：“该臣奏为久病待罪，乞恩休致事。奉圣旨：‘王守仁帅师讨贼，贤劳懋著，偶有微疾，著善调理，以副委任。所辞不允，该部知道。钦此。’备咨钦遵。”又于本年十二月二十九日，准吏部咨：“该臣奏为乞恩辞免升荫容照原职致仕事。奉圣旨：‘王守仁才望素著，累次剿贼成功，升官荫子，宜勉遵成命，不准休致。该部知道。钦此。’备咨钦遵。”除已具本谢恩外，窃惟圣主之任官也，因才而器使，不强人以其所不能，是以上无废令，而下无弃才；人臣之受职也，量力而成事，不强图其所不任，是以言有可底之绩，而身无鳏旷之诛。历考往昔，盖未有不如此而可以免于愆谴者也。臣以狂愚，收录摈废，缪蒙推拔，授寄军旅。当时极知叨非其分，不敢冒膺，辞避未伸，而迫于公议，仓卒就道。既已抵任，则复黾勉从事，私计迂怯，终将偾败。遭际圣明，德威震赫；扶病策驽，仰遵成算，不意偶能集事。苟免颠覆，实皆出于意料之外。然此侥幸之事，岂可恃以为常者哉？庙堂之上，不暇深察其所以，增其禄秩，将遂举而委之。人苦不自知耳。臣之自量，则既审且熟，深惧戮亡之无日也。譬之懦夫，驾破败之舟以涉险，偶遇顺风安流，幸而获济。舟中之人既已狼狈失措，而岸旁观者尚未之知，以为是或有能焉，且将使之积重载，冲冒风涛，而试洪河大江之中，几何其不沦溺也已！

译文

正德十三年十月初二日，根据吏部的咨文："该臣上奏，因为长久的病痛不能尽到臣子的职责，故而请求圣恩，引退回乡休养一事。收到圣旨：'王守仁率领军队征讨贼寇，辛勤劳苦，功勋卓著，偶然感染轻症，应当善加调养，才能当得起委派给他的责任。不允许辞退，通知吏部知道。旨意在此。'下发了咨文，谨遵圣旨。"又在本年十二月二十九日，接到吏部的咨文："该臣上奏，因为请求圣恩，免去升阶荫子，允许依照原本的职务辞官一事。收到圣旨：'王守仁才学和声望一向卓著，多次围剿贼寇都取得成功，特此提拔官职、荫袭子孙，应当遵照敕令接受，不允许辞官。通知吏部知道。旨意在此。'下达咨文，谨遵圣旨。"已经具本题奏感谢陛下的恩德，此外，微臣私下认为，圣明的君主任用官员时，根据每个人的才能来任命不同的官职，不强迫别人去做做不到的事，因此朝堂上没有下达了却不能遵守的命令，市井中没有被遗弃的人才；臣子接受职位的时候，根据自己的能力做事，不勉强追求不能完成的任务，因此说出来的话都能做成实在的功绩，本人也能免去才不配位的责罚。回顾以往的事，大概还没有不这样做却可以避免降罪惩罚的人。微臣狂妄愚蠢，本处于摈弃之列，却受到朝廷的重用，陛下高估臣的能力而推举、提拔臣，并且委任臣军中的职务。当时微臣就深知这个职位与个人的才能并不相称，不敢贸然接受，退避推辞的话还未上奏，就迫于公共的议论，仓促间走马上任。上任之后，又殚精竭虑、勉力完成任务，只是私下清楚自己生性迂腐胆怯，恐怕最终会败坏事机。微臣遇到了圣明的君主，德行和威势震慑四方；关照微臣的病情，委派臣以重任，微臣谨遵陛下和朝堂制定的计策，没想到侥幸能使事情成功。姑且避免了行动失败，没有出现大的失误，其实这都是微臣没有预料到的事情。然而这样侥幸成功的例子，难道可以依靠运气，让它变成常态吗？朝堂上没有时间详细考察其中的原因，为臣晋升官阶、增加俸禄，随后就推举微臣，委以重任。人苦于不能正确地认识自己罢了。微臣对自身的了解，慎重且全面，深恐重罚很快就将降临到自己头上。就像软弱的人驾驶破船渡过危险的河道，偶然碰上风平浪静的时候，才能侥幸安全渡过。船上的人已经陷入困窘不知所措，河岸上远观的人却还无法得知，认为这个人或许能力高强，而且还要让他担负重物，迎着风浪前进，在大江大河里远航，这样怎能不舟毁人亡呢！

今四方多故，銮舆远出，大小臣工，惶惶旦暮。臣虽鄙劣，竭忠效命，以死国事，亦其素所刻心。安忍托故，苟求退遁！顾力纤负巨，如以蒿支栋，据非其任，遂使殒身，徒以败事，亦何益矣！且臣比年以来，百病交攻，近因驱驰贼垒，瘴毒侵陵，呕吐潮热，肌骨羸削，或时昏眩，偃几仆地，竟日不惺，手足麻痹，已成废人；又以百岁祖母卧病床褥，切思一念为诀。悲苦积郁，神志耗眊，视听恍惚，隔宿之事，不复记忆。以是求延旦夕之生，亦已难矣，而况使之当职承务，从征讨之后，其将能乎！夫豢畜牛羊，细事耳，亦且求良牧而付之，况于军务重任，生灵休戚之所关，乃以疾废聩眊之人，覆败之戮，臣无足论，其如陛下一方之寄何！伏愿陛下念四省关系之大，不可委于匪人；察病废枯朽之才，不宜付以重任。怜桑榆之短景，而使得少遂其乌鸟之私；录犬马之微劳，而使得苟延其蝼蚁之息。别选贤能，委以兹任。放臣暂归田里，就医调治。倘存余喘，尚有报国之日。臣不胜感恩待罪恳切哀望之至！

译文

现今国家四面多有动荡，天子远出在外，朝廷内大小官员终日惶惶不安。微臣虽然鄙陋无能，但是竭尽忠诚为国效力，在国事上抛洒最后一滴热血，也是微臣一贯的愿望。怎么能忍心找借口推脱，姑且逃避以保全自身！然而以微小的力量担负巨大的重量，就像用蒿草支撑木梁，承担了自己无法做到的任务，于是导致白白送命，这样只能败坏事业，又有什么好处呢！况且微臣近年来多病缠身，最近因为前去征讨贼寇据点，瘴疫侵染身体，呕吐发热，清减瘦弱，时而头晕目眩，趴伏在几案或扑倒在地，整日都不能清醒，手脚麻痹，已经变成了废人；又因为百岁高龄的祖母卧病在床，急切地想要见臣最后一面作为诀别。微臣悲苦抑郁，神志昏聩，视听恍惚，隔日的事情常常记不清晰。凭借这种身体状况，想要延长一朝一夕的生命已经困难万分，更何况派遣微臣去担任职务，完成征讨的后续工作，微臣又怎么能做到呢！如同喂养牛羊，本是一件小事，姑且也要寻找优秀的牧人托付，何况军务这样的重大责任，关系到百姓的生死存亡，交托给病弱无力、神志不清的人，如果最终失败，微臣受到的责罚无足轻重，可是陛下统辖的此地百姓又当向谁求救呢！恳求陛下念及四省之事关涉重大，不能交给无能之人负责；明察病弱愚废的人，不适宜交托重任。怜悯臣的性命已时日无多，使臣能稍微顾全孝敬祖母的私情；惦念臣曾经为陛下尽过犬马之劳，使臣能勉强延续微不足道的性命。另外选拔贤才，将这个重任交付给他。让臣暂且回归乡里，治病调养。倘若微臣能够保全余下的生命，还会有报效国家的时候。微臣感激哀切至极，恳望陛下准许！

卷之十二　别录四

奏疏四

飞报宁王谋反疏

十四年六月十九日

正德十四年六月初五日，节该钦奉敕："福州三卫军人进贵等胁众谋反，特命尔暂云彼处地方会同查议处置，参奏定夺，钦此。"钦遵，臣于本月初九日，自赣州启行，至本月十五日行至丰城县，地名黄土脑。据该县知县等官顾佖等禀称，本月十四日宁府称乱，将孙都御史、许副使并都司等官杀死，巡按及三司、府、县大小官员不从者俱被执缚，不知存亡，各衙门印信尽数收去，库藏搬抢一空，见监重囚俱行释放，舟楫蔽江而下，声言直取南京，一面分兵北上。各官皆来沮臣不宜轻进。其时臣尚未信，然逃乱之民果已四散奔溃，人情汹汹，臣亦自顾单旅危途，势难复进。方尔回程，随有兵卒千余已夹江并进，前来追臣。偶遇北风大作，臣亦张疑设计，整舟安行，兵不敢逼，幸而获免。

译文

正德十四年（1519）六月初五日，收到敕令："福州三卫军人进贵等人胁迫群众反叛，特意命令你暂时前往该地，与当地官员一同调查处理，查清后上奏决定，旨意在此。"遵照旨意执行，微臣在本月初九日从赣州出发，到本月十五日到达丰城县名为黄土脑的地方。根据该县知县顾佖等人禀报，本月十四日，宁府发动叛乱，杀害孙都御史、许副使以及都司等官员，巡按及三司、府、县的大小官员，不服从宁王的全部都被逮捕关押，生死不明，各个衙门的信物全都被夺去，库房被搬运一空，在狱中关押的重犯全都被释放，大小船只遮蔽河面，顺着江流而下，扬言要直接攻破南京，另一边再分出兵力向北攻取。各位官员都来劝阻微臣不要贸然前进。当时微臣还不相信，然而奔逃的难民确实已经朝四面八方扩散，人群像浪潮一样气势凶猛，微臣也考虑到自己人少力单，旅途危险，难以继续前进。正准备折返，随后就有一千多名兵士从河道两端以包围之势一起逼近，前来追拿微臣。偶然遇到了北风大作，微臣也设下计谋迷惑对方，整顿船只，使其安稳有序地前进，追兵不敢逼近，从而侥幸免于被抓。

本月十八日，回至吉安府，据知府伍文定等禀称，地方无主，乞留暂回区画。远近军民亦皆遮拥呼号。随据临江府并新淦、丰城、奉新等县各差人飞报，宁府遣兵四出攻掠，拘收印信，及拿掌印官员，调取兵快，水兑粮船尽被驱胁而去等因。臣奉前旨，欲遂径往福建。但天下之事莫急于君父之难，若彼顺流东下，万一南都失备，为彼所袭，彼将乘胜北趋，旬月之间，必且动摇京辅。如此，则胜负之算未有所归，此诚天下安危之大机。虑念及此，痛心寒骨，义不忍舍之而去。故遂入城抚慰军民，督同知府等官伍文定等调集兵粮，号召义勇。又约会致仕乡官右副都御史王懋中、养病评事罗侨等，与之定谋设策，收合涣散之心，作起忠义之气，相机乘间，务为蹑后之图，共成犄角之势，牵其举动，而使进不得前，捣其巢穴，而使退无所据。

日望天兵之速至，庶解东南之倒悬。伏望皇上省愆咎已，命将出师。因难兴邦，未必非此。

本月十八日，微臣回到吉安府，根据知府伍文定等人禀报，地方目前无人管理，请求微臣暂时留下来主持大计。附近的兵士和百姓也都在道路上簇拥着高声请愿。随后根据临江府及新淦、丰城、奉新等县各位差役的呈报，宁王府派遣人马四处攻打劫掠，回收抢夺印信，并捉拿掌印官员，调走担任缉捕等事的衙役，威胁、掳走所有运粮船只及水上的船队。微臣收到之前下达的圣旨，准备直接前往福建。然而天下的事情没有比崇高的陛下遇到的困难更紧急的，如果宁王率领叛军向东顺流而下，万一南京没有做好防备，被他们袭击攻占，他们一定会趁着胜利向北前进，不到一个月的时间，必定会威胁到京城的安全。这样一来，胜负就难以预料，这实在是关乎国家生死存亡的大事。微臣考虑到这里，感到痛心与恐惧，胸中的大义不容许臣舍弃陛下、不顾时局离开。因此微臣回到城中安抚军队和百姓的情绪，带领知府武文定等官员调集军队、粮草，招募义勇之士。又联合已经辞退的官员右副都御史王懋中、养病在家的评事罗侨等人，与他们一起商议谋划，安排计策，收拢涣散的民心，鼓励忠勇的精神，观察时机，趁着叛军疏忽的时候，务必跟踪其后，阻断他们的退路，形成两面夹攻的局势，在前方牵制叛军的行动，使他们前进却不能攻克，从后方捣毁他们的据点，使他们没有后退的余地。微臣等日夜盼望朝廷的军队能尽快赶到，从而解救东南于危机之中。恳望陛下能反省自身，及时振作，立即下令军队出征。所谓的重大灾难可以激发人民的斗志，由此战胜困难，使国家兴旺起来，不正是眼下这样的情况吗？

臣以弱劣多病，屡疏乞休，况此地方之责，本亦非臣之任。今兹扶病赴闽，实亦意图便道归省。临发之前，已具哀恳。赍奏之人去才数日，适当君父之急，不忍失此事机，姑复暂留，期纾国难。候区画少定，各官略可展布，朝廷命师一临，亦遂遵照前旨，入闽了事，就彼归省父疾。进不避嫌，退不避罪，惟民是保，而利于主，臣之心也。直行其报国之诚，而忘其缓命之罪，求伸其哀痛之情，而甘冒弃职之诛，臣之罪也。

译文

微臣因为体弱多病、性格愚钝，屡次上疏请求退休，况且此事是地方的责任，原本也并非微臣管辖的范畴。如今微臣带病前往福建，确实也是想要顺路回乡探望家人。出发之前，已经上奏陈明了微臣悲哀恳切的心愿。派去京城递送奏疏的差使方才离开几天，恰逢陛下遇到这样的急难，微臣不忍心错失现在阻拦他们的大好时机，姑且又暂时留下，希望能够帮助解决国家的危难。等到总体计划稍稍制定完成，各位官员就能放开手脚施展他们的本领，朝廷派遣的军队一到，大局已定的时候，微臣也能遵照原本的旨意，前往福建解决事端，就在那里顺便回家看望生病的老父。前进时不怕招致怀疑，后退时不曾逃避罪责，只求保护百姓的安全，做对陛下有利的事，这是微臣的一点忠心。急于践行报效国家的赤诚，却疏忽了延误圣旨的罪过，请求一伸思念亲人的哀痛之情，因此甘愿承担背弃职务的惩罚，这是微臣的罪过。

窃照都御史王懋中、评事罗侨，忠义自许，才识练达；知府伍文定，果捷能断，忠勇有谋，累立战功，皆抑而不赏，久淹外郡，实屈而未伸。今江西阖省见无一官，若待他求，缓无所及，乞遂将各官授以紧要职任，庶可责之拯溺救焚。其余若裁革兵备副使罗循，养病副使罗钦德，郎中曾直，御史周鲁，同知郭祥鹏，省亲进士郭持平，驿丞李中、王思等，虽皆本土之人，咸秉忠贞之节，况亦见在同事，当多难之日，事宜从权，庶克有济。

译文

私下观察到都御史王懋中、评事罗侨，自己称颂为忠诚爱国，才学与能力也出类拔萃；知府伍文定，果断刚毅、忠勇善谋，多次立下战功，都积压着没有给予相应的奖赏，长期在外郡任职，才能无法发挥，实在是志向远大又不能施展。现在江西全省都没有一个可以重用的官员，如果等着向外省探求，实在是来不及，因此请求对上述各位官员授予重要的岗位，或许可以命他们在危难中拯救局势、挽救百姓。其余的官员，例如被革职的兵备副使罗循，卧病在家的副史罗钦德，郎中曾直，御史周鲁，同知郭祥鹏，省亲进士郭持平，驿丞李中、王思等人，虽然全都是本地人，但都秉持着忠诚为民的操守，更何况现今要共同办事，当下正处于动荡多变的时期，行事不必拘泥于常规，灵活地任用这些人，事情才能够取得成效。

再照宁府逆谋既著，彼若北趋不遂，必将还取两浙，南扰湖、湘，窥留都以断南北，收闽、广以益军资。若不即为控制，急遣重兵，必将噬脐无及。

译文

又考虑到宁府谋反的企图已经人尽皆知，他们如果北上不能成功，一定会回兵进攻两浙，向南侵扰湖、湘地区，并且准备攻占留都南京，以此来切断南北之间的联络，再攻下闽、广来扩充兵源和军饷。如果不立即调遣大军加以控制，局面必将不可收拾，到时会追悔莫及。

又照抚州府知府陈槐、临江府知府戴德孺、赣州府知府邢珣、袁州府知府徐琏、宁都县知县王天与、丰城县知县顾佖、新淦县知县李美、奉新县知县刘守绪、泰和县知县李楫、南安府同知朱宪、赣州府同知夏克义、龙泉县知县陈允谐及阖省各官今见在者，乞敕吏部就于其中推补本省方面知府兵备等官，庶可速令供职。其有城守之责者，亦各量升职衔，重其权势，使可展布。

译文

还有抚州府知府的陈槐、临江府知府的戴德孺、赣州府知府邢珣、袁州府知府徐琏、宁都县知县王天与、丰城县知县顾佖、新淦县知县李美、奉新县知县刘守绪、泰和县知县李楫、南安府同知朱宪、赣州府同知夏克义、龙泉县知县陈允谐以及省内依然在职的各位官员，请命令吏部在这些人中推举、补充本省相关的知府、兵备等官员，让他们尽快走马上任。担负守城职责的官员，也各自酌情晋升职衔，增加他们的权力，使他们能够发挥才能。

又照南、赣军饷，惟资盐商诸税。近因户部奏革，顾募之兵无所仰给，悉已散遣。今未两月，即遇此变，复欲召募，将倚何资？辄复遵依敕旨，便宜事理，仍旧举行。然亦缓不及济，必须先于两广积储军饷数内量借一十余万，庶几军众可集，地方有赖，国难可平。缘系飞报地方谋反重情事理，为此具本专差舍人来仪亲赍，谨题请旨。

译文

考虑到盐税、商税是南、赣军饷的主要来源。近来因为户部上奏请求革除，招募来的兵士没有粮饷供养，已经纷纷遣散。现在还不到两个月，就遇到了这样的变故，若想再进行招募，还有什么资本呢？不如再遵照圣旨，灵活处理，恢复征收盐税。然而这样短时间内也没有成效，必须先从两广储备的军饷中赊借一十余万两，才可以集结兵士，地方安全有所保障，国家的危难可以平息。因为是迅速报告地方谋反的大事，特此题本，专门差遣舍人前来送交奏报，请求圣旨裁决。

再报谋反疏

十四年六月二十一日

节该钦奉敕福州三卫云云，缘系飞报地方谋反重情事理，为此具本，先于本月十九日专差舍人来仪奏报外；但叛党方盛，恐中途为所拦截，合再具本专差舍人任光亲赍，谨题请旨。

译文

接到圣旨提及福建三卫军人等事，因为是迅速报告地方谋反的重大事情，特此题本上奏，先在本月十九日专门派遣舍人前来递交奏报；只是叛党的气焰正盛，担心信件中途被他们拦截，因此再次题本差遣舍人任光送来，请求圣旨裁决。

乞便道省葬疏

十四年六月二十一日

臣以父老祖丧，屡疏乞休，未蒙怜准。近者奉命扶疾赴闽，意图了事，即从此地冒罪逃归。旬日之前，亦已具奏。不意行至中途，遭值宁府反叛。此系国家大变，臣子之义不容舍之而去。又阖省抚巡方面等官，无一人见在者。天下事机间不容发，故复忍死暂留于此，为牵制攻讨之图。俟命师之至，即从初心，死无所避。

译文

微臣因为父亲年高，祖母过世，多次上疏请求辞官，都没有得到怜惜与恩准。近来，微臣奉命带病前往福建，计划处理完小股军人反叛的事后，就从那里顶着罪责逃回乡里省葬。十几天前，微臣也曾经上奏。没料到行走到中途，遭遇宁王府叛乱。这是关系到国家生死存亡的重大变故，作为人臣的忠义不容许臣舍下如此急难离开。又因为当时全省抚巡方面的官员，没有一个人留在岗位上。事关天下的大事，情势危急，战机容不得丝毫拖延，因此微臣又冒死暂时在此处留守，预备观察时机进行牵制或征讨。等到朝廷的军队到来后，臣就按照原本的意愿回乡省亲，为此甘愿承受严厉的责罚。

臣思祖母自幼鞠育之恩，不及一面为诀，每一号恸，割裂昏殒，日加尫瘠，仅存残喘。母丧权厝祖墓之侧，今葬祖母，亦欲因此改葬。臣父衰老日甚，近因祖丧，哭泣过节，见亦病卧苫庐。臣今扶病，驱驰兵革，往来于广信、南昌之间。广信去家不数日，欲从其地不时乘间抵家一哭，略为经画葬事，一省父病。

译文

微臣念及祖母自幼时起抚育教养的恩情，她临终的时候也没来得及见面诀别，每次想起都悲号不止，几乎要昏死过去，病情日益加重，现在只是苟延残喘而已。臣的母亲去世后，暂时安置在祖墓一侧，现在要为祖母下葬，也想借此一道改葬。臣的父亲年事已高，日益衰老，近来因为祖母过世，悲伤哭泣过度，现在也在苫庐中养病。微臣现今带病指挥军队，在广信、南昌之间往来奔波。广信距离家中只有几天的路程，微臣想趁着空闲，时常从那里返家哭丧，并稍微帮忙料理丧葬事宜，也能探视父亲的病情。

臣区区报国血诚上通于天，不辞灭宗之祸，不避形迹之嫌，冒非其任，以勤国难，亦望朝廷鉴臣之心，不以法例绳缚，使臣得少伸乌鸟之痛。臣之感恩，死且图报。抢攘哀控，不知所云。缘系恳乞天恩便道省葬事理，为此具本奏闻。

译文

微臣报效国家的热血与赤诚微不足道，然而诚挚的心意可以抵达上天，不逃避灭族的灾祸，不躲藏行踪的嫌疑，肩负起自己职责之外的任务，来解决国家的急难，也希望朝廷体察臣心，不用律法来评判、束缚，使微臣可以稍微一伸乌鸦般的哀孝之心。微臣感激不尽，死了也会想方设法报答。悲痛至极，呼天抢地，不知还能说些什么。因为是乞求陛下开恩，让臣顺路省亲丧葬的事，特此题本上奏。

奏闻宸濠伪造檄榜疏

十四年七月初五日

正德十四年七月初一日，据吉安府知府伍文定申准领哨通判杨昉、千户萧英，在于墨潭地方，捉获宁府赍檄榜官赵承芳等二十员名，解送到臣。看得檄榜妄言惑众，讥讪主上，当即毁裂。又以事合闻奏，随即固封以进，审据赵承芳供系南昌府学教授。六月十三日宁府生日，次日各官谢宴，突起反谋，杀死孙都御史、许副使，囚死黄参议、马主事，其余大小职官胁从不遂者俱被监禁，追夺印信，放囚劫库，邀截兑米，分遣逋寇四散摽掠。声言要取南京，就往北京。十六日亲出城外迎取安福县举人刘养正，十七日迎取致仕都御史李士实，该入府内，号称军师、太师名目。二十一日将原禁各官放回各司，差人看守。二十二日令承芳并参政季敩代赍伪檄榜文，赴丰城、吉安、赣州、南安并王都御史及广东南雄等处，俱各不写正德年号，止称大明己卯岁。比承芳等不合怕死及因妻子被拘，旗校管押，只得依听，赍至墨池地方。蒙本院防哨官兵将承芳等拿获。

译文

正德十四年七月初一日，根据吉安府知府伍文定申请，准许领哨通判杨昉、千户萧英在于墨潭这个地方，捉获了宁府前来发布告示的官员赵承芳等二十人，押送到微臣这里。臣见到通告的内容妖言惑众，讽刺毁谤陛下，当时就将其撕毁。又因为此事应当上奏告知陛下，所以随后就将东西封存，准备进京上缴，经过审讯，赵承芳供认自己是南昌府学教授。六月十三日是宁王生日，第二天，各位官员进府参加宴会，宁府突然发动谋反，杀害了孙都御史、许副使，黄参议、马主事被囚禁致死。威胁其余的大小官员跟随反叛，不同意的人全部被监禁，夺走印信，他们释放囚犯、抢劫仓库，拦截掠夺漕粮，分别派遣逃亡在外的贼寇，令他们四处抢掠。扬言要夺取南京，然后攻打北京。十六日，宁王亲自出城迎接安福县举人刘养正，十七日，迎接已经辞去官职的都御史李士实入府，分别授予他们军师和太师的名号。二十一日，将原先囚禁的所有官员各自放回所在部门，派人看守。二十二日，命令赵承芳及参政季敩带着伪造的通告前往丰城、吉安、赣州、南安及广东南雄等地方，还去面见了王都御使，通告上都不写正德的年号，只称大明己卯年。赵承芳等人不怕死，又因为妻子、孩子被抓住，由军队看管，所以只能听从命令，将伪造的通告散布到墨池地区。随后本院负责防守的官兵将其抓获。

随审季敩，供系先任南安府知府，近升广西参政，装带家小由水路赴任，行至省城，适遇宁王生日，传令庆贺。次日随众谢宴，变起仓卒，俱被监禁。比敩自分死国，因妻女在船，写书令妻要死夫、女俱死母。后因看守愈严，求死不遂。至二十一日放回本船，懵死良久方苏。二十二日，又将妻女拘执，急呼敩进府，将前伪檄榜差旗校十二人督押敩与承芳代赍。敩计欲投赴军门，脱身报效，不期官兵执送前来等因。

译文

随后审问季敩，他供认自己先前担任南安府知府，近期升任广西参政，带着家属走水路前去上任，来到省城，恰好遇到宁王生日，传来命令让他们参与庆贺。第二天，随各官员一同参加宴会，宁王突然发动叛乱，一家人都被监禁。季敩想要为国而死，因为妻子和儿女还在船上，于是写信命令妻子随同丈夫而死，女儿随同母亲而死。后来因为看守愈加严密，求死不能成功。到二十一日，才被放回到了自己的船上，昏迷很长时间才苏醒过来。二十二日，宁王又将妻子和儿女关押，紧急传唤季敩进府，派遣旗校十二人监督季敩与赵承芳代为散布伪造的通告。季敩暗中打算投奔巡抚，由此脱身，继续报效国家，不料被官兵捉住押送过来。

案照先为飞报地方谋反重情事，已经二次差人具奏去后，今审据前因，参照宁王不守藩服，敢此称乱，睥睨神器，指斥乘舆，擅杀大臣，放囚劫库，稔不韪之罪，犯无将之诛。致仕都御史李士实恩遇四朝，实托心膂，举人刘养正旧假恬退之名，新叨录用之典，今皆反面事仇，为之出谋发虑，既同狗彘之行，难逭斧钺之诛。参政季敩、教授赵承芳，义未决于舍生，令已承于捧檄，但暴虐之威恐动于中，鹰犬之徒钤制于外，在法固所当罪，据情亦有可悯。除将赵承芳、季敩监禁，一面檄召兵民，随机应变，竭力讨贼，一应事宜，陆续奏闻处置外。

译文

查阅卷宗，微臣先前紧急呈报地方反叛的重大情况，已经两次派人进京上奏，现今根据审讯二人所得的供词，得知宁王不遵守藩王的规矩，竟敢犯上作乱，意图夺取帝位，肆意毁坏地方政权，擅自杀害朝廷大臣，释放囚犯，冒天下之大不韪，犯下了人人得而诛之的死罪。已经辞官的都御史李士实享受了四朝皇恩，却自愿成为叛军的心腹，举人刘养正过去假托恬淡无争的名号，现今却为宁王效力，这些人都叛变去帮助敌军，为他们出谋划策，他们的行为如同猪狗，难逃朝廷的严厉制裁。参政季敩、教授赵承芳，在生死关头没有选择舍生取义，反而接受命令为叛贼发布文告，只是宁王暴虐的威势震慑了他们的精神，宁王的属下又限制了他们的行动，从律法上看固然是有罪的，然而在情理上也有值得怜悯的地方。现今将赵承芳、季敩进行关押，发布檄文召集兵士和百姓，随机应变，竭尽全力讨伐叛贼，平息叛乱，发生的一切事情，陆续上奏，请陛下裁处。

臣闻多难兴邦，殷忧启圣。陛下在位一十四年，屡经变难，民心骚动。尚尔巡游不已，致宗室谋动干戈，冀窃大宝。且今天下之觊觎，岂特一宁王；天下之奸雄，岂特在宗室？言念及此，懔骨寒心。昔汉武帝有轮台之悔，而天下向治；唐德宗下奉天之诏，而士民感泣。伏望皇上痛自刻责，易辙改弦，罢出奸谀，以回天下豪杰之心；绝迹巡游，以杜天下奸雄之望。定立国本，励精求治，则太平尚有可图，群臣不胜幸甚！为此具本，并将伪檄一纸封固，专差舍人秦沛亲赍，谨题请旨。

译文

微臣听说越是多灾多难的时刻国家越能振兴，始终保持忧患意识就能启迪智慧、成就事业。陛下在位十四年，多次经过变乱，百姓的思想骚动不安。巡游国家还未结束，宗亲就密谋发动战争，抢夺皇位。现如今觊觎天下的人，难道只有一个宁王吗？有能力夺取天下的奸雄，难道只会出自皇室宗族吗？微臣想到这里，不禁感到心寒胆颤。从前汉武帝在轮台自省，从此民心归一，天下大治；唐德宗颁布了罪己诏，臣民为之感动，从而团结一心。微臣恳望陛下深刻反省自身，早日改革制度，罢免、惩处奸诈的臣子，以此挽回天下豪杰的忠义之心；杜绝去各地巡游作乐，以此消灭天下奸雄的野心。巩固国本，励精图治，如此才能指望国泰民安，也是臣子们莫大的幸事！特此题本上奏，并将一份宁王伪造的通告封存，专门派遣舍人秦沛亲自进京送交，请求陛下裁夺。

留用官员疏

十四年七月初五日

照得江西宁府谋反，据城练兵，分兵攻劫，囚禁方面官员，有操戈向阙之势。此君父之大难，臣子愤心之日也。臣在吉安地方调兵讨贼，四路阻绝，并无堪用官员。适遇钦差两广清军御史谢源，刷卷御史伍希儒各赴京复命，道经该府，不能前进。各官奋激，思效力讨贼以报朝廷，臣亦思军务紧急，各官俱有印敕，方便行事，遂留军前，同心戮力，经济大难。待事宁之日，赴京复命。缘系留用官员事理，未敢擅便，为此具本请旨。

译文

得知江西宁王府发动叛乱，占据城池，训练兵卒，兵分四路进攻抢劫，囚禁当地部门的官员，大有全副武装进攻都城的态势。这是陛下遭遇的大难，是臣子为之恼恨愤懑的时候。微臣在吉安地区调遣军队攻打叛贼，然而此处四面道路受到阻隔，已经没有可以任用的官员。恰好遇到两广的清军钦差御史谢源、刷卷御史伍希儒各自前往京城复命，途经吉安不能前进。各位官员的情绪十分激昂，都希望尽力讨伐贼寇，报效朝廷，微臣也考虑到军务紧急，各位官员都有印信，办事方便，于是将他们留在军中，共同努力，平息大难。等到叛乱平定之后，他们再赶赴京城复命。因为是留用官员的事情，微臣不敢擅自决定，特此题本上奏，请求陛下的指令。

江西捷音疏

十四年七月三十日

照得先因宁王图危宗社，兴兵作乱，已经具奏，请兵征剿外。随看得宁王阴谋不轨，已将十年，畜养死士二万余人，招诱四方盗贼渠魁亦以万数，举事之日，复驱其护卫党与并胁从之徒又六七万人，虐焰张炽。臣以百数疲弱之卒，势不敢轻举骤进，乃退保吉安。姑为牵制之图。

译文

先前因为宁王图谋不轨，威胁到国家的安全，微臣已经上奏请求朝廷发兵征剿。随后根据探查，宁王密谋作乱已经有将近十年的时间，培养了两万多名死士，招揽的四方盗贼头目也有一万余人，发动叛乱的当天，又驱使他的护卫、党羽，以及受到胁迫跟从他的人，共约六七万人，气焰猖狂嚣张。微臣麾下只有几百名疲弱的兵士，论形势不能轻举冒进，于是暂时退避防守吉安，姑且达成了牵制叛军的目的。

时远近军民劫于宁王之积威，道路以目，莫敢出声。臣一面督率吉安府知府伍文定等调集军民兵快，召募四方报效义勇之士，会计一应解留钱粮，支给粮赏，造作军器战船，奏留公差回任监察御史谢源、伍希儒分职任事。一面约会该府乡官先任右副都御史致仕王懋中、养病痊可编修邹守益、刑部郎中曾直、评事罗侨、丁忧监察御史张鳌山、先任浙江佥事今赴部调用刘蓝、依亲进士郭持平、军门参谋驿丞王思、李中、先任福建按察使致仕刘逊、先任参政致仕黄绣、先任嘉兴府知府闲住刘昭等，相与激发忠义，譬谕祸福，移檄远近，布朝廷之深仁，暴宁王之罪恶。于是豪杰响应，人始思奋。区画旬日，官兵稍稍四集。

译文

当时附近的军队百姓都畏惧宁王长久以来形成的威势，没有话语权，在公共场合不敢表示反抗。微臣一面带领吉安府知府伍文定等人调集军队和民兵，召募各地愿意为国家出力的义勇之士，统计一切支出、存入的钱粮，用来支付粮食和军饷，制造武器、军械和战船，上奏请求留下因公出差，回京禀报的监察御史谢源、伍希儒，由他们分别担任职务，处理事项。又联合该府的乡官，先前担任右副都御史，后来辞官的王懋中；卧床养病已经恢复的编修邹守益；刑部郎中曾植；评事罗侨；丁忧回乡的监察御史张鳌山；先前担任浙江佥事，如今前往部里调用的刘蓝；在家里侍奉双亲的进士郭持平；军门参谋驿丞王思、李中；先前担任福建按察使，现今辞官的刘逊；先前担任参政，现在辞职的黄绣；先前担任嘉兴府知府，现今在老家赋闲的刘昭等人，他们在一起相互激发忠义之心，讨论当前形势的吉凶祸福，向附近地方发布文告，宣扬朝廷的深厚恩泽，揭露宁王的罪恶。于是能人志士、英雄豪杰纷纷响应，百姓也开始准备抗争。讨论筹划了十几天，官员和士兵渐渐从各地赶来聚集。

时宁王声言先取南京。臣虑南京尚未有备，恐一时为彼所袭，乃先张疑兵于丰城，示以欲攻之势。故宁王先遣兵出攻南康、九江诸处，而自留居省城以御臣。至是七月初二日，探知臣等兵尚未集，乃留兵万余，属其心腹、宗支、郡王、仪宾、内官并伪授都督、都指挥等官，使守江西省城，而自引兵向阙。

译文

当时宁王扬言要首先攻取南京。微臣担心南京尚且还没有防备，恐怕短时间内会遭到叛兵突袭，于是先在丰城布置疑兵，做出准备进攻的态势。因此宁王选择先出兵进攻南康、九江等地，自己留守江西省城来抵御臣的军队。到了七月初二日，宁王一方探听到微臣等人还没有集齐兵力，就留下一万多名兵士，交给他的心腹、宗支、郡王、仪宾、内官，及伪装任命的都督、都指挥等官员，让他们留守江西，他本人则率领军队向北进军，计划进犯首都。

臣昼夜促各郡兵期以本月十五日会临江之樟树，而身督知府伍文定等兵径下。于是知府戴德孺引兵自临江来，知府徐琏引兵自袁州来，知府邢珣引兵自赣州来，通判胡尧元、童琦引后自瑞州来，通判谈储，推官王暐、徐文英，新淦知县李美、泰和知县李楫、宁都知县王天与、万安知县王冕，亦各以其兵来赴。十八日遵至丰城，分布哨道：使知府伍文定为一哨，攻广润门入，知府邢珣为二哨，攻顺化门入，知府徐琏攻惠民门入，知府戴德孺攻永和门入，通判胡尧元、童琦攻章江门入，知县李美攻德胜门入，都指挥余恩攻进贤门入，通判谈储、推官王時、知县李楫、王天与、王冕等，各以其兵乘七门之衅，傍夹攻击，以佐其势。是日得谍报，宁王伏兵千余于新旧坟厂，以备省城之投。臣乃遣奉新知县刘守绪、典史徐诚领兵四百，从间道夜袭破之，以摇城中。

译文

微臣昼夜不停地督促各郡兵士，与他们约定本月十五日在临江樟树这个地方聚齐，亲自率领知府伍文定等兵士直下省城。于是知府戴德孺带领军队从临江赶来，知府徐琏带领军队从袁州赶来，知府邢珣带领军队从赣州赶来，通判胡尧元、童琦领兵从瑞州赶来，通判谈储、推官王時、徐文英，新淦知县李美泰和知县李楫、宁都知县王天与、万安知县王冕也各自带领军队前来。十八日，遵照约定赶到了丰城，为他们安排进攻路线：命令知府伍文定为一路，从广润门进攻；知府邢珣为二路，从顺化门进攻；知府徐琏从惠民门进攻；知府戴德孺从永和门进攻；通判胡尧元、童琦从章江门进攻；知县李美从德胜门进攻；都指挥余恩从进贤门进攻；通判谭储、推官王時，知县李楫、王天与、王冕等人，各自带领士兵，趁着七门的战斗打响之后，从侧面包夹，从而协助我军的攻势。当日获得谍报报告，宁王在新旧坟厂埋伏了一千多名兵士，准备支援省城的叛军。于是微臣派遣奉新知县刘守绪、典史徐诚带领四百兵士从小路行进，趁着夜色突袭击破伏兵，以此动摇省城里叛军的军心。

十九日发市汊。臣乃大誓各军，申布朝廷之威，再暴宁王之恶，约诸将一鼓而附城，再鼓而登，三鼓而不克诛伍，四鼓而不克斩将。已誓，莫不切齿痛心，踊跃激愤。薄暮齐发。二十日黎明，各至信地。

译文

十九日，军队从市汊出发。微臣召开了誓师大会，宣扬朝廷的威德，再次痛斥宁王的罪行，与诸位将领约定，第一次击鼓时消灭对阵士兵，攻至城墙下方，第二次击鼓时登上城墙，第三次击鼓时如果不能攻克就击杀伍长，第四次击鼓时如果不能攻克就斩取敌将首级。宣誓完毕，兵士们无不咬牙切齿，痛心不已，义愤填膺，斗志昂扬。黄昏时分，各路大军一起出发，二十日黎明，各自到达约定好的地点。

先是，城中为备甚严，滚木、灰瓶、火炮、石弩、机毒之械无不毕具。及臣所遣兵已破新旧坟厂，败溃之卒皆奔告城中，城中已惊惧。至是复闻我师四面骤集，皆震骇夺气。我师乘其动摇，呼噪并进，梯絙而登。城中之兵土崩瓦解，皆倒戈退奔。城遂破。擒其居守宜春王拱樤及伪太监万锐等千有余人。宁王宫中眷属闻变，纵火自焚，延及居民房屋。臣当令各官分道救火，抚定居民，散释胁从，封府库，谨关防，搜获原被劫收大小衙门印信九十六颗，三司胁从官布政使胡濂、参政刘斐、参议许效廉、副使唐锦、佥事赖凤、都指挥王玘等，皆自首投罪。除将擒斩功次发御史谢源、伍希儒权令审验纪录，一应事宜，查审明白，陆续具奏，及一面分兵四路，追蹑宁王向往，相机擒剿，另行奏报外。

译文

先前，城中防守严密，滚木、灰瓶、火炮、石弩、毒箭等器械全部都准备齐全。等到微臣遣派的军队攻破新旧坟场的伏兵之后，败兵都逃往城中报告，城内守军已经惊慌失措，现今又听说我军突然从四面集结，都震惊恐惧，士气消沉。我军趁着守城的官军动摇不定的时候，高呼着奋勇前进，架起高高的云梯，攀着绳索登上城墙。城内的军队很快就土崩瓦解，都抛弃岗位四散奔逃。于是很快就攻下省城。捉拿了居守宜春王拱樤及伪太监万锐等一千多人。宁王宫中的家眷和亲属听说城池被攻克，纵火自焚，火势蔓延至周围居民的房屋。微臣当即命令各路官兵分头救火，安抚居民，释放被迫跟从宁王的人员，查封宁府府库，严格把守关隘，搜得先前被抢去的大小衙门印信九十六颗，受到胁迫而随从宁王的三司布政使胡濂、参政刘斐、参议许效廉、副使唐锦、佥事赖凤、都指挥王玘等人，纷纷前来认罪自首。将战斗中捉拿、斩杀敌军的功劳送交给御史谢源、伍希儒，姑且令他们核验、记录，将一切事情审查清楚之后，陆续上奏，此外，兵分四路追踪宁王去向，寻找机会将其捉拿归案，清剿叛军党羽，另外进行奏报。

窃照宁王逆焰熏天，众号一十八万，屠城破郡，远近震慑。今其猖獗已一月有余，而四方赴难之师尚未有一人应者。前项领哨各官及监军御史，本主养病、丁忧、致仕等官，皆从臣起于颠沛危急之际，并心协谋，倡率义勇，陷阵先登，以克破此坚城，据其巢穴。此虽臣子职分当然，亦其激切痛愤之本心。但当此物情暌贰动摇之日，非赏罚无以鼓士气。今逆贼杀人如草芥，又挟其厚货，赏赉所及，一人动以千万。伏愿皇上处变从权，速将前项各官量加升赏，以励远近。事势难为之日，覆宗灭族之祸，臣且不避，况敢避邀赏之嫌乎？缘系捷音事理，为此具本，专差千户詹明亲赍，谨具题知。

译文

微臣私下认为宁王反叛的气焰滔天，对外号称拥有十八万兵马，屠杀城镇、攻打郡县，震慑附近各省。现今叛军肆意攻劫已经有一个多月，然而四面八方尚且没有一支为国尽忠、平息叛乱的军队响应前来。上面所提到的领兵各官以及监军御史，主要都是在家丁忧、养病、辞官赋闲的官员，他们都能在动荡危急之际与微臣一起奔走效力，齐心协力，共同谋划，率领义勇将士冲锋陷阵，身先士卒，如此才攻破了这样守备坚固的城池，占领了逆贼的据点。这些虽然是臣子们的分内之事，但也显露出他们壮志报国、嫉恶如仇的忠心。当下正处于社会动荡，民心动摇的时刻，除了根据功劳重赏明罚，没有更能够鼓舞士气的办法了。如今逆贼杀人如麻，又坐拥搜刮抢夺的巨大财富，奖赏他的部下时，动辄就有成千上万之数。恳求陛下根据现今的紧急情况灵活处理，尽快对上面所提到的各位官员酌情加以提拔赏赐，以此来激励远近义士军兵。当下这样事态艰难的时刻，灭族身死的祸患，微臣都尚且不会逃避，区区居功邀赏的嫌疑，微臣又有什么可逃避的呢？因为是作战捷报，特此题本上奏，专门差遣千户詹明亲自送往京城，望陛下知悉。

擒获宸濠捷音疏

十四年七月三十日

照得先因宁王图危宗社，兴兵作乱，已经具奏请兵征剿外。随看得宁王虐焰张炽，臣以百数疲弱之卒，未敢轻举骤进，乃退保吉安，姑为牵制之图。时远近军民劫于宁王之积威，道路以目，莫敢出声。臣一面督率吉安府知府伍文定等调集军民兵快，召募四方报效义勇之士，奏留监察御史谢源、伍希儒分职任事。一面约会该府乡官都御史王懋中、编修邹守益、郎中曾直、评事罗侨、监察御史张鳌山、佥事刘蓝、进士郭持平、参谋驿丞王思、李中、按察使刘逊、参政黄绣、知府刘昭等，相与激发忠义，移檄远近，布朝廷之深仁，暴宁王之罪恶。于是豪杰响应，人始思奋。时宁王声言先取南京。臣虑南京尚未有备，恐为所袭，乃先张疑兵于丰城，示以欲攻之势。故宁王先遣兵出攻南康、九江，而自留居省城以御臣。至七月初二日，探知臣等兵尚未集，乃留兵万余，使守江西省城，而自引兵向阙。臣昼夜促兵，期以本月十五日会临江之樟树，而身督知府伍文定等兵径下。于是知府戴德孺、徐琏、邢珣，通判胡尧元、童琦、谈储，推官王暐、徐文英，知县李美、李楫、王天与、王冕，各以其兵来赴。十八日遂至丰城，分哨道：使知府伍文定等进攻广润等七门。是日得谍报，宁王伏兵千余于新旧坟厂，以援省城。臣乃遣奉新知县刘守绪等从间道夜袭破之，以摇城中。十九日，发市汊。大誓各军，申布朝廷之威，再暴宁王之恶，莫不切齿痛心，踊跃激愤。薄暮齐发。二十日黎明，各至信地。先是，城中为备甚严，滚木、灰瓶、火炮、机械无不毕具。臣所遣兵已破新旧坟厂，败溃之卒皆奔告城中，城中皆已惊惧。至是复闻我师四面骤集，益震骇夺气。我师乘其动摇，呼噪并进，梯絙而登。城中之兵皆倒戈退奔，城遂破，擒其居首宜春王拱樤及伪太监万锐等千有余人。宁王宫中眷属闻变，纵火自焚，延及居民房屋。臣当令各官分道救火，散释胁从，封府库，谨关防，以抚军民。除将擒斩功次发御史谢源、伍希儒权令审验纪录，及一面分兵四路追蹑宁王向往，相机擒剿，于本月二十二日已经具题外。当于本日据谍报及据安庆逃回被虏船户十余人报称，宁王于十六日攻围安庆未下，自督兵夫运土填堑，期在必克。是日有守城军门官差人来报，赣州王都堂已引兵至丰城，城中军民震骇，乞作急分兵归援。宁王闻之大恐，即欲回舟。因太师李士实等阻劝，以为必须径往南京，既登大宝，则江西自服。宁王不应。次日，遂解安庆之围。移兵泊阮子江，会议先遣兵二万归援江西，宁王亦自后督兵随来等因。

译文

如今按照先前因为宁王兴兵叛乱，危害国家的安全，已经上奏请求朝廷出兵讨伐。随后看到宁王气焰嚣张，行事猖狂，微臣只带领了几百疲弱的兵卒，不敢轻易贸然前进，于是退避守卫吉安，暂且达到牵制叛军的目的。当时附近的军民都畏惧宁王的淫威，没有说话的权利，不敢公开表示反抗。微臣一面督促带领吉安府知府伍文定等人调遣军民衙役，召集四面八方愿意为国家效力的义勇之士，上奏留用监察御史谢源、伍希儒分别担任相应职务。一面联合吉安府的乡官都御史王懋中、编修邹守益、郎中曾直、评事罗侨、监察御史张鳌山、佥事刘蓝、进士郭持平、参谋驿丞王思、李中、按察使刘逊、参政黄绣、知府刘昭等，彼此互相激发忠义之心，向附近各个地方发布文告，宣扬朝廷的深厚恩泽，揭露宁王的作恶多端。于是忠心报国的能人志士、英雄豪杰纷纷响应，百姓也愿意进行抗争。当时宁王扬言要首先夺取南京。微臣担忧南京尚且没有防备，恐怕会遭到叛军的袭击，于是就先在丰城布置疑兵，做出准备进攻的态势。因此宁王先出兵进攻了南康、九江，自己留守在省城里来抵御微臣的军队。到了七月初二日，宁王探听到微臣的军队还未集齐，就留下一万多名士兵，派他们守卫江西省城，自己则带领军队向都城进军。微臣昼夜不停地督促各个府衙、州府的兵士，约定本月十五日在临江樟树这个地方聚集，又亲自带领知府伍文定等官兵直下省城。于是知府戴德孺、徐琏、邢珣，通判胡尧元、童琦、谈储，推官王暐、徐文英，知县李美、李楫、王天与、王冕，各自率领他们的兵士前来。在十八日赶到了丰城，布置进攻路线：命令知府伍文定等人进攻广润等七门。当日得到谍报，宁王在新旧坟厂埋伏了一千多名兵士，以此支援省城。于是微臣派遣奉新县知县刘守绪等人从小路出发，趁着夜色击破这支伏兵，这样就可以动摇守城兵士的军心。十九日，军队从市汊出发。微臣召开誓师大会，宣扬朝廷的威德，再次痛斥宁王的罪行，各军无不咬牙切齿，激昂奋发。黄昏时分，大军一起出发。二十日黎明，各自到达阵地。先前城中防备严密，滚木、灰瓶、火炮、军械全部都准备齐全。微臣派遣的士兵已经击破新旧坟场的敌军，战败的兵士奔逃入城，报告守军，因此城内守军都已惊慌失措。此时又听闻我军从四面突然聚集，更加震惊恐惧、士气消沉。我军趁着守城的官军动摇不定的时机，高呼着奋勇前进，架起高高的云梯，攀着绳索登上城墙。城中的叛军都抛弃岗位奔逃，于是省城很快就被攻破，捉拿并俘虏了留守的宜春王拱樤及伪太监万锐等一千多人。宁王宫中的家眷和亲属听说城池被攻破，纵火自焚，大火蔓延至周围居民的房屋。微臣当即命令各路官兵分头救火，释放遣散被迫跟随宁王的官员，封闭府库，防守关隘，以此安抚军队和百姓。将捉拿和斩杀的功劳，按大小送交御史谢源、伍希儒，暂且令他们核查、记录，另外兵分四路，追踪宁王去向，寻找机会将其捉拿归案，围剿叛军。在本月二十二日已经题本上奏。就在当天，根据谍报以及从安庆逃回的被掳走的船户十多人禀报，宁王在十六日围攻安庆，没有攻下，现在正亲自督促兵士运土填充城壕，一定要攻克安庆。当日有守城的军官派人前来报告宁王，赣州王都堂已经带领士兵到达丰城，城中军民人心惶惶，请求立即派兵回来支援。宁王听说后非常恐慌，立刻想要回兵。因为太师李士实等人劝阻，认为一定要前往攻克南京，等到登上皇位以后，江西自然会归服。宁王没有答应。于是第二天，宁王退兵，安庆的危机就解除了。宁王将军队转移至扬子江暂驻，经过商讨决定先派遣两万兵士返回支援江西，宁王也随后带兵回来援助。

先是，臣等驻兵丰城，众议安庆被围，宜引兵直趋安庆。臣以九江、南康皆已为贼所据，而南昌城中数万之众，精悍亦且万余，食货充积，我兵若抵安庆，贼必回军死斗，安庆之兵仅仅自守，必不能援我于湖中，南昌之兵绝我粮道，而九江、南康之贼合势挠蹑，四方之援又不可望，事难图矣。

今我师骤集，先声所加，城中必已震慑，因而并力急攻，其势必下。已破南昌，贼先破胆夺气，失其根本，势必归救。如此则安庆之围自解，而宁王亦可以坐擒矣。至是得报，果如臣等所料。

译文

先前，微臣等在丰城驻扎，众人一起商讨安庆被围之事，认为应该带领军队直接去往安庆。微臣认为九江、南康都已经被叛军占领，而南昌城内也有叛军数万人，其中精锐强悍的兵士尚且有一万多人，城内有充足的粮食和军饷，如果我军到了安庆，叛贼一定会调转兵力拼死作战，安庆的兵力只能自保，肯定不可能在湖中支援我军，南昌的叛军如果阻断我军的粮道，九江、南康的叛贼又集合兵力袭击骚扰我军，各地的援军又来不及赶到，我军就会陷入非常困难的境地。现今我军突然集中，先制造出浩大的声势，南昌城中必定已经惊慌不已，因此集中力量迅猛出击，一定能够攻下南昌。南昌攻破后，叛贼就会先丧失战意，失去了大本营，安庆的叛军一定会回来援助。这样一来安庆的危机自然能解除，也可以坐等宁王回来自投罗网。到此时得到汇报，事情的发展果然如臣等所料。

当臣督同领兵知府会集监军及倡义各乡官等官，议所以御之之策，众多以宁王兵势众盛，气焰所及有如燎毛。今四方之援尚未有一人至者，彼凭其愤怒，悉众并力而萃于我，势必不支。且宜敛兵入城，坚壁自守，以待四邻之援，然后徐图进止。臣以宁王兵力虽强，军锋虽锐，然其所过徒恃焚掠屠戮之惨，以威劫远近，未尝逢大敌，与之奇正相角，所以鼓动扇惑其下者，全以进取封爵之利为说。今出未旬月，而辄退归，士心既已摧沮，我若先出锐卒，乘其惰归，要迎掩击，一挫其锋，众将不战自溃，所谓“先人有夺人之气，攻瑕则坚者瑕”也。是日抚州府知府陈槐兵亦至。

译文

紧接着微臣率领军队的知府，召集监军及各位乡官，商讨御敌的策略，众人大多认为宁王的军队人数众多、实力强大，叛军兵力所向如同大火焚烧皮毛一般容易。如今外地的援兵一个也没有到来，宁王的军队凭着一股恼怒愤恨的气势，如果集中全部兵力来攻打我军，我军一定抵挡不住。暂且应当收兵入城，加强防御，等待各地援军到来，然后再慢慢谋划攻守大计。微臣却认为宁王的兵力虽然强盛，军队的气势虽然锋锐，然而叛军经过之处只是倚仗烧杀抢掠的残酷行径来威慑恫吓周边地区，并没有遇到真正强大的敌人与其势均力敌地对峙，宁王煽动迷惑下属的法子，全都是许诺给他们加官晋爵、高官厚禄，以此来进行游说。现今还没有到一个月，就被迫从安庆退兵回来防守，他们的士气已经被摧毁，我军如果此时先派出精锐部队，趁着他们疲惫败退的时候，偷袭发动猛攻，可以大大挫败叛军的锋芒，他们将不战而败，这就是所谓的“先发制人，能够以声势压倒对方，攻击敌人的弱点，对方坚固的部分也会变得薄弱”。当天抚州的知府陈槐也带兵到达。

于是遣知府伍文定、邢珣、徐琏、戴德孺合领精兵伍百，分道并进，击其不意。又遣都指挥余恩以兵四百往来湖上，以诱致贼兵。知府陈槐，通判胡尧元、童琦、谈储，推官王暐、徐文英、知县李美、李楫、王冕、王轼、刘守绪、刘源清等，使各领兵百余，四面张疑设伏，候伍文定等兵交，然后四起合击。分布既定，臣乃大赈城中军民。虑宗室郡王将军或为内应生变，亲慰谕之，以安其心。又出给告示，凡胁从皆不问，虽尝受贼官爵，能逃归者，皆免死。斩贼徒归降者给赏。使内外居民及乡道人等四路传播，以解散其党。

译文

于是派遣知府伍文定、邢珣、徐琏、戴德孺等共同带领五百精兵，分头并进，趁叛军意想不到时进行攻击。又派遣都指挥余恩带领四百多名兵士在湖上来往，以此来引诱敌军。知府陈槐，通判胡尧元、童琦、谈储，推官王暐、徐文英，知县李美、李楫、王冕、王轼、刘守绪、刘源清等人，各自带领一百多名士兵，在四面布置疑兵、设置埋伏，等到伍文定等人带领兵士与叛军交战，然后就从四面进行合击。部署计划已经确定，微臣就对城中的灾民和兵士发放充足的赈济。考虑到城中的宗室、郡王、将军等人可能作为内应发生事变，微臣亲自登门进行开导和慰问，使他们能够安心。又发出告示，凡是被迫跟从宁王反叛的人员都不问罪，即使是曾经受到叛贼的封官嘉奖，能够逃跑回来的，都能够免于死罪。杀死叛贼归来投降的人给予奖赏。派遣城内城外的居民及各路乡导等人四处张贴传播，以此离间宁王的党羽。

二十三日，复得谍报，宁王先锋已至樵舍，风帆蔽江，前后数十里，不能计其数。臣乃分督各兵乘夜趋进，使伍文定以正兵当其前，余恩继其后，邢珣引兵绕出贼背，徐琏、戴德孺张两翼以分其势。二十四日早，贼兵鼓噪，乘风而前，逼黄家渡，其气骄甚。伍文定、余恩之兵佯北以致之。贼争进趋利，前后不相及。邢珣之兵前后横击，直贯其中，贼败走。文定、恩督兵乘之，琏、德孺合势夹攻，四面伏兵亦呼噪并起，贼不知所为，遂大溃。追奔十余里，擒斩二千余级，落水死者以万数。贼气大沮，引兵退保八字脑，贼众稍稍遁散。宁王震惧，乃身自激励将士，赏其当先者以千金，被伤者人百两。使人尽发九江、南康守城之兵以益师。

译文

二十三日，又接到了谍报，宁王的先锋部队已经到达樵舍，船队遮蔽了江面，前后绵延几十里，不能估算它们的数量，于是微臣分别督促各兵趁夜前进，让伍文定率领部队在正面挡住叛军去路，余恩在其后进行接应，邢珣带领士兵绕到叛军背后，徐琏、戴德孺分布在两翼，分散敌军的兵力。二十四日早晨，叛军乘风击鼓呐喊向前，逼近黄家渡，气势非常强大。伍文定、余恩的军队假装败北，后退引诱敌军。叛军争相追赶想要立下战功，前后就拉开了距离。邢珣带兵从前后横击，一直冲到叛军阵队的中心，叛军败逃。伍文定、余恩率领兵士进行追赶，徐琏、戴德孺集合兵力进行围攻，四面的伏兵也高声呼喊一齐发动进攻，敌军不清楚情况，惊慌失措，于是大败。我军追赶了十多里，捉拿并斩杀了两千多名叛军，落水而死的人，数以万计。叛军元气大伤，带兵退守八字脑，有一部分叛军已经开始逃跑。宁王惊慌失措，就亲自出面鼓励将士，奖赏给在前冲锋陷阵的兵士千两黄金，受伤的人赏银百两。派人将九江、南康的守城叛军全部调派过来，以此补充主力部队。

是日建昌知府曾玙引兵亦至。臣以九江不破，则湖兵终不敢越九江以援我；南康不复，则我兵亦不能逾南康以蹑贼。乃遣知府陈槐领兵四百，合饶州知府林瑊之兵，乘间以攻九江，知府曾玙领兵四百，合广信知府周朝佐之兵，乘间以取南康。

译文

当天，建昌知府曾玙也带领军队抵达。微臣认为九江没有攻破，湖兵就始终不敢越过九江来支援我军；南康没有收复，我军也不能越过南康去追击敌人。于是派遣知府陈槐带领四百名兵士，与饶州知府林瑊的兵力会合，寻找机会攻打九江，知府曾玙带领四百名兵士，与广信知府周朝佐的兵力会合，寻找机会攻打南康。

二十五日，贼复并力盛气挑战。时风势不便，我兵少却，死者数十人。臣急令人斩取先却者头。知府伍文定等立于铳炮之间，火燎其须，不敢退，奋督各兵，殊死并进。炮及宁王舟。宁王退走，遂大败。擒斩二千余级，溺水死者不计其数。贼复退保樵舍，连舟为方阵，尽出其金银以赏士。臣乃夜督伍文定等为火攻之具，邢珣击其左，徐琏、戴德孺出其右，余恩等各官分兵四伏，期火发而合。

译文

二十五日，叛贼又一次合并军队，气焰高涨地发动进攻。当时的风势不利，我军稍稍退却，死伤者有几十人。微臣紧急下令斩杀最先退却的兵士。知府伍文定等人站在铳炮之间，火烧坏了胡子也不敢退后，奋勇率领各路兵马拼死冲杀。炮弹打中了宁王的船只。宁王逃走，叛军大败。我军捉拿斩杀了两千多人，落水而死的人不计其数。叛军又撤退至樵舍，把战船连接起来组成方阵，宁王拿出大量金银奖赏兵士。于是微臣连夜监督伍文定等人制造火攻的器械，安排邢珣进攻叛军的左翼，徐琏、戴德孺进攻其右翼，余恩等其他官员分头从四面进行伏击，约定举火为号，火一点着就一齐进攻。

二十六日，宁王方朝群臣，拘集所执三司各官，责其间以不致死力，坐观成败者，将引出斩之。争论未决，而我兵已奋击，四面而集，火及宁王副舟，众遂奔散。宁王与妃嫔泣别。妃嫔宫人皆赴水死。我兵遂执宁王，并其世子、郡王、将军、仪宾及伪太师、国师、元帅、参赞、尚书、都督、都指挥、千百户等官李士实、刘养正、刘吉、屠钦、王纶、熊琼、卢珩、罗璜、丁馈、王春、吴十三、凌十一、秦荣、葛江、刘勋、何镗、王信、吴国七、火信等数百余人。被执胁从宫太监王宏，御史王金，主事金山，按察使杨璋，佥事王畴、潘鹏，参政程果，布政梁辰，都指挥郑文、马骥、白昂等。擒斩贼党三千余级，落水死者约三万余。弃其衣甲器仗财物，与浮尸积聚，横亘若洲焉。于是余贼数百艘四散逃溃，臣复遣各官分路追剿，毋令逸入他境为患。二十七日，及之于樵舍，大破之。又破之于吴城，擒斩复千余级，落水死者殆尽。二十八日，得知府陈槐等报，亦各与贼战于沿湖诸处，擒斩各千余级。

译文

二十六日，宁王正在接见群臣，召集所有三司官员，责备他们中间没有拼死效力，袖手旁观的人，要找出这些人砍头。争论还没有结果，我军已经奋勇出击，从四面聚集放火，火势蔓延至宁王的副舟，于是众人分散逃跑。宁王与妃嫔哭泣道别。妃嫔、宫人全都跳水赴死。我军捉拿了宁王及其世子、郡王、将军、仪宾以及伪太师、国师、元帅、参赞、尚书、都督、都指挥、千百户等官员李士实、刘养正、刘吉、屠钦、王纶、熊琼、卢珩、罗璜、丁馈、王春、吴十三、凌十一、秦荣、葛江、刘勋、何镗、王信、吴国七、火信等几百人。被叛贼捉拿、胁迫跟随的宫太监王宏，御史王金，主事金山，按察使杨璋，佥事王畴、潘鹏，参政程果，布政梁辰，都指挥郑文、马骥、白昂等。捉拿斩杀叛军党羽三千多人，落水而死的有三万多人。他们丢弃的衣甲、武器、财物与浮尸积聚在一起，横亘在江中像岛屿一般。残余的数百艘船上的叛军四散逃窜，微臣又派遣各官分头进行追击围剿，不要让他们逃到其他省内继续为害。二十七日，在樵舍追上敌军，大规模击破。又在吴城击破敌军，又有一千多人被捉拿斩杀，其余人都落水而死。二十八日，得到知府陈槐等人报告，也各自与叛军在沿湖各地作战，各自擒拿斩杀了一千多人。

臣等既擒宁王而入，阖城内外军民聚观者以数万，欢呼之声震动天地，莫不举首加额，真若解倒悬之苦而出于水火之中也。除将宁王并其世子、郡王、将军、仪宾、伪授太师、国师、元帅、都督、都指挥等官各另监羁候解，被执胁从等官并各宗室别行议奏，及将擒斩俘获功次一万一千有奇，发御史谢源、伍希儒暂令审验纪录，另行造册缴报外。

译文

微臣等捉住宁王入城后，全城内外聚集观看的军兵百姓有几万人，欢呼之声震天动地，所有人都举起手靠在额头上表示庆贺，真如从水火之中解救了倒悬的痛苦一般。将宁王及其世子、郡王、将军、仪宾、伪授的太师、国师、元帅、都督、都知挥等官员各自进行监押，等候押解至京城，被俘虏胁迫跟从的官员及各宗室成员另外进行上奏处置，又将捉拿、斩杀、俘虏的一万一千多人的送交御史谢源、伍希儒，暂且令他们进行核查记录，另外登记造册，呈报上缴。

照得臣节该钦奉敕谕："但有盗贼生发，即便严督各该兵备、守备、守巡并各军卫有司设法调兵剿杀。其管领兵快人等官员，不问文职武职，若在军前违期并逗遛退缩者，俱听以军法从事。生擒盗贼，鞠问明白，亦听就行斩首示众。斩获贼级，行令各该兵备、守巡、守备官即时纪验明白，备行江西按察司造册缴报，查照事例升赏激劝，钦此。"及准兵部题称："今后但草贼生发，事情紧急，该管官司即便依律调拨官军乘机剿捕，应合会捕者，亦即调发策应"等因。节奉钦依备咨前来。又即该奉敕："如或江西别府报有贼情紧急，移文至日，尔亦要及时遣兵策应，毋得违误。钦此。"俱经钦遵外。

译文

根据微臣接到的敕谕："但凡有盗贼作乱，当即就严格督促各兵备、守备、守巡以及各军卫有司想办法调派兵士围剿。其中管理、率领兵士、衙役等人的官员，无论文官还是武官，如果有在军前违反期限并逗留、退缩的，全部依照军法处置。活捉的贼寇，审问明白之后，也可以立即斩首示众。斩获的贼人头颅，命令各该兵备、守巡、守备官当即核验、记录清楚，报备给江西按察司造册上缴，按照以往赏赐的例子予以提拔嘉奖，旨意在此。”又根据兵部的上奏称：“今后但凡遇到贼寇谋反作乱，事态紧急的，相关负责衙门可以当即依照律法调派官军，寻找时机围剿逮捕，应当联合逮捕的，也应立即调度安排。”收到以上敕令和咨文。又收到敕令：“如果有江西以外的其他府上报紧急贼寇作乱的情况，公文到达的时候，你也要及时派遣军队援助，不能违背命令延误战机。旨意在此。”遵命行事。

窃照宁王忝淫奸暴，腥秽彰闻，贼杀善类，剥害细民，数其罪恶，世所未有。不轨之谋，已逾一纪；积威所劫，远被四方。士夫虽在千里之外，皆蔽目摇手，莫敢论其是非。小人虽在幽僻之中，且吞声饮恨，不敢诉其冤抑。兼又招纳叛亡，诱致剧贼渠魁，如吴十三、凌十一之属，牵引数千余众，召募四方武艺骁勇、力能拔树排关者，亦万有余徒。又使其党王春等分赍金银数万，阴置奸徒于沧州、淮扬、山东、河南之间，亦各数十。比其起事之日，从其护卫姻族，连其党与朋私，驱胁商旅军民，分遣其官属亲昵，使各募兵从行，多者数千，少者数百，帆樯蔽江，众号一十八万。其从之东下者，实亦不下八九万余。且又矫称密旨，以胁制远近，伪传檄谕，以摇惑人心。故其举兵倡乱一月有余，而四方震慑畏避，皆谓其大事已定，莫敢抗义出身，与之争衡从事。抱节者仅坚城而自守，忠愤者惟集兵以俟时，非知谋忠义之不足，其气焰使然也。

译文

微臣私下认为，宁王生性残暴贪婪，他丑陋的恶行早已经远近闻名，残害良善百姓，盘剥贫苦的农民，细数其罪恶，实在是世间罕有。其觊觎皇位的密谋已经长达十年之久；四处都传播着他暴虐残酷的威名。士大夫虽然远在千里之外，但是只要提起宁王也都闭目摆手，不敢评论他的是非。穷苦百姓虽然在穷乡僻壤的地方，也只能暂且忍气吞声，不敢诉说自己的冤枉。加之招收了大量亡命之徒，召集凶残的贼寇首领，如吴十三、凌十一之流，这些首领也带来了几千名下属，从四面八方招募的武艺高强，骁勇有力，能够拔树排关的猛士，也有一万多人。又指使他的亲信王春等人携带几万两金银，私底下在沧州、淮扬、山东、河南等地，各自安插培养了数十名党羽。到他发动叛乱的时候，让他的护卫和亲族跟随他，串通他的同伙党羽，胁迫、驱使商旅军民，分别派遣他的下属亲信，让他们各自招募兵士随行，多的有几千人，少的有几百人，江面上挤满了船只，对外声称有十八万大军。跟从他向东而下的，其实也不少于八九万人。而且还假称收到王爷的秘密旨意，以此牵制附近的省份，假传文告谕令，以此动摇、迷惑人心。因此他发动叛乱不过一个多月，各地就已经震恐退避，都认为他已经确定了局势，没有人敢挺身而出进行抗议，与他正面作对。有节操的官员只能够坚守城池自保，忠心报国，满腔愤恨的人只能集中兵力等待时机，这些人并不是缺乏忠心或智谋，而是叛军的声势过大，气焰嚣张，让人不敢轻举妄动。

臣以孱弱多病之质，才不逮于凡庸，知每失之迂缪，当兹大变，辄敢冒非其任，以行旅百数之卒，起事于颠沛危疑之中。旬月之间，遂能克复坚城，俘擒元恶。以万余乌合之兵，而破强寇十万之众，是固上天之阴隲，宗社之默佑，陛下之威灵。而庙廊谋议诸臣消祸于将萌而预为之处，见几于未动而潜为之制，改臣提督，使得扼制上流，而凛然有虎豹在山之威，申明律例，使人自为战，而翕然有臂指相使之形，敕臣以及时策应，不限以地，而隐然有常山首尾之势，故臣得以不俟诏旨之下，而调集数郡之兵，数郡之民，亦不待诏旨之督，而自有以赴国家之难，长驱越境，直捣穷追，不以非任为嫌，是乃伏至险于无形之中，藏不测于常制之外，人徒见嬖奚之多获，而不知王良之善御有以致之也。

译文

微臣的身体孱弱多病，才能与普通人相比还显愚钝，智力也愚昧低下，如今遇上这样巨大的变故，斗胆担负起力不能及的责任，凭借着数百名行旅一般弱小的士卒，在动荡不安的环境下反抗叛军。一个多月的时间，就能攻破坚固的城池，俘虏了元凶。带领着一万多名没有经过训练的兵士，打败了十万名强悍的敌军，这固然是上天的庇护，列祖列宗的保佑，和陛下的天威所致。朝廷上负责商讨战略的诸位大臣则将祸患消灭在将要萌发的时候，预见到敌军的动向，事先做了部署安排，改任微臣为提督，使得微臣能够控制上层官员，俨然形成了虎豹在山的威势，申明赏罚条例，使人们自愿为之而战，整齐划一，纪律严明，如手臂指挥手指一样，陛下命令微臣及时配合他省军队，不规定作战地点，使微臣的军队隐隐有如常山大蛇一般环绕当地的气势，因此微臣能够不等到圣旨督促，自行前往消解国家的急难，长途跋涉越过边境，径直追击敌军，不会有僭越职务的嫌疑，这样才能在无形中消灭最危险的因素，在常规战略之外留存有出其不意的奇招，正如人们只看到嬖奚收获颇丰，却不知道这因为王良善于驾车的结果。

然则今日之举，庙廊诸臣预谋早计之功，其又孰得而先之乎？及照御史谢源、伍希儒监军督哨，谋画居多，倡勇宣威，劳苦备尝。领哨知府伍文定、邢珣、徐琏、戴德孺、陈槐、曾玙、林城、周朝佐，署都指挥佥事余恩，分哨通判胡尧元、童琦、谈储，官王昕、徐文英，知县李楫、李美、王冕、王轼、刘源清、刘守绪、傅南乔，随哨通判杨昉、陈旦，指挥麻玺、高睿、孟俊、知县张淮、应恩、王庭、顾佖、万士贤、马津等，虽效绩输能亦有等列，然皆首从义师，争赴国难，协谋并力，共收全功。其间若伍文定、邢珣、徐琏、戴德孺等，冒险冲锋，功烈尤懋。乡官都御史王懋中、编修邹守益、御史张鳌山、郎中曾直、评事罗侨、佥事刘蓝、进士郭持平、驿丞王思、李中、按察使刘逊、参政黄绣、知府刘昭等，仗义兴兵，协张威武，运筹赞画，夹辅折冲，以上各官功劳，虽在寻常征剿，亦已甚为难得，况当震恐摇惑，四方知勇莫敢一膺其锋，而各官激烈忠愤，捐身徇国，乃能若此。

译文

然而如今平息叛乱这样的大事，朝堂上诸位大臣预先谋划部署的功劳，又有谁能领先众人呢？御史谢源、伍希儒，监督、率领各路军队，为战争出谋划策，展现了勇气，宣扬了朝廷的威德，尝尽了艰难辛苦。领兵知府伍文定、邢珣、徐琏、戴德孺、陈槐、曾玙、林城、周朝佐，署都指挥佥事余恩，分路通判胡尧元、童琦、谈储，推官王昕、徐文英，知县李楫、李美、王冕、王轼、刘源清、刘守绪、傅南乔，随哨通判杨昉、陈旦，指挥麻玺、高睿、孟俊，知县张淮、应恩、王庭、顾佖、万士贤、马津等人，虽然他们的战绩和功劳也能够分出等级，但是他们都能够踊跃参加忠义之军，争相奔赴国家的急难，共同谋划出力，取得战争的胜利。其中像伍文定、邢珣、徐琏、戴德孺等人，冒着危险冲锋陷阵，功劳尤其大。乡官都御史王懋中，编修邹守益，御史张鳌山，郎中曾直，评事罗侨，佥事刘蓝，进士郭持平，驿丞王思、李中，按察史刘逊、参政黄绣、知府刘昭等人，恪守道义出兵支援，共同彰显了我军威武不屈的精神，积极参与谋划，帮助战事取得胜利，以上各个官员的功劳，即使常的征讨作战中，也已经是难能可贵的了，何况当时叛军气势正盛，各地都震惊恐慌，人心动摇，四方的智勇之士没有敢于与其对抗的，各位官员却忠心耿耿，嫉恶如仇，舍生取义，如此这场战争才能取得胜利。

伏愿皇上论功朝锡之余，普加爵赏旌擢，以劝天下之忠义，以励将来之懦怯。仍诏示天下，使知奸雄若宁王者，蓄其不轨之谋已十有余年，而发之旬月，辄就擒灭，于以见天命之有在，神器之不可窥，以定天下之志。尤愿皇上罢息巡幸，建立国本，端拱励精，以承宗社之洪休，以绝奸雄之觊觎，则天下幸甚，臣等幸甚。缘系捷音事理，为此具本，专差千户王佐亲赍，谨具题知。

译文

恳请陛下在对朝廷大臣论功行赏之外，对于忠诚爱国的义烈之士也普遍进行表彰封赏，从而鼓励未来怯懦的兵士，激发忠勇之气。并且仍要昭告天下，使得天下人知道哪怕是像宁王那样的奸雄，已经准备了十年阴谋造反，发动叛乱之后，仅一个多月就全部被消灭，由此可见天命站在陛下一边，皇位不允许他人觊觎，以此来安定天下民心。尤其希望陛下停止巡游，勤修政务，巩固国家的根基，励精图治，来继承祖宗留下的宏伟大业，杜绝奸雄们的野心，如此则天下大幸，臣等大幸。因为是获胜的捷报，特此题本上奏，专门差遣千户王佐亲自送交，望陛下知晓。

奏闻益王助军饷疏

十四年七月三十日

近蒙益府长史司呈："该本司启案查宁藩有变，已经启行外，今照见奉提督都御史王案验内称：'本院已于七月初九日领兵前往三城县市汊等处驻扎，刻日进攻省城，牌差百户杨锐前来建昌府守取掌印官亲自统兵，毋分日夜，兼程前进，期本月十五、十六日俱赴军门，面授约束，并势追剿。'及照知府曾玙报称即日领兵起程，前赴军门听调进攻等因。看得国家之事，莫大于戎。今宁藩不轨，惊动多方，提督都御史等官倡义，协谋进攻，愤忠思剿，上以纾朝廷南顾之忧，下以解生民荼毒之苦。况我殿下国朝分封至亲，理宜助饷军门，共纾国难。具本启奉令旨发银一千两，差官胡敬仪，卫副陆澄，书办官并旗校官等，前去提督军务王都御史处犒赏。"敬此，敬遵。除将银两差官管送前来外，合行备由呈乞施行等因到臣。

译文

近来收到益王府长史呈报："由本司启报，探查到宁王发动叛乱，已经上报，如今按照现在的提督都御史王公文内声称：'本院已经在七月初九日带领兵士前往丰城县市汊等地驻扎，约定了日期进攻省城。如今下发文书派遣百户杨锐前往建昌府看守保护掌印官员，亲自率领军队，不分昼夜全速前进，约定在本月十五、十六日全部赶赴到提督处所，当面讣授进军计划，集中兵力进行追剿。'另外按照知府曾玙的报告称，即日带领士兵起程，前去面见提督，听取调派。微臣认为，国家的事，没有比用兵打仗更重要的。现今宁王犯上作乱，惊动四方，提督都御史等官员忠义为国，嫉恶如仇，共同谋划剿灭叛军、平息叛乱，对上能够缓解朝廷对南方的担忧，对下能够解决百姓遭受的苦难。更何况益王殿下是朝廷分封的至亲，理所应当为军队资助粮饷，共同解除国难。题本上报，奉命发放银钱一千两，委派官员胡敬仪，卫副陆澄，书办官及旗校官等人，前往提督军务王都御史处，进行犒赏。"

遵命行事。除了派遣官员押送银两前来以外，还将办理的经过、缘由呈报，要求微臣实行。

为照宁王谋叛，稔衅多年，积威所劫，无不萎靡。况其举事之初，擅杀重臣，众号一十八万，肆然东下，虽平日士夫号称忠义，莫敢指斥。今益王殿下乃心宗社，出私帑以给军饷，非忠义奋发，急于讨贼，岂能倡言助正，以作兴军士之气如此！伏望皇上特敕奖励，以激宗室之义，以永益王殿下为善之心，以夹辅帝室，天下臣民不胜幸甚。

译文

得知宁王谋反，阴谋策划已经多年，他多年积累的威势庞大，所到之处人人都胆怯顺从。更何况他在发动叛乱的初期，就擅自斩杀了朝廷任命的大臣，号称有十八万叛军，毫无顾忌地向东而下，即使是平时自命忠义的士大夫，也不敢对他加以指责。如今益王殿下能够心系国家安危，拿出自己的私库来资助军饷，如果不是出于一片忠心，急于讨伐叛军、平息叛乱，怎能像这样出资支持正义，以此来振奋军队的士气呢！恳望陛下特意降旨嘉奖，以此激发宗室的忠义之心，从而铭记益王殿下为善的诚心，让更多人一起辅佐陛下的统治，如此将是天下臣民的大幸。

除将原发白银一千两唱名给散军士外，缘系宗室出私帑以给军饷事理，为此具本请旨。

译文

已经将益王原本自助的一千两白银，唱名发放给官兵，此外，因为是宗室使用私蓄资助军饷的事情，特此上奏，请求陛下的旨意。

旱灾疏

十四年七月三十日

据吉安等一十三府所属庐陵等县各申称：本年自三月至于秋七月不雨，

禾苗未及生发，尽行枯死。夏税秋粮，无从办纳，人民愁叹，将及流离。理合申乞转达、宽免等因到臣。节差官吏、老人踏勘。委自三月以来，雨泽不降，禾苗枯死。续该宁王谋反，乘衅鼓乱，传布伪命，优免租税。小人惟利是趋，汹汹思乱。臣因通行告示，许以奏闻优免税粮，谕以臣子大义，申祖宗休养之德泽，暴宁王诛求无厌之恶。由是人心稍稍安集，背逆趋顺，老弱居守，丁壮出征，团保馈饷，邑无遗户，家无遗夫。就使雨旸时若，江西之民亦已废耕耘之业，事征战之苦；况军旅干旱，一时并作，虽富室大户不免饥馑，下户小民得无转死沟壑，流散四方乎？设或饥寒所迫，征输所苦，人自为乱，将若之何？如蒙乞敕该部，暂将江西正德十四年分税粮通行优免，以救残伤之民，以防变此之阶。伏望皇上罢冗员之俸，损不急之赏，止无名之征，节用省费，以足军国之需，天下幸甚。

译文

根据吉安等十三府下属的庐陵等县申报称：本年自从三月到秋季七月没有下过一次雨，禾苗还没有长成就已经全部枯死。夏天的赋税、秋天的征粮都没有办法交纳，人民哀愁叹息，将要去外地逃荒。按理应当申报，请求转达上级官府宽免钱粮。此事转达给微臣。立即派遣官吏、老人亲自前往察看。确实从三月以来，雨水稀少，禾苗全部枯萎。接着又发生了宁王谋反之事，趁着天灾鼓动混乱的情况，散布假消息，声称可以豁免租税。贫苦百姓只贪图利益，于是人心汹涌，考虑随其造反。微臣因此广发告示，许诺百姓会如实将灾情上奏，请求朝廷宽免百姓的税银和贡粮，用臣民的大义教导他们，向他们宣扬列祖列宗使人民休养生息的恩泽，揭露宁王残害、盘剥百姓，贪得无厌的罪行。因此人心渐渐安定，背弃乱臣贼子，心向朝廷，年老病弱的百姓在家留守，精壮的青年随军队出征，联合起来供给军队粮食和军饷，当地每家每户都积极参加，青壮年悉数出动。这样假使在风调雨顺的时候，江西的农民也已经荒废了耕耘的时机，为了征战而四处奔波；更何况同时发生战争和旱灾，即使是富家大户也难免忍饥挨饿，普通百姓怎么能不饿死在路边，或者流散四方呢？如果是受到饥寒的逼迫，苦于征调、输送丁役，从而百姓自发发动叛乱，又会怎么样呢？如果陛下给户部下达敕令，暂时宽免江西省正德十四年应该缴纳的钱粮，就能挽救受到战争与干旱双重打击的人民，就能防止百姓的变乱。恳求陛下停止给多余无用的官员发放俸禄，减少非必要的赏赐，停止没有正当理由的征调，节约开支，来满足国家与军事所需，如此将是天下百姓的大幸。

请止亲征疏

十四年八月十七日

正德十四年八月十六日，准兵部咨：该本部等衙门题，内开南京守备参赞官连奏十分紧急军情，相应急为议处，合无请命将官一员，挂平贼将军印，充总兵官，关领符验旗牌，挑选各营精锐官军三千余名，各给赏赐银两布匹，交兑正驮马匹，关给军火器械，上紧前去南京，相机战守。再有的报，就便会合各路人马征进，再请敕都御史王守仁选调堪用官军民快，亲自督领，于江西东南要路住扎把截，相机行事。仍委浙江布政司左参政闵楷选募处州民兵，统领定拟驻扎地方，听调策应剿捕。再请敕一道，赍付都御史王守仁，不妨提督军务原任，兼巡抚江西地方。前项所报军情，如果南京守备差人体勘，再有的报，听前项领军官出给榜文告示，遍发江西地方张挂，传说晓谕，但有能聚集义兵、擒杀反逆贼犯者，量其功绩大小，封拜侯伯，及升授都指挥、千百户等官世袭，贼伙内有能自相擒斩首官者，与免本罪。具奏定夺等因具题。节该奉圣旨："这江西宁王谋为不法，事情重大，你部里既会官议处停当，朕当亲率六师，奉天征讨，不必命将。王守仁暂且准行，钦此。"钦遵。备咨到臣。

译文

正德十四年八月十六日，收到兵部的咨文：本部等衙门题本上奏，南京守备参赞官连续上奏紧急军情，本部紧急商讨处置办法，何不任命一名将官，授予其平贼将军印，兼任总兵官，发给兵符，验照、令旗、令牌等，挑选各营精锐军士三千余人，各自赏赐银两布匹，交付军用马匹，供给武器器械，紧急前往南京，观察时机决作战或防守。如再有紧急军情上报，就联合各路人马一同前去征剿，再请敕令都御史王守仁选调可用的官军、衙役，亲自率领军队，在江西东南要路驻扎把守，观察时机行事。再委任浙江布政司左参政闵楷招选处州民兵，自己作为统领，拟定驻扎的地方，听从调动，配合围剿捉拿。再请求一道圣旨，送交都御史王守仁，除了原本担任的提督军务以外，再兼职巡抚江西地区。上述呈报的军情，如果南京守备派人询问处理结果以及再有续报，由上述领兵官员拟写榜文通告，到江西各地张贴，广为散播，让民众全部知晓，只要有能够聚集义兵，捉拿斩杀叛贼的人，根据功劳大小，可受封为侯伯，也可授予都指挥、千户、百户等官并赏世袭，贼犯内如果有能够捉拿、斩杀同伙，前往官府自首的，可以免除罪行。题本上奏，请求朝廷定夺。收到圣旨："江西宁王密谋造反，事关重大，你部里既然已经联合官员商议妥当，朕应当亲自率领六军，根据上天的指示前往征讨，不必再任命将领。王守仁暂且允许行动，旨意在此。"遵旨行事。咨文转发到臣。

案查先为飞报地方谋反重情事，属者宁王宸濠杀害守臣，举兵谋逆，臣于六月十九日具本奏闻之后，调集军兵，择委官属，激励士气，振扬武勇。七月二十日，先攻省城，墟其巢穴。本月二十四等日，兵至鄱阳湖，与贼连日大战。至二十六日，宸濠遂已就擒。谋党李士实等，贼首凌十一等，俱已擒获。贼从俱已扫荡，闽、广赴调兵士俱已散还，地方惊扰之民俱已抚帖。臣一念忠愤，誓不与贼共生，而迂疏薄劣之才，实亦何能办此？是皆祖宗在天之灵，我皇上圣武之懋昭，本兵谋略之素定，官属协力，士卒用命所致。臣已节次具本奏报外。窃惟宸濠擅作辟威，虐焰已张于远；睥睨神器，阴谋久蓄于中。招纳叛亡，辇毂之动静，探无遗迹；广致奸细，臣下之奏白，百无一通。发谋之始，逆料大驾必将亲征，先于沿途伏有奸党，期为博浪、荆轲之谋。今逆不旋踵，遂已成擒，法宜解赴阙门，式昭天讨。然欲付之部下各官押解，诚恐旧所潜布之徒尚有存者，乘隙窃发，或致意外之虞，臣死且有遗憾。况平贼献俘，固国家之常典，亦臣子之职分。臣谨于九月十一日亲自量带官军，将宸濠并逆贼情重人犯督解赴阙外。缘系献俘馘，以昭圣武事理，为此具本，专差舍人金昇亲赍，谨具题知。

译文

据调查，先前有飞报地方谋反重大事情的奏报，宗亲宁王宸濠杀害守城大臣，发兵叛乱，微臣在六月十九日题本上奏之后，召集军兵，选派负责官员，鼓励军队士气，提振、发扬军威。七月二十日，首先攻下省城，捣毁叛军老巢。本月二十四日等，我军到达鄱阳湖与叛军连续多日展开激战。至二十六日，宁王宸濠就已经被活捉。谋士李士实等人，贼寇首领凌十一等人，都已经抓获。叛军随从已全部清剿，从福建、广东调来的援兵都已遣回原地，地方受到惊扰的居民都已经安抚妥当。微臣一腔忠诚愤怒之情，发誓不与叛贼共存，然而微臣迂腐疏浅，才能愚劣，实在又有什么能力解决这件事呢？都是因为列祖列宗在天之灵的保佑，当今陛下圣明威武的昭示，朝廷提前制定的用兵谋略，各位官员同心协力，兵士拼死作战，由此才取得了胜利。微臣已经将此依次上奏。臣私下认为宸濠肆意妄为，作威作福，残暴的气焰已经传播甚远；觊觎皇位，造反的阴谋在暗地里已经策划了很久。招纳意图谋逆的流亡之徒，对京城里朝廷的一切举动都探查无遗；在各地广泛培植刺探情报的间谍，使得微臣上奏给陛下的战报，没有一封可以顺利送达陛下手中。一开始发动叛乱时，预料到陛下的车架必定会亲自征讨，因此预先在陛下可能经过的路上埋伏了党羽，企图效法博浪、荆轲来刺杀陛下。现今叛乱没有兴起多久，宁王就已经被擒，按照律法应当押解至皇宫，以昭示上天的征讨。然而想要将其交给部下各官押送，却实在担忧宁王过去暗中安排的党羽还有残存，如果他们趁着空隙偷偷劫人，可能会导致意外发生，这样微臣死了也会留有遗憾。更何况平定贼寇，进献俘虏本来就是国家的制度，也是臣子的职责本分。微臣准备在九月十一日亲自带领部分官军，将宸濠及其他情节严重的逆贼押解赴京。此外，因为是进献俘虏，以此昭明圣武的事，特此题本，专门差遣舍人金昇亲自送达，望陛下知悉。

奏留朝觐官疏

十四年八月十七日

正德十四年八月十六日，臣驻军江西省城，据各领哨知府吉安府伍文定，赣州府邢珣，袁州府徐琏，临江府戴德孺，抚州府陈槐，饶州府林城，广信府周朝佐，建昌府曾玙，连名呈称，正德十五年正月初一例应朝觐。近因宁王谋反，蒙臣督委各职并各县掌印正官领兵征讨，今虽扫平，尚留在省防御，及安辑地方，未得回任。其各县掌印官，虽未曾领兵，缘各在任防御城池，措办粮饷。况布、按二司及南昌府知府郑瓛、瑞州府宋以方，俱自本年六月内先被拘执，未经复职管事。南康、九江二府亦被残破，近方收复。前项文册，多未成造，缘查旧规，行期在即，恐致迟误，合行呈乞奏知，及通行各府、州、县，将册造完，行委佐贰守领官员赍缴应朝，及布、按二司，亦乞裁处施行等因到臣。据此为照三年述职系朝廷大典，例该掌印正官赴京应朝。但今叛乱虽平，地方未辑，征调尚存，疮痍之民须抚；旱荒犹炽，意外之患当防。况各官在省，方图防守之规，未有还任之日。若不查例奏留，未免顾此失彼，后悔无及。合准所呈，欲候奏请命下之日，行令各府、州、县佐贰首领赍册应朝，复恐迟误。除一面通行各府、州、县，造册完备，行委佐贰首领官依期启行，其布、按二司，候有新任官员及南昌府行见在通判陈旦，各造册赴朝，其九江、南康府县并南康、新建二县，委系官俱戴罪，听候吏部径自裁处外，缘系朝觐事理，未敢擅便，为此具本请旨。

译文

正德十四年八月十六日，微臣在江西省城驻军，根据各领兵知府吉安府伍文定、赣州府邢珣、袁州府徐琏、临江府戴德孺、抚州府陈槐、饶州府林城、广信府周朝佐、建昌府曾玙联合呈报称，正德十五年正月初一那天，按照惯例应该进行朝觐。近来因为宁王谋乱造反，微臣监督委派各官及各县掌印正官带领军队进行征讨，现在虽然已经扫平，但各位官员仍然留在省城加强防御及安抚地方百姓，没有回到原任。各县掌印官员虽然没有带领兵士作战，但是各自在岗位上负责防御城池，筹备粮饷。何况布政司、按察司二司以及南昌府知府郑瓛、瑞州府宋以方都在本年六月被关押，还没有复职理事。南康、九江二府也遭到战乱破坏，部分地区遭到占领，不久前才收复。上述各项记录文册，大多还未制造完成，因为根据以往的规定，进京觐见的日期将近，继续造册登记恐怕会耽误行程，应该一一呈报上奏，另外通知各府、州、县将名册造完，委派正副领兵官员上缴朝廷，另外布、按二司，也请求裁定处置。以上消息转发到臣。根据旧例，任满三年述职本是朝廷的重要规制，照例应该由掌印正官赴京参加朝会。只是现今叛乱虽已平息，但地方还没有恢复，征调兵员、粮饷等还没结束，遭受重创的百姓亟需安抚救济；旱灾仍然肆虐，意外的祸患还需要提前防备。况且在省城的各官正在筹划防守方案，回任日期还不能确定。如不找到相应旧例奏请他们暂时留守，不免会顾此失彼，后悔莫及。请求陛下批准奏疏，如果等到奏请的命令下达时，再命令各府、州、县正副首领官员带着文册上朝觐见，又恐怕会误事。一面通知各府、州、县加紧造册完成，委派正副首领官员按期出发，至于布、按二司，等候新任官员及南昌府在任的通判陈旦各自造册来朝，再进行商议，九江、南康府县及南康、新建二县，原任职官员都戴罪听候吏部直接处置，此外，因为是涉及朝觐的大事，不敢擅自做主，特此题本上奏，请求陛下的旨意。

奏闻淮王助军饷疏

十四年八月十七日

近该淮府长史司呈："该本司启案查宁藩有变，已经启行外，今照见奉提督都御史王案验内称：'本院已于七月初九日领兵前往丰城县市汊等处住扎，克日进攻省城，牌差百户任全善前来饶州府守取掌印官亲自统兵，毋分雨夜，兼程前进，期本月十五、十六日俱赴军门，面授约束，并势追剿。'

及照知府林瑊报称即日领兵起程，前赴军门听调进攻等因。看得宁王敢为逆谋，肆奸天纪。提督都御史王首倡忠义，作率智勇，身任国家之急，事关宗社之虞。殿下藩翰之亲，忧心既切，馈饷之助，于理为宜。具本启奉令旨长史司将发下银伍百两，差官胡祥等速赍前去，少资提督军门之用。”敬此，敬遵。除将银两差官管送前来外，合行备由呈乞施行等因到臣。照得先该益府出帑饷军，助义效忠，已经具题外，今淮王殿下亦能不靳私帑，以助军饷，良由身同休戚之情，心切门庭之寇所致。伏望皇上特敕奖励，以彰淮王殿下助正之心，以为宗藩为善之劝，天下臣民不胜幸甚。

译文

近来淮王府长史司呈报：“该司启报，探查到宁王发动叛乱，已经向上呈报，如今按照现任提督都御史王公文称：‘本院已经在七月初九日，带领军队前往丰城县市汊等地驻扎，约定好日期攻打省城，通过文书命令百户任全善前来饶州府看守、保护掌印官，亲自率领军队，无论夜晚还是雨天，都要继续前进，约定在本月十五、十六日全都赶到提督处所，当面传授军事计划，集合兵力追击贼犯。’又根据知府林瑊的申报称，即日将带领兵士启程，前往提督处所听候调遣。宁王胆敢谋反，觊觎皇位，已经触犯了天纲。提督都御史王守仁弘扬忠义之心，是智勇双全的表率，肩负起国家的急难，保护了天下的安全。淮王殿下身为皇室宗亲，深切忧心国家安危，区区军饷的资助，理所应当。题本上报后奉命由长史司发给银钱五百两，派遣官员胡祥等人尽快前往送达，稍微资助提督大人的开支。”敬遵成命。除了将银两派遣官员押送前来外，还写文说明缘由以便施行，文书送达到臣的手中。先前益王府支出私银赞助军饷，匡扶大义，为国尽忠，已经上奏给陛下，现今淮王殿下也能不吝惜私藏，慷慨出资补贴粮饷，实在是因为怀王与陛下休戚相关，感同身受，深切痛恨威胁江山社稷的贼寇。恳望陛下特别降下旨意予以嘉奖，以此表彰淮王殿下匡助正义的忠心，作为宗室、藩属为善的榜样，这样将是天下臣民的大幸。

恤重刑以实军伍疏

十四年八月二十五日

据江西按察司呈："据本司经历司呈，蒙巡按两广监察御史谢源、伍希儒各纸牌前事，俱奉本院送发犯人裘良辅等二百六十六名，转送本司问报等因。依蒙问得犯人裘良辅招系南昌府新建县三十二都民，纳粟监生，给假在家。正德九等年月日不等，与同在官南昌前左二卫舍余杨滋、杨富，军余董俞、周大贵，及指挥何镗等家人何祥、曹成等，各不合出入王府，生事害人，向未事发。正德十四年六月十四日，宁王谋反，良辅与杨滋等各因畏惧宁王威恶，各不合知情，从逆做兵，领受盘费银二两，米一石，跟同前去安庆等处攻打城池，各将银米费用讫。于七月十二等日行至湖口等县，思系叛逆，惧怕官兵，就行四散逃回。各被南昌等府县统兵知府等官并地方人等陆续拿获，解赴提督王都御史处。蒙将良辅等一百八十四名转送谢御史，将夏景、周大贵、熊受等八十二名转送伍御史，俱发按察司审问。蒙将良辅等研审前情明白。取问罪犯杨滋等二百六十五名，各招与裘良辅、杨滋、杨富、王伟、夏景、黄俞、周大贵、何祥、曹成、丁进受、杨庆童、杨贵、万徐七、万羊七、徐四保、孙住保、周江、胡胜福、朱泼养、宋贵、王明、熊明、秦兰、王仲鉴、张雄、朱其、添喜、萧崇真、朱祥、彭隆保、徐仕贵、郭宣、舒銮、万岳、萧述、罗俊、江潮汉、魏凤、万三、罗秀、熊福、萧曰贵、萧胜、雷天富、萧文、尹天受、胡进保、李銮、郑凤、黄信、刘胜、殷醮仔、甘奇、余福童、郭进福、沈仕英、李洪珊、许凤、李景良、江銮、江仁、李钦、邓伦、胡福受、谭黑仔、赵正七、朱环二、邹秋狗、陈良二、聂景祥、魏仲华、王福、李寿、余珏、王贯、刘松、牛才、陈珂、陈兴、陈钊、刘添凤、余似虎、甘朴、谢天凤、郑贵、沈昌容，万清、向楚秀、郭銮、丁胜福、万全、龚受、熊六保、陈谏、何晚仔、王杰一、王琪、胡宣、杨正、曾受、王凤、王明、雷清、皮志渊、邹奎高、冯轩四、毛守松、熊天祥、李伯锦、杨子秀、陈天一、廖进禄、魏绍、魏天孙、吴富、陈昭弟、李伯奇、姜福、廖奇四、夏蒐奇、陈善五、罗胜七、郭谨、罗玺、朱长子、陈瑞、竹汉、王宽、江天友、陈良善、召一、陈子政、卢萧胜、马龙、陈大沦、陈子伦、李钱、陈九信、徐义、徐钊、刘仪、熊孟华、王尚文、王天爵、傅十二、徐受、万奇、赵仕奇、郑朴、冯轩二、冯进禄、周孟贞、周江、刘朋、唐朝贤、欧阳南、马兴、周兴、王毛子、秦进兴、罗兴、李保一、万元、林三十八、马爵、张进孙、高四、谭受、吴俊、万镗、熊守贵、钱龙、胡通、金万春、曹太、喻钦、刘后济、胡二、王世通、魏友子、杨章、熊录、熊克名、童保子、余景、陈四保、许虎保、熊受、萧文荣、杨廷贵、罗富、丁关保、江仕言、刘贵、丁朋、欧阳正、王引弟、熊富、唐天禄、王贵、周受、邱松、胡秀、李福、洪江、曾兴、丘桂、刘镇、邓山、萧清、夏胜四、夏由、孙甘继、张锦、谢鲁仙、熊华、谢凤、夏龙、娄奇、陆仲英、余胜虎、李进、胡胜、阮天祥、张全、彭天祥、洪经仔、徐受、乐福、张奇、冯进隆、冯诏、马喜子、杨烨揭、文兴、万孔湖、易忠、黄延、曹天右、徐大贵、萧曰高、萧曰广、李銮、吴显二、李贵、陈英、陈昇、李胜祖、萧天佐、陆九成、郭钦、杨顺、丁祖、李万杜、杨銮、袁富、杨黄子、吴文、张銮、方灿、万天銮、胡进童、黄胜德、涂祖、唐历所犯除不应轻罪外，合依谋反知情故纵者律，斩决不待时。但宁王平昔威恶惨毒，上下人心罔不震慑，各犯从逆，虽是可恶，原情终非得已。及照南昌前卫军余多系胁从被杀，见今军伍缺人，合无将各犯免其前罪，俱编发本卫永远充军，庶使情法交申，卫所填实。”呈详到臣。

译文

根据江西按察司呈报：“根据本司经历司呈报，巡按两广监察御史谢源、伍希儒各自传递的文书令牌，本院奉命将犯人裘良辅等二百六十六人转送到本司进行审问。经过审讯，犯人裘良辅招认自己是南昌府新建县三十二都的居民，身份是纳粟监生，目前在家休假。正德九年等，和同在南昌做官的前左二卫舍余汤滋、杨富，军余董俞、周大贵，及指挥何镗的家人何祥、曹成等人相互勾结，各自不时出入王府，犯事作乱，谋害百姓，一向没有得到惩处。正德十四年六月十四日，宁王谋反叛乱，良辅与杨滋等都因为害怕宁王的淫威，都在知情的情况下，跟从他们逆反，加入叛军，领到了盘费二两银子，一石米，随同前往安庆等地攻打城池，各自将银子和米都消耗一空。在七月十二日前后，来到了到湖口等县，考虑到已经成了叛贼，害怕官兵捉拿，就四散逃回原处。陆陆续续被南昌等府县的统兵知府等官及地方官员一一捉获，押送至提督王都御史处。又将良辅等一百八十四人转送谢御史，将夏景、周大贵、熊受等八十二人转送伍御史，全部都送至按察司审问。将良辅等人参与叛军造反的前后经过都审问清楚。调取审问罪犯杨滋等二百六十五人，都供认与裘良辅、杨滋、杨富、王伟、夏景、黄俞、周大贵、何祥、曹成、丁进受、杨庆童、杨贵、万徐七、万羊七、徐四保、孙住保、周江、胡胜福、朱泼养、宋贵、王明、熊明、秦兰、王仲鉴、张雄、朱其、添喜、萧崇真、朱祥、彭隆保、徐仕贵、郭宣、舒銮、万岳、萧述、罗俊、江潮汉、魏凤、万三、罗秀、熊福、萧曰贵、萧胜、雷天富、萧文、尹天受、胡进保、李銮、郑凤、黄信、刘胜、殷醮仔、甘奇、余福童、郭进福、沈仕英、李洪珊、许凤、李景良、江銮、江仁、李钦、邓伦、胡福受、谭黑仔、赵正七、朱环二、邹秋狗、陈良二、聂景祥、魏仲华、王福、李寿、余珏、王贯、刘松、牛才、陈珂、陈兴、陈钊、刘添凤、余似虎、甘朴、谢天凤、郑贵、沈昌容、万清、向楚秀、郭銮、丁胜福、万全、龚受、熊六保、陈谏、何晚仔、王杰一、王琪、胡宣、杨正、曾受、王凤、王明、雷清、皮志渊、邹奎高、冯轩四、毛守松、熊天祥、李伯锦、杨子秀、陈天一、廖进禄、魏绍、魏天孙、吴富、陈昭弟、李伯奇、姜福、廖奇四、夏萬奇、陈善五、罗胜七、郭谨、罗玺、朱长子、陈瑞、竹汉、王宽、江天友、陈良善、召一、陈子政、卢萧胜、马龙、陈大沦、陈子伦、李钱、陈九信、徐义、徐钊、刘仪、熊孟华、王尚文、王天爵、傅十二、徐受、万奇、赵士奇、郑朴、冯轩二、冯进禄、周孟贞、周江、刘朋、唐朝贤、欧阳南、马兴、周兴、王毛子、秦进兴、罗兴、李保一、万元、林三十八、马爵、张进孙、高四、谭受、吴俊、万镗、熊守贵、钱龙、胡通、金万春、曹太、喻钦、刘后济、胡二、王世通、魏友子、杨章、熊录、熊克名、童保子、余景、陈四保、许虎保、熊受、萧文荣、杨廷贵、罗富、丁关保、江仕言、刘贵、丁朋、欧阳正、王引弟、熊富、唐天禄、王贵、周受、邱松、胡秀、李福、洪江、曹兴、邱桂、刘镇、邓山、萧清、夏胜四、夏由、孙甘继、张锦、谢鲁仙、熊华、谢凤、夏龙、娄奇、陆仲英、余胜虎、李进、胡胜、阮天祥、张全、彭天祥、洪经仔、徐受、乐福、张奇、冯进隆、冯诏、马喜子、杨烨揭、文兴、万孔湖、易忠、黄延、曹天右、徐大贵、萧曰高、萧曰广、李銮、吴显二、李贵、陈英、陈昇、李胜祖、萧天佐、陆九成、郭钦、杨顺、丁祖、李万杜、杨銮、袁富、杨黄子、吴文、张銮、方灿、万天銮、胡进童、黄胜德、涂祖、唐历等人犯下谋逆罪行，不应该按照轻罪论处，应该依照谋反知情故纵的罪名，立即斩首处决。只是宁王平日作威作福、残酷恶毒，从上到下的官员百姓没有不被其威吓的，以上各犯跟随逆贼，固然罪大恶极，但是按照情理推论，终究也是身不由己。另外南昌前卫军余在这次叛乱中多半因为被迫跟从叛军而被斩杀，现在我军的队伍缺人，何不免除上述犯人所犯下的罪行，将他们全部编发配到南昌前卫，永远充军，这样情理和法度两者都得到了伸张，卫所也能补充进足够的人丁。”书面呈报给微臣。

参看得裘良辅等俱曾从逆，应该处斩。但该司参称宁王平昔威恶惨毒，上下人心罔不震慑，据法在所难容，原情亦非得已。宥之则失于轻，处斩似伤于重，合无俯顺舆情，乞敕该部查照酌量，或将各犯免其死罪，令其永远充军。不惟情法得以两尽，抑且军伍不致缺人。缘系恤重刑以实军伍事理，为此具本请旨。

译文

看到裘良辅等人都曾经参与叛乱活动，按照律法应该斩首。然而江西按察司呈报称宁王平日作威作福，残酷恶毒，上下官员百姓全都受其威吓，根据律法来看不能原谅，按照情理推断却也有身不由己的地方。原谅了他们，就是处罚太轻，将他们斩首，又似乎过于严苛，二者都不太妥当，不如听从官员们的意见，请求敕令该部审查清楚，根据情况，也许能免除各个犯人的死罪，发配他们永远充军。这样不仅情理和法度两个方面都能兼顾，而且军队中也不会缺人。因为是减轻重刑来充实军伍之事，特此上奏，请求陛下的旨意。

处置官员署印疏

十四年八月二十五日

照得先因宁王图危宗社，兴兵作乱，劫夺江西都、布、按三司并南昌府县大小衙门印信。臣随调集各府官军民快，于本年七月二十日攻复省城，当于府内搜获前项印信，共计一百六颗，到臣收候，已经捷报外，今照宁王已擒，余党诛戮，地方幸已稍宁，所有三司府县衙门，俱系钱粮刑名军马城池等项重务，关涉匪轻。况今兵乱之后，人民困苦，不可一日缺官干办抚辑。但三司等官俱系被胁有罪人数，若待别除官员到日，非惟人心惶惑，抑且事无统纪。臣遵照钦奉敕谕便宜事理，将三司印信，布政司暂令布政使胡濂，按察司暂令按察使杨璋，各戴罪护管，随该新任参议周文光，按察使伍文定先后到任，各已替管外，其都司暂令都指挥马骥，提学道关防令副使唐锦，南昌道印信令佥事王畴，南昌府印信令知府郑瓛，南、新二县印信令知县陈大道、郑公奇，各戴罪暂且管理外，及照南昌前、左二卫并各抚所衙门印信，俱各无官管理。除用木匣收盛，封发按察司，仍候事宁有官之日，该司径发掌管外，缘系处置官员署印以安地方事理，为此具本题知。

译文

先前因为宁王企图威胁国家安全，起兵发动叛乱，劫掠夺走江西都司、布政司、按察司三司及南昌府县大小衙门的印信。微臣随后调集各府官军、衙役等，在本年七月二十日攻克收复省城，当即在府内搜出以上被夺走的印信，共计一百零六颗，由微臣暂时保管，等待处置，此事已经连同捷报一并上奏，现今宁王已经被捉，残余的党羽已全部诛杀，地方幸而已经渐渐安定下来，所有的三司衙门，都涉及钱粮、刑名、军马、城池等项重要事务，关系重大。何况现今战乱之后，人民生活困苦，一日都不能没有官员处理后续事项，安抚百姓。然而三司等官员都是被胁迫参与叛乱的有罪之人，如果等待从其他地方调派官员过来，不仅人心不稳，而且事情也没有统一的安排，难以进行。微臣遵照先前下达的允许臣灵活处理事务的敕谕，暂且命令布政使胡濂戴罪看守三司印信，监管布政司职务，按察使杨璋戴罪监管按察司职务，随后新任参议周文光、按察使伍文定先后到任，各自已经接管相应职务，此外，都司暂且令都指挥马骥戴罪监管、提学道关防暂且令副使唐锦戴罪监管，南昌道印信暂且令佥事王畴戴罪监管，南昌府印信暂且令知府郑瓛戴罪监管，南、新两县印信暂且令知县陈大道、郑公奇戴罪监管，另外南昌前、左二卫和各抚所衙门的印信，都没有相应官员管理。现用木匣盛放，封存好送至按察司，等到事情平定，有官员上任的时候，由该司径直发放给他们掌管，因为是处置官员印信，安定地方官府之事，特此题本上奏。

二乞便道省葬疏

十四年八月二十五日

照得先准吏部咨："该臣奏称：'以父老祖丧，屡疏乞休，未蒙怜准。近者奉命扶疾赴闽，意图了事，即从彼地冒罪逃归。旬日之前，亦已具奏。不意行至中途，遭值宁府反叛，系国家大变，臣子之义，不容舍之而去。又阖省抚巡方面等官，无一人见在者，天下事机，间不容发，故复忍死，暂留于此，而为牵制攻讨之图；俟命帅之至，即从初心，死无所避。臣思祖母自幼鞠育之恩，不及一面为诀，每一号恸，割裂昏殒，日加尪瘠，仅存残喘。母丧权厝祖墓之侧，今葬祖母，亦欲因此改葬。臣父衰老日甚，近因祖丧，哭泣过节，见亦病卧苫庐。臣今扶病，驱驰兵革，往来于广信、南昌之间。广信去家不数日，欲从其地不时乘间抵家一哭，略为经画葬事，一省父病。臣区区报国血诚上通于天，不辞灭宗之祸，不避形迹之嫌，冒非其任，以勤国难，亦望朝廷鉴臣此心，不以法例绳缚。使臣得少伸乌鸟之痛，臣之感恩，死且图报，抢攘哀控，不知所云’等因。具本奏，奉圣旨：‘王守仁奉命巡视福建，行至丰城，一闻宸濠反叛，忠愤激烈，即便倡率所在官司起集义兵，合谋剿杀，气节可嘉，已有旨着督兵讨贼，兼巡抚江西地方。所奏省亲事情，待贼平之日来说。该部知道，钦此。’”备咨到臣，除钦遵外，近照宁王逆党皆已仰赖皇上神武，庙堂神算，悉就擒获。地方亦已平靖，百姓室家相庆，得免征调之苦，复有更生之乐，莫不感激洪恩，沾被德泽。独臣以父病日深，母丧未葬之故，日夜哀苦，忧疾转剧。犬马驱驰之劳，不足齿录，而乌鸟迫切之情，实可矜悯。已蒙前旨，许“待贼平之日来说”，故敢不避斧钺，复伸前请。伏望皇上仁覆曲成，容臣暂归田里，一省父病，经纪葬事，臣不胜哀恳苦切祈望之至！

译文

先前根据吏部的咨文：“该臣上奏称：‘因为父亲年高，祖母去世，多次上疏请求辞休，未能获得怜惜恩准。近来奉命带病前往福建处理小股军人反叛的事情，想要等事情结束后，就冒着罪名从那里回家省葬。此事在十几天前也已经上奏。不料行至途中，恰好遭遇宁府叛乱，这是关乎国家安危的重大变故，臣子的忠义职责不允许微臣袖手旁观，舍弃国家的急难避开。又因为全省抚巡方面的官员，当时没有一人在任，天下的大事，战机到来时容不得一丝一毫拖延，所以微臣又将生死置之度外，暂且留守在这里，企图牵制叛军并寻找机会反攻；等到朝廷派遣的大军到来后，就按原本的打算行事，即使死了也不回避。微臣念及祖母自幼抚育教养的恩情，祖母临终时也没能见上一面作为永别，每当想起，就不禁痛哭流涕，昏厥过去，因为这样微臣的病情日益加重，身体虚弱到了极限，仅能苟延残喘。微臣的母亲去世时，姑且安置于祖墓一侧，现今为祖母下葬，也想要趁此机会为母亲改葬。微臣的父亲日渐衰老，近日因为祖母过世，悲伤哭泣过度，现在也在苫庐卧病。微臣如今带病在广信、南昌之间奔走，领兵作战。广信距离微臣家只有几天路程，想从那里趁着空闲时回家哭丧，稍微帮忙料理丧事，也能探视父亲的病情。臣报效国家的热血和赤诚微不足道，诚挚之情却可以为上天所知，不辞避足以灭族的祸患，不回避行踪引起的嫌疑，冒领本非臣职务的责任，拼死效力，解决国家的急难，也希望朝廷体察微臣的忠心，不用律法条例来约束惩处。使微臣能够稍微一伸乌鸦反哺那样的苦心，微臣感恩不尽，死了也会想方设法报答，呼天抢地，哀痛欲绝，不知道说什么好。’此事题本上奏，收到圣旨：‘王守仁奉命巡视福建，经过丰城时，一听说宁王宸濠叛变，心中非常气愤，当即就高举义旗，率领所在官衙集合义勇之士，起兵反抗，共同谋划剿杀了叛军，忠正爱国的气节值得嘉奖，已经下旨命令其率兵征讨叛贼，并巡抚江西各地。王守仁上奏探视亲属之事，等到平定叛贼之后再说。吏部知道，旨意在此。’”咨文转发给了微臣，遵命行事，此外，得知近来随同宁王谋逆的党羽已经仰仗陛下神武的威势，朝廷正确的筹算，全部都被抓获。地方也已经恢复平静，百姓家家都在一起互相庆贺，能够免去征调的辛苦，又有如获新生的欢乐，全都受到天恩庇佑，深深感激陛下的恩德。唯独微臣因为父亲的病情日益加深，母亲丧而未葬的缘故，日夜哀苦不已，忧虑与病痛反而更加严重。臣为朝廷奔走效力的犬马之劳不足挂齿，乌鸟反哺的迫切之情却实在值得怜悯。已经接到之前的圣旨，许诺微臣“等到叛贼平定的时候再说”，因此微臣敢不回避罪责，再次提出之前的请求。恳请陛下仁厚开恩，准许臣暂且回归乡里，探视父亲的病情，办理祖母的葬事，微臣哀痛悲苦已极，祈望陛下允许！

处置从逆官员疏

十四年八月二十五日

正德十四年七月二十三日，据南昌府知府郑瓛自宁王贼中逃出投到；本月二十六日，又据领兵官临江府知府戴德儒等临阵夺获先被宁王胁去巡按监察御史王金、户部公差主事金山、左布政使梁宸、参政程杲，按察使杨璋，副使贺锐，佥事王畴、潘鹏，都指挥同知马骥、许清，都指挥佥事白昂，守备南赣都指挥佥事郑文，并胁从用事参政王纶，及据先被胁从令赴九江用事佥事师夔，先被胁从贼败脱走镇守太监王宏，各投送到臣。

译文

正德十四年七月二十三日，南昌府知府郑𪩘从宁王的叛军中逃出，投身到微臣这里；本月二十六日，率领军队的官员临江府知府戴德儒等人在阵前俘获先前被宁王掳去、逼迫随从的巡按监察御史王金、户部公差主事金山、左布政使梁宸、参政程杲、按察使杨璋、副使贺锐，佥事王畴、潘鹏，都指挥同知马骥、许清，都指挥佥事白昂，守备南赣指挥佥事郏文，以及被胁迫为宁王办事的参政王纶，还有被胁迫奉命前往九江办事的佥事师夔，先前被胁迫随从宁王，后来叛贼战败伺机逃脱的镇守太监王宏，将他们分别押送到微臣这里。

照得先因宁王宸濠于六月十四日杀害巡按右副都御史孙燧，副使许达，将各官绑缚迫胁。时臣奉命福建勘事，行至丰城闻变。顾惟地方之责，虽职各有专，而乱贼之讨，实义不容避。遂连夜奔还吉安，督同知府伍文定等调集南、赣等府军兵，捐躯进剿。至七月二十日，攻破省城，捣其巢穴。随有被胁在城右布政使胡濂，参政刘斐，参议许效廉，副使唐锦，佥事赖凤，都指挥佥事王纪，各投首到臣。彼时军务方殷，暂将各官省候，督兵擒获宸濠，并逆党李士实、刘吉、凌十一等，臣已先后具本奏报去后。

译文

先前因为宁王宸濠在六月十四日发动叛乱，杀害巡按右副都御史孙燧，副使许达，将各位官员都关押起来，威胁他们随从。臣当时奉命去福建处理小股军人哗变之事，走到丰城时听说宁王叛乱。虽然这是地方的事情，应该由当地官员来负责，但是讨伐乱贼确实也是臣子们义不容辞，不能回避的事情。于是臣连夜赶回吉安，带领知府伍文定等人调集南、赣等府的军队，拼死对叛贼进行剿杀。到七月二十日攻下省城，捣毁宁王的据点。随后，被胁迫留在城中抵抗的右布政使胡濂、参政刘斐、参议许效廉、副使唐锦，佥事赖凤、都指挥佥事王王纪，全都来向微臣投案自首。当时，军务正繁忙，暂时令各官员静候待命，微臣则率领兵士捉获宁王宸濠及叛军逆党李士实、刘吉、凌十一等，臣已经先后题本上奏。

本年八月二十三日，会集知府伍文定等，将各事情逐一研审，得布政梁宸等各执称，本年六月十三日，宁王生日，延待各官酒席，次日进府谢酒，不期宁王谋逆，喝令官校多人将前各官并先存后监。故户部公差主事马思聪，参议黄宏，原任参议今升陕西参政杨学礼等，俱各背绑要杀。当将孙都御史、许副使押出斩首，其余各官俱杻镣发仪卫司等处监禁。王纶留府用事，知府郑瓛先被宁王诬奏见监，按察司瑞州府知府宋以方缘事在省，本日俱拿监仪卫司，差人将各衙门印信搜夺入府。后参议黄宏、主事马思聪各不食，相继在监身故。宁王差人入监疏放各官杻镣，王畴、郑瓛二人不放。本月二十一日，将梁宸、胡濂、刘斐、贺锐各放回本司。本日宁王传檄各处，令人写成布政司咨呈备云檄文，转呈府部，自将搜去印信印使付与梁宸佥押。梁宸不合畏死听从佥押讫。本月二十三日，宁王告庙出师祭旗，加授王纶赞理军务，与刘吉等一同领兵。王纶不合畏死听从。本日又差柴内官等带领人众，将两司库内官银强搬入府，梁宸、贺锐在司署印，不合畏死，不行阻当。本日将杨璋仍拘仪卫司，各官改监湖东道。本月二十六、七等日，宁王差仪宾李琳等将伊收积米谷给散省城军民，以邀人心，著令程杲、潘鹏监放。各不合畏死，到彼看放。二十七日，宁王因先遣承奉屠钦等带领贼兵往攻南京，各贼屯扎鄱阳湖上，久候宁王不出，自行攻破南康、九江，掠取财物，二府人民走散，宁王要得招抚以收人心，押令师夔前去晓谕，不合畏死，往彼安抚。本月二十八日，宁王因要起程往取南京，恐省城变动，欲结人心，又差伪千户朱真送银五百两与布政司梁宸、胡濂、刘斐、程杲、许效廉。各不合畏死，暂收入己。又将银七百两送按察司杨璋、唐锦、贺锐、王畴、师夔、潘鹏、赖凤。亦不合畏死，暂收入己。又押令刘斐、王玘替伊巡守，并押令许效廉、赖凤替伊接管放粮。各不合畏死，守城放米。七月初一日，差人将胡濂、唐锦送还本司，杨学礼放令之任，将梁宸、程杲、杨璋、贺锐、王畴、潘鹏、马骥、许清、白昂、郏文、郑瓛、宋以方胁拘上船，随行分投差拨仪宾等官张嵩等带领舍校看守，又将银二百两差伪千户吴景贤分送梁宸、胡濂、刘斐、许效廉等，及差万锐送三百两分送杨璋、唐锦、贺锐、师夔、潘鹏、赖凤。各又不合畏死，暂收入己。本月初八日，至安庆，见攻城不克，因潘鹏系安庆人，差令逃引礼、白泓押同。潘鹏不合畏死听从，赍捧檄文，到彼招降。本月十五日，宁王因闻提督王都御史兵将至省，回兵归救省城。行至鄱阳湖地方，屡战屡败。至二十六日早，蒙大兵突至，宁王被擒，各官因得脱走前来。知府宋以方不知存亡等因。

译文

本年八月二十三日，微臣联合知府伍文定等人，将各项事情逐一审问研讨，根据布政使梁宸等人各自供认，本年六月十三日是宁王生日，宁王在府内设宴招待各位官员，第二天，各官进府酬谢，不料宁王突然发动叛乱，命令多名官兵将上述前来谢酒的官员捉拿并关押。因此户部公差主事马思聪、参议黄宏，原来担任参议如今升任陕西参政的杨学礼等人，都被绑起来准备杀害。当时就将孙都御史、许副使押出门外斩首，其余各官都分别戴上镣铐被扭送至仪卫司等地监禁。王纶被留在府中办事，知府郑𪩘先前被宁王诬奏押在监狱，按察司瑞州知府宋以方因在省城办公，也在当天被捉拿，监禁在仪卫司，宁王又派人将各衙门印信搜罗夺取，一并收入府中。后来参议黄宏、主事马思聪二人各自绝食，先后在监狱身亡。宁王派人解除了关押在监狱官员的镣铐，只有王畴、郑𪩘二人没有解除。本月二十一日，将梁宸、胡濂、刘斐，贺锐各自放回本司。当日宁王通告各个地方，命令人写出布政司呈报咨文后向各处通报的布告，转发给府部，并且将搜去的印信印使交给梁宸签押盖印。梁宸错误地因为怕死就按照命令签押完毕。本月二十三日，宁王通过祭奠仪式把即将出征的事告诉祖先并祭旗，又授予王纶赞理军务，命他与刘吉等一同带领兵士。王纶也错误地因为怕死而听从了命令。当天，宁王又派遣柴内官等带领众人，将两司府库内的官银强行搬入宁府，梁宸、贺锐在司，签发了官银出库手续，因为怕死而犯错，没有阻挡宁王的举动。当天杨璋仍然被关在仪卫司，其他官员改到湖东道监禁。本月二十六、二十七日等，宁王派遣仪宾李琳等人将府中所存米谷散发给省城军民，以此来收买人心，命令程杲、潘鹏前去监督发放。两人也都因为怕死，听命前往监督。二十七日，宁王因为先前派承奉屠钦等人带领叛军前去攻打南京，军队驻扎在鄱阳湖上，等了很久，宁王也没有动身，于是屠钦等自行攻破了九江、南康，掠夺百姓的财物，二府的居民纷纷逃散，宁王需要安抚收买人心，就强迫师夔前去安抚二府的百姓，劝导他们跟随宁王，师夔因为怕死，听命前往安抚民心。本月二十八日，宁王因为要启程攻取南京，担心省城发生变故，想要拉拢人心，又派遣伪千户朱真给布政司梁宸、胡濂、刘裴、程杲、许效廉送了五百两银子。他们都因为怕死而犯错，姑且收下了贿银。又给按察司杨璋、唐锦、贺锐、王畴、师夔、潘鹏、赖凤送了七百两银子。他们也都因为怕死，把银子暂时收下。宁王又命令刘斐、王玘替他巡守，并命令许效廉、赖凤替他接管城务，发放粮食。几人都因为怕死，听从命令守卫城池，开仓放粮。七月初一日，宁王派人将胡濂、唐锦送还至本司，释放杨学礼，令其回去上任，将梁宸、程杲、杨璋、贺锐、王畴、潘鹏、马骥、许清、白昂、郏文、郑瓛、宋以方等人胁迫上船关押，并分别派遣仪宾张嵩等官带领舍校看守。又支出二百两银子差遣伪千户吴景贤分别送给梁宸、胡濂、刘斐、许效廉等人，另外派遣万锐将三百两银子分别送给杨璋、唐锦、贺锐、师夔、潘鹏、赖凤等人。以上官员都因为怕死，又一次把银子暂时收下。本月初八日，宁王到达安庆，见不能顺利攻下城池，因为潘鹏是安庆人，就派现在在逃的弓礼、白泓二人押着潘鹏前去安庆劝降。潘鹏因为怕死，就听从命令，带着檄文前去劝降。本月十五日，宁王因听说提督王都御史率领军队将要到达江西省内，决定折回援救省城。叛军走到鄱阳湖地区，屡战屡败。到二十六日早，我大军突然来此集结，宁王被捉，各官因此才能逃脱桎梏，前来自首。知府宋以方不知生死。

随据布、按二司呈开布政司梁宸、胡濂、刘斐、程斐、许效廉，按察使杨璋、唐锦、贺锐、王畴、师夔、潘鹏、赖凤，各令家人首送前银各在本司贮库等因。

译文

之后根据布、按二司呈报称，布政司梁宸、胡濂、刘斐、程斐、许效廉，按察使杨璋、唐锦、贺锐、王畴、师夔、潘鹏、赖凤，各自让家人把以前宁王赠予的银两全部送来，存放在本司银库。

尤恐不的，吊取见监擒获逆党刘吉、屠钦、凌十一等，各供称相同。

译文

微臣还是担心上述情节与事实有所出入，又调来了已被捉拿，正在监押的叛军刘吉、屠钦，凌十一等人，对他们进行了审讯，各自的口供与上述情节相符。

为照参政王纶胁受赞理，佥事潘鹏、师夔被胁招降抚民，情罪尤重，王纶、师夔又该直隶、湖广抚按等衙门各具本参奏，知府郑瓛已经别案问结奏请，俱合候命下之日遵奉另行外。参照布政梁宸、参政刘斐、程杲，参议许效廉，副使贺锐、佥事赖凤、都指挥王玘，或行咨抚守，或盘库放粮，势虽由于迫胁，事已涉于顺从。镇守太监王宏，御史王金，主事金山，布政胡濂，按察使杨璋，副使唐锦，佥事王畴，都指挥马骥、许清、白昂、郏文，或被拘于城内，或胁随于舟中，事虽涉于顺从，势实由于迫胁，以上各官甘被囚虏而不能死，忍受贼贿而不敢拒，责以人臣守身之节，皆已不能无亏；就其情罪轻重而言，尚亦不能无等。伏愿皇上大奋乾刚，取其罪犯之显暴者，明正典刑，以为臣子不忠之戒；酌其心迹之堪悯者，量加黜谪，以存罪疑惟轻之仁，庶几奸谀知警，国宪可明。

译文

考虑到参政王纶被胁迫跟随宁王以后，接受了赞理的职务，佥事潘鹏、师夔被胁迫着招降兵士、安抚人民，犯罪情节尤其严重。直隶、湖广抚按等衙门的官员又各自上奏弹劾王纶、师夔，知府郑瓛已经在另外的案件内审问清楚，奏请处置，都等到朝廷的命令下达之后遵照执行。此外，布政梁宸，参政刘裴、程杲，参议许效廉、副使贺锐、佥事赖凤、都指挥王玘，他们或是为逆党签押咨文、护卫城池，或是盘剥府库、放粮抚民，当时虽然是因为受到了宁王的胁迫，但是事实上已经在行动中顺从了逆党。镇守太监王宏，御史王金，主事金山，布政胡濂，按察使杨璋，副使唐锦，佥事王畴，都指挥马骥、许请、白昂、郏文，他们有的被关押在城内，有的被胁迫随从叛军上了贼船，事实上似乎已经顺从，然而实际上是由于受到胁迫所致，以上各位官员甘心被监禁却不能赴死，面对宁王给予的贿赂也不敢拒绝，用臣子清正守身的节操来衡量，都已经不能算是完美无缺；根据他们犯罪情节的轻重来看，尚且也不能一概而论。恳请陛下发扬天道应有的权威，选取罪行显要重大的犯人，对其实施严厉处治，彰明国家的律法，作为臣子不忠的警告；酌情选择较为忠诚，值得怜悯的臣子，给予罢黜贬谪的处分，以此显示罪行不定从轻处罚的仁慈，这样奸邪之辈能得到震慑，国家的法度也可以申明了。

处置府县从逆官员疏

十四年八月二十五日

正德十四年七月二十日，该臣兴举义兵，剿除逆贼，攻开省城。本日进城之后，随据都、布、按三司首领等官邢清等，南昌府等衙门同知等官何维周等，各投首到臣。于时逆贼未获，军务方殷，暂将各官省候。

译文

正德十四年七月二十日，微臣大兴义勇之兵，铲除逆贼，攻下省城。当天进城之后，随即都、布、按三司首领邢清等官员，南昌府等衙门同知何维周等官员，都分别来到臣面前自首。当时战斗还没结束，叛军还未全部逮捕，军中事务繁多，就暂时令自首各官等待后续处置。

本月二十六日，宸濠就缚，逆党尽擒，除已奏报去后，随拘邢清等到官。审得各供称，本年六月十四日宁王谋反，将镇巡三司等官俱各被绑胁，当将孙都御史、许副使杀害。随差人将南昌府同知何维周，通判张元澄，检校曹楫，南昌县知县陈大道，县丞王儒，新建县知县郑公奇，南浦驿驿丞王洪、南浦递运所大使张秀，俱拿杻镣发监仪卫司。随将各官行李并各掌印俱搜检入府。彼有邢清与本司都事翟瓒，检校董俊，理问张裕，案牍陈学，司狱张达广，济库大使胡玉，副使姚麟，织染局大使秦尚夔，副使戴瓛，按察司经历尹鹍，知事张澍、照磨雷燮，都指挥使司断事章璠，吏目周鹤，司狱沈海，南昌前卫署指挥佥事夏继春，经历周孟礼，镇抚忻伟、吕昇，正副千户徐贤、郑春、张斌、傅英、唐荣、杜昂、李瀚、陈伟、姚钺、吴耀，百户徐隆、陈韬、张纲、王春、龚昇、陈诏、冯淮、黄鉴、李钦、梅椤、茆富、陈瓒、王昇、吕辅、赵昂、董钰、姚芳、刘璘、李琇、李祥、陆奇，南昌府儒学训导张桓、瞿云、汪潭，税课司大使杨纯广，济会大使左仪副使王大本、李谱，守支大使卓文正、陈琳，副使邓谔、李彬，南昌县主簿张誉，典史方汝实，儒学训导达宾，新建县县丞刘万钟，主簿熊辟，典史杨儒，儒学训导区宾、金清，俱各闻风逃躲，不曾被拿。后宁王临行，将何维周等释放，又将知事张澍拘拿上船，至今未知存亡。本年七月二十日，蒙大兵征剿，攻入省城，邢清等方得奔走军门投首等因。

译文

本月二十六日，宁王宸濠被捕，逆党全部捉拿，已经上奏呈报，随后拘拿邢清等人到官府。审问他们后，各自供认称，本年六月十四日，宁王谋乱造反，将镇巡三司等官员全部绑架，胁迫他们跟从，当场就杀害了孙都御史和许副使。之后又派人逮捕了南昌府同知何维周、通判张元澄、检校曹楫、南昌县知县陈大道、县丞王儒、新建县知县郑公奇、南浦驿驿丞王洪、南浦递运所大使张秀等官，他们都被迫戴上镣铐，关押到了仪卫司。随后又将各位官员的行李和执掌的印信都收缴入府。当时邢清和本司都事翟瓒、检校董俊、理问张裕、案牍陈学、司狱张达广、济库大使胡玉、副使姚麟、织染局大使秦尚夔、副使戴璥、按察司经历尹鹍、知事张澍、照磨雷燮、都指挥使司断事章璠、吏目周鹤、司狱沈海、南昌前卫署指挥佥事夏继春、经历周孟礼，镇抚忻伟、吕昇，正副千户徐贤、郑春、张斌、傅英、唐荣、杜昂、李翰、陈伟、姚钺、吴耀，百户徐隆、陈韬、张纲、王春、龚昇、陈诏、冯淮、黄鉴、李钦、梅椤、茆富、陈瓒、王昇、吕辅、赵昂、董钰、姚芳、刘璘、李莠、李祥、陆奇，南昌府儒学训导张恒、瞿云、汪潭，税课司大使杨纯广，济会大使左仪副使王大本、李谱，守支大使卓文正、陈琳，副使邓谔、李彬，南昌县主簿张誉，典史方汝实，儒学训导达宾，新建县县丞刘万钟，主簿熊辟，典史杨儒，儒学训导区宾、金清，以上各官听到消息后都各自躲避，没有被宁王抓获。后来宁王将要出发，将何维周等人释放，又将知事张澍捉拿上船，至今生死不明。本年七月二十日，大军前来讨伐，攻克省城，刑清等官才能逃到军中投案自首。

据此，除将各官羁候，其镇巡并三司堂上官南昌府知府另已参奏外，参照邢清等被执不死，全无仗节之忠，闻变即逃，莫知讨贼之义，俱合重罪。但责任既轻，贼势复盛，力难设施，情可矜悯。合无行抚按衙门依律问拟，以为将来之戒，惟复别有定夺。

译文

根据以上情况，除了将各位官员暂时拘留候审外，其他镇巡及三司堂上各官，南昌府知府已经另行参奏，考虑到邢清等官被叛贼捉住而没有自尽，丝毫没有仗义忠君之心，听说叛乱发生后就先行逃跑，没有讨伐逆贼，为国效力的大义，都应当以重罪判处。只是他们职责较轻，权柄不高，当时叛军势力强盛，以他们的力量难以阻挡，从情理上看可以原谅。何不送至抚按衙门处，按照律法审问定罪，作为将来的警告，或者陛下有另外的决策，任凭陛下处置。

收复九江南康参失事官员疏

十四年九月初十日

据委官江西抚州府知府陈槐，饶州府知府林珹，建昌府知府曾玙，广信府知府周朝佐，各呈先因宁王谋反，奉臣案验备行各府起兵擒剿，各遵依先后会集市汊等处。刻期破城之后，又奉臣牌照得九江、南康二府，先被宁王攻破，分留逆党据守城池，西扼湖兵之应援，南遏我师之追蹑。仰赖宗社威灵，幸已克复省城。除遣知府伍文定、邢珣、徐琏、戴德孺分布哨道，邀击宁贼，务在得获所据，逆党占据府县，应合分兵剿复。牌仰知府陈槐、林珹前去九江，曾玙、周朝佐前去南康，相机行事，务要攻复城池，以扼贼人之咽喉，平靖反侧，以剪逆党之羽翼。居民人等不幸被胁，或因而逃窜者，就行出给告示，分投抚谕，使各回生理。务将人民加意赈恤，激以忠义，抚以宽仁，权举有司之职，以理庶事；查处仓库之积，以足军资。一面分兵邀诱宁贼，毋令东下。仍备查各官弃城逃走，致贼焚掠屠戮之故，具由回报，以凭参拿究治等因。

译文

根据江西抚州府知府陈槐、饶州府知府林瑊、建昌府知府曾玙、广信府知府周朝佐各自呈报，先前因为宁王谋反，收到微臣命令各府出兵围剿的通知，各自遵照命令先后在市汊等地集合。根据约定好的期限攻破省城后，又根据微臣的指示，探查到九江、南康二府，先前被宁王攻破，分别留下逆党固守城池，在西面切断湖兵的支援，在南面阻止我军的追击。幸好仰仗陛下及祖宗的天威，已经成功攻破、收复省城派遣知府伍文定、邢珣、徐琏、戴德孺继续分兵追击叛贼，务必捉拿叛党，收复失地，叛党如果占据府县，应该集结兵力围剿、收复。命令知府陈槐、林瑊前去九江，知府曾玙、周朝佐前往南康，寻找机会发动进攻，务必攻克以上两座城池，以此来把握住叛贼的要害，拨乱反正，剪除逆党的羽翼。如果居民等人不幸被胁迫，或者因为叛军而逃窜的，就发布告示加以抚慰劝导，使他们能够各安生业，回到原本的住所。务必用心赈济、抚恤广大百姓，激发他们的忠义之心，向他们展现朝廷的宽厚仁爱，暂且选派负责的官员处理政务；清点仓库的积存，补足军队物资供应。一面兵分数路拦截引诱叛军，不让他们向东转移。还要调查清楚各地官员弃城逃走，致使叛贼进城焚烧劫掠，杀害百姓的情况，详细回报，作为之后捉拿参奏，追究处置的凭据。

依奉陈槐选带知县傅南乔、陶谔等，林瑊选带知县马津、赵荣显等，曾玙选带检校典节知县余莹、县丞陈全等，周朝佐选带知县谭缙、杜民表等，各兵快一千余名，由水路分哨剿贼。十月二十四等日，宁贼回援省城，舟至鄱阳湖等处，与吉、赣等官兵相遇大战。职等各行领兵，连日在湖策应，与贼对敌。抚州府官兵擒斩贼犯共二百九十余名颗，饶州府擒斩贼犯共五百余名颗，建昌府擒斩贼犯共四百八十余名颗，广信府擒斩贼犯共五百余名颗，陆续各解本院，转送监察御史谢源、伍希儒处核实处决审发讫，各官随各统兵直至九江、南康府地方，照臣牌内行事。

译文

按照命令，陈槐带领知县傅南侨、陶谔等人，林城带领知县马津、赵荣显等人，曾玙带领检校典节知县余莹、县丞陈全等人，周朝佐带领知县谭缙、杜民表等人，各自带领一千多名负责缉捕的衙役，从水路分别围剿叛贼。十月二十四日前后，宁王的叛军回来支援省城，船开到鄱阳湖等地，遭遇了吉安、赣州等地的官军，双方展开激战。卑职等人各自带领军队，接连几日在鄱阳湖周围接应配合，与敌军交战。抚州府官兵总共捉拿斩杀贼犯二百九十余人，饶州府总共捉拿斩杀贼犯五百余人。建昌府总共捉拿斩杀贼犯四百八十余人，广信府总共捉拿斩杀贼犯五百余人，各自陆续押送到本院，本院转送监察御史谢源、伍希儒处核实审问、处置发配完毕，各位官员随后各自带领兵士前往九江、南康府地区，按照臣令牌的指示行动。

知府陈槐、林城呈称，先该九江兵备副使曹雷同该府知府汪颖等亦行督发瑞昌等县兵快，与同九江卫掌印指挥刘勋等收召操军前来，声复城池。被贼探知官兵齐集，先行望风逃遁。九江军兵至城守扎，仍又分兵追至湖口等处剿杀贼党。职等入城，抚回逃窜男妇万余名口，复业生理。会案行拘九江府卫里老旗军，查访得副使曹雷，先于六月初二日，带同通判张云鹏前往彭泽县水次兑粮；知府汪颖先因疟痢，兼以母病，不能视事，于十五日暂将印信牒行推官陈深署掌，库藏未经交盘。至十七日丑时，德化县老人罗伦口报宁王谋反，杀害巡抚等官，彼有汪颖会同陈深并刘勋等点集城内官军机兵火夫上城，照依原分南门迤东由盘石门、福星门城上朵子军卫把守，南门迤西由湓浦门至望京门城上朵子有司把守，东门把守官指挥丁睿等三十四员，南门把守官指挥萧纲等二十一员，西门把守官指挥孙璋等二十员，九江门把守官指挥董方等十二员，福星北门把守官指挥李泮等十八员，共一百零五员。该卫军人先因放操回屯数多，一时不能齐集。十八日卯时，逆党涂承奉等领船二百余只，装载兵至福星北门外扎营，就临城下喝叫开门。指挥李泮等不从，各贼愤怒，分兵烧毁西门外军民房屋浔阳驿官厅等处；杀死虏来四人，临门祭旗；随用铳炮火枪火箭等器并力攻打，至辰时，贼遂梯援上城。泮等俱各逃散，被贼将锁钥打脱，拥入。口称省城、南康等府俱已收服，巡抚等官俱各被害，官民不必逃散，只将印信来降。时汪颖、陈深、刘勋等俱在各把门首，因见力不能支，同德化县徐志道并前各门把守指挥、千户、镇抚及府县儒学训导、仓场、局务大小官员，各怀印信，从南门逃避去讫。内九江卫左千户所百户白昇、马贵各遗失本所铜印一颗。随被各贼将大盈库银九千一百七十两零，德化县寄库银二百六十三两零，湖口县寄库银四百五十九两零，钞厂寄库银三千余两，司狱司囚重犯十二名，轻犯二十九名，广盈仓粮米二千四百四十石零，尽行劫取释放。又将军器库盔甲刀枪劫去，共一十一万九千二百二十四件。九江卫被贼劫去军器二千六百三十九件，演武厅军器一万六百三十件，并响器八十余件，镇抚监贼犯蔡日奇等七名，尽行劫取释放。及烧毁大哨船五只，军舍房屋七十六间。驾去大哨船二只，小哨船十一只。德化县被贼将县库银共三百二两零，预备仓稻谷一万七千二百石零，县监轻重囚犯二十名，尽行劫放。及烧毁官民房屋七百五十九间，杀死男妇一十五名。浔阳驿被贼烧毁宫厅一座，耳房二间，及站船铺陈等物。惟指挥刘勋将兵备衙门赏功支剩银三十两六钱，及赃罚银三十二两，并运军行粮折银二十九两六钱，收贮私家，捏开在卫被劫，事涉侵欺。

译文

知府陈槐、林城呈报称，先前九江兵备副使曹雷会同该府知府汪颍等也曾率领瑞昌等县的衙役，和九江卫掌印指挥刘勋等收拢、召集正在操练的官军，前来协同收复城池。叛贼探查到官兵齐集的消息，先行逃走。于是九江官军进城驻扎守卫，并且又分派兵力追击叛军到湖口等地进行剿杀。卑职等入城抚后，安抚、召回逃窜出城的居民一万余人，使他们各自回家从事旧业。召集九江府卫的里老、旗军会同审问，调查到副使曹雷丢失九江的经过，先前在六月初二日，曹雷带领通判张云鹏前往彭泽县江边交付兑粮；知府汪颍之前因为患上痢疾，加之母亲卧病在床，不能办公，在六月十五日姑且将印信牒交给推官陈深掌管，仓库没有进行盘查和交接。到十七日丑时，德化县老人罗伦口头报告说宁王谋反，已经杀死巡抚等官，当时汪颍连同陈深、刘勋等人点名集结城内的官军、机兵、火夫，让他们登上城墙，按照原来分配的南门以东由盘石门至福兴门城上的垛口由卫军进行把守，南门以西由湓浦门到望京门城上的垛口由有司进行把守，东门把守的官员指挥丁睿等三十四人，南门把守的官员指挥萧纲等二十一人，西门把守的官员指挥孙璋等二十人，九江门把守的官员指挥董方等十二人，福星北门把守的官员指挥李泮等十八人，把守城门的总共一百零五人。九江卫的军人先前因为回屯驻地进行操练的人很多，一时间很难集齐。十八日卯时，叛军涂承奉等人率领二百多条船只过来，装载兵士到达福星北门外驻扎，逼近到城墙下叫嚣着要求开门。指挥李泮等人不答应，逆贼一怒之下分派兵力烧毁了西门外军民的房屋以及浔阳驿官厅等地；杀死了四个掳来的百姓，在城门口祭旗；随后用铳炮、火枪、火箭等武器和军械齐力攻打，到了辰时，逆贼就顺着梯子爬上城墙。李泮等人各自四散逃跑，贼匪打掉了拴住门的锁钥，一拥进入城内。声称省城及南康等府都已经被攻占，巡抚等官员已经被杀死，官员及百姓不必逃跑，只要交出印信投降，就能够保证他们的安全。当时汪颍、陈深、刘勋等人都各自负责的城门上把守，因为见到形势严峻，没有办法继续抵抗，就同德化县知县徐志道及上述把守各个城门的指挥、千户、镇抚，还有府县的儒学训导、仓场、局务等大小官员，各自携带印信从南门逃跑出城。其中九江卫左千户所百户白昇、马贵各自遗失了本所掌管的铜印一颗。随后叛贼将大盈库的九千一百七十余两官银，德化县寄库的二百六十三两官银，湖口县寄库的四百五十九两官银，钞厂寄库的三千余两官银以及广盈仓内的二千四百四十余担粮食全部劫去，释放了司狱司所囚重犯十二人、轻犯二十九人。又将军器库的盔甲、刀枪总共十一万九千二百二十四件全部劫去。劫去九江卫兵器二千六百三十九件，演武厅兵器一万零六百三十件、响器八十余件，释放了镇抚监贼犯蔡日奇等七人。还烧毁大哨船五只，军舍房屋七十六间。开走大哨船二只，小哨船十一只。贼犯劫去了德化县库内的三百零二两官银及预备仓的一万七千二百余石稻谷，释放了县内关押的轻重囚犯二十人，还烧毁了七百五十九间官民房屋；杀害十五名男丁、妇女。浔阳驿被贼烧毁官厅一座，耳房两间以及驿站、船只的铺陈等物。指挥官刘勋将兵备衙门赏赐功劳时剩下的三十两零六钱银子及官府收缴赃款、罚款的三十二两银子，还有军粮运输费折现的二十九两六钱银子，全部偷偷藏在家中，又在九江卫被贼犯劫走，此事涉及侵吞公款的罪名。

及查九江府钞厂寄库银两行，行拘库子皮廷贵等，审供侵分料银一千一百零六两四钱，情由在官，将各犯送府监候，拘齐未到人犯追问回报。

译文

又调查了九江府钞厂寄库银一案，收审钞厂员工皮廷贵等人，根据供认，他们私吞并瓜分了一千一百零六两四钱料银，事情原委都记录在案，随后将各个罪犯送到府内关押，等候处置，抓齐其他在逃犯人后再审问清楚上报。

及查得佥事师夔持奉伪檄，前至九江安抚。因见府卫等官不从伪命，驾船去讫。

译文

又调查到佥事师夔携带伪文告前往九江招抚军民。因为见到府、卫等官员不服从伪命，就驾船离开。

续查得该府所属湖口县于六月十七日酉时，被逆党熊内官等押兵到县，因无城池，知县章玄梅等带印暂避县后岭背集兵。次日对敌，杀死逆党魏靖等，被贼杀死民快壮丁共一百二十名，杀死居民二十一名，放出县监重囚三名，轻犯一十一名，烧毁房屋二十间，民房一千八百三十五间。本县官库银两先已窖藏，及兵衙门印信，俱各见在，止被劫去在仓米一百五十九石，在库皮盔铁铳弓弩三百件，铁弹子三十二斤，及衣服靴钞等物，并将远近年分卷册，俱各毁坏。

译文

又调查到该府下属的湖口县，在六月十七日酉时，叛贼熊内官等人领兵到了县城，因为该县没有城池，知县章玄梅等携带印信暂且躲避至县后山岭背面召集军兵。第二天与叛军开战，杀死了叛党魏清等人，被叛贼杀死的衙役、壮丁等共有一百二十人，被杀居民有二十一人，贼犯释放了县内关押的重囚犯三人、轻犯十一人，烧毁房屋二十间，民房一千八百三十五间。本县官库内的银两先前已经藏匿在地窖中，还有衙门的印信，全都没有丢失，只被劫去了一百五十九石库存粮米，三百件库存的皮盔、铁铳、弓弩，三十二斤铁弹子以及衣服、钱钞等物，并且远近几年的档案卷册，也都被损毁。

彭泽县于六月十八日卯时被贼蜂拥上街，延烧房屋吏舍一百余间，并无掳掠男妇。当有知县潘琨督同巡捕官兵守保，印信仓库钱粮文卷俱全。

译文

六月十八日卯时，叛军攻入了彭泽县，蜂拥来到街道上，烧毁了一百多间民房和官舍，没有掳掠百姓。当时知县潘琨率领巡捕等官兵保护县衙，印信、仓库内的钱粮、文件卷册等都没有损失。

德化县于六月十七日被从逆护卫指挥丁纲等统带旗校到屯，点取军丁，致被惊散乡村男妇。该县严督兵快人等保守城池，俱各无虞。

译文

六月十七日，跟随叛党的护卫指挥丁纲等人率领旗校到德化县驻扎，抽取兵丁时，村内的男丁、妇女受惊逃散。该县严格督促衙役官兵等固守城池，人民和财产都没有受到损失。

除重复查勘明白，将湖口、彭泽二县被害人民行令该府，斟酌被害重轻，将见在钱粮加意赈恤。其德化县被害之家，缘无钱可支，已行该府径申本院，请发钱粮赈恤，使被害残民得以存济。职等仍行多方抚谕，激以忠义，戒以勤俭，人皆感服遵听，遂有更生之乐等因。

译文

已经再次调查清楚，命令九江府将湖口、彭泽两县有伤亡的人民，根据伤亡人员情况的轻重分别拨付现存钱粮加以抚恤。德化县因为没有可支付的银钱抚恤受害者的家属，已经命令九江府直接向本院申报，请求拨发银钱和粮食加以赈恤，使被害良民能够继续维持生活。卑职等人多方安抚劝解，激发他们的忠义之心，用勤俭的美德劝诫他们，人人都感佩敬服，听从了劝解，于是又为重获新生而感到高兴。

又据知府曾玙、周朝佐呈称，查勘得南康府六月十六日夜，被贼船一千余只冲入本府。彼有该府通判俞椿、推官王诩，公出未回，知府陈霖，同知张禄，通判蔡让，因见城池新筑未完，民兵寡少，同附郭星子县掌印佐贰并府县儒学、仓场、局务等官，各带印信，潜避庐山，贼遂入城，杀死官舍民快刘大等一十二名，被搬劫府库金一两五钱零，紫阳遗惠仓原贮谷一千七石零，劫放府狱重轻囚犯一百一十一名，烧毁六房卷宗黄册，及掠劫居民房屋家财。知府陈霖等潜住各乡集兵，陆续擒斩贼犯共二百三十余名颗。至二十七日，余贼五百余人奔来河下。知府陈霖同州县各官督兵擒斩贼犯一百余名颗。适遇委官知府曾玙、周朝佐各带官兵自王家渡一路追贼到府，协力剿杀各起余贼，又擒杀贼共三百三十余名颗，各解审讫。

译文

又根据知府曾玙、周朝佐呈报称，经过调查，南康府六月十六日夜晚，有一千多条逆贼的船只冲入府中。当时该府通判俞椿、推官王诩因为公事出差还没有回来，知府陈霖、同知张禄、通判蔡让因为见到新修建的城墙还没有完工，民兵的数量太少，难以抵抗贼匪，就连同附星子县掌印佐贰及府县儒学、仓场、局务等官员各自带着印信偷偷前往庐山暂时躲避，于是叛军顺利入城，杀害官舍内的衙役刘大等一十二人，劫去府库黄金一两五钱，抢去了紫阳遗惠仓积存的粮谷一千零七石，释放了府狱内关押的轻重囚犯一百一十人，烧毁六房卷宗及黄册，抢掠居民的房屋及钱财。知府陈霖等人暗地里前往各乡集合兵力，先后捉拿斩杀叛贼二百三十多人。到了二十七日，剩余的五百多名贼匪来到河下。知府陈霖和州县各位官员率领兵士捉拿斩杀了叛贼一百多人。此时恰逢知府曾玙、周朝佐各自带领官兵从王家渡一路追击叛军到达南康府，与他们一起合力剿杀各处残余的叛贼，又捉拿斩杀叛贼三百三十多人，全都押解审问完毕。

查得星子县知县王渊之被贼追跌致死，署印县丞曹时中当将印信付与吏熊正背负，同主簿杨本禄俱入庐山，曹时中逃躲不知去向，兵快胡碧玉等五名被贼杀死，及劫掳居民男妇徐仲德等五十八名口，焚烧房屋并劫掠居民共五百三十六人家。劫放狱囚弓正道等四十四名，县廊库九十七两零，及赃物钞贯俱被劫去，止有银二百一十三两四钱八分系库子戴汶泗收藏回家，首出还官。陆续擒获贼犯颜济等二十名。

译文

查到星子县知县王渊之在被贼人追赶时不慎跌伤致死，署印县丞曹时中将印信交给县吏熊正保管，和主簿杨本禄一同躲进庐山，曹时中不知逃至何方，官兵胡碧玉等五人被叛贼杀害，居民胡仲德等五十八人被叛贼掳去，叛贼烧毁房屋、劫掠居民共五百三十六人家。释放了弓正道等四十四名罪犯，抢劫了去县廊库九十七两银钱及收缴的赃款钱贯，只有二百一十三两四钱八分银子被银库保管员戴汶泗收藏在家中，叛乱平定后主动归还官库。又先后捉拿颜济等二十名贼匪。

又查得都昌县原无城池，闻贼入境，署印主簿王鼎，典史王仲祥，率兵迎敌，保守仓库，俱不曾被劫。被贼杀死、淹死兵快居民段容等三十一名，焚烧劫掠居民共一千二百一十六家。

译文

经过调查，都昌县原本没有城池，听说叛贼进入境内后，署印主簿王鼎、典史王仲祥率兵迎敌，保护仓库，都没有被叛贼打劫。叛贼杀害、淹死衙役、居民段容等三十一人，烧毁并劫掠一千二百一十六家居民。

又查建昌县原无城池，逆党仪宾李世英等带领贼兵三百余名来县，知县方铎，县丞钱惠，主簿王钺，同儒学教谕唐汶等见势不敌，各带印信潜避集兵。当被李世英将狱禁囚犯熊澄等八十四名尽行劫放，并无劫掠焚烧仓库钱粮官民房屋。随被方铎陆续擒获李世英等一百七十五名口，解报讫。

译文

又查到建昌县原本没有城池，叛党仪宾李世英等带领人马三百多名来到县城，知县方铎、县丞钱惠、主簿王钺和儒学教谕唐汶等看到形势不能敌过贼匪，各自带着印信逃避躲藏，到别地集合兵力。当时李世英将监狱中关押的囚犯熊澄等八十四人全部释放，没有焚烧或劫掠仓库、钱粮及官民房屋。随后方铎带兵先后捉拿了李世英等一百七十五名贼匪，已经押解上报完毕。

又查访勘得安义县新创，城池未完，被逆党旗校火信等领兵到县，将官厅烧毁三间，六房文卷俱被弃毁。知县王轼因见贼势众多，退避集兵。主簿董国宜因男董茂隆投入宁府，惧罪逃走。儒学训导陈仕端等亦随县官避出。其仓库狱禁居民房屋俱不曾被焚劫。王轼同各官前后领兵擒斩贼共一千余名颗，转解讫。

译文

又调查到安义县为新创立的县城，城池修建还没有完工，叛贼旗校火信等人带领兵士到了县城，烧毁了官厅三间，六房文件卷册都被毁坏丢弃。知县王轼因为见到叛贼势力强盛，难以抵抗，于是撤退躲避，集合兵力。主簿董国宜因为儿子董茂隆投靠宁王叛党，畏罪逃走。儒学训导陈仕端等人也跟随县官出城躲避。县内仓库、监狱、居民房屋都没有遭到焚毁和劫掠。王轼同其他官员领兵陆续捉拿斩杀了一千多名贼匪，已经押解转送完毕。

抚回南康府各属县复业逃民一万二千四百余家。遵奉通行各属，暂令管事及赈恤事宜，另行申请等因，各呈到臣会同各官访勘相同。

译文

已经召回并安抚南康府下属各县的一万二千四百余家逃难的百姓，让他们回乡复业。遵照命令，通知各县大小官员，暂时命令他们管理后续军务及赈济抚恤事项，这些事情将另外进行申报，各自呈报到了微臣，与其他官员调查回报的结果相同。

臣等议得九江、南康府卫所县大小官员均有守土之寄，俱犯失事之律。欲将各官通革管事待罪，缘地方残破之余，又系朝觐年分，无官可委更代，姑从权宜，暂行管事。其各府县被害人民，并缺乏军资，已于先取见在钱粮内量数查发，前去赈给外。

译文

微臣等认为九江、南康府卫所县的大小官员都有守护地方的责任，都犯下了失职的罪过。应该将各官一律革职查办，然而因为地方刚刚遭受了创伤，百废待兴，又处于朝觐的年份，没有可以委派前去替换他们的官员，就姑且根据实际情况灵活处置，暂时让他们管理地方事务。至于各府县受害的人民，及军中缺乏的粮饷，已经先从现有的银钱和粮食内酌量支出，下发赈济各处。

参照九江地方当水陆之冲，据湖湘之要，朝廷以其控带南圻，屏蔽江右，实为要地，故既有府卫之守，又特为兵备之设。其城池三面临水，地势四围险固，平时守备若严，临变必难骤破。各该守备官员安于承平，宽纵军士，虽预知贼振，而仓皇无备，及一闻贼至，而望风奔走。指挥刘勋除监守自盗官钱外，与李泮等弃城先遁，致贼残破。知府汪颖，推官陈深，知县徐志道等，因见守战无兵，亦各怀印逃难。百户白昇等一印不保，安望守城？副使曹雷职专兵备，防守不严，虽城破之日，偶幸不与，而失事之责，终为有因。

译文

九江地区是水路和陆路的会合之处，是湖湘的咽喉，历来朝廷都凭借九江来控制南方边境，作为江西的屏障，实属要害之地，因此处既有府卫把守，又特地增设兵备援助。九江城三面临水，四周地势险要稳固，平时如果防守严密，变故突然发生时，敌方必然难以短时间攻破。然而各守备官员安享太平，宽容放纵兵士，虽然预先得到叛军将要攻城的警报，但是仓皇之下没有防备，因此一听说叛军抵达城下，就弃城逃跑。指挥刘勋除监守自盗、贪污官银外，和李泮等官抛下城镇先行逃跑，致使叛军攻破城池，残害百姓。知府汪颖、推官陈深、知县徐志道等官，因为见到没有兵士可以守城作战，也各自携带印信逃跑。百户白昇等人连一枚官印都不能保住，怎能指望守住城池？副使曹雷专职管理军务，平时防守松懈，虽然城池被攻破的时候侥幸没有在场，但是终究无法逃脱失职的罪责。

再照南康地方固称土瘠民稀，然亦负山阻水，虽新创之城尚尔修筑未完，而守土之职惟当效死勿去。该府知府陈霖，同知陈禄，通判蔡让，星子县主簿杨永禄等，畏缩无备，逃难弃城。湖口、建昌二县知县章玄梅、方铎闻贼先遁，致残县治。安义县知县王轼，贼党在境，不知先事之图，后虽有功，无救地方之变。彭泽县知县潘琨，都昌县主簿王鼎等，印信仓库虽获无虞，而都昌被贼杀死兵快，彭泽被贼烧劫居民，失事之责，亦有攸归。星子县县丞曹时中，安义县主簿董国宣，一则脱逃不首，一则从子投贼。至于各该府县首领、儒学、仓场、局势等官，虽无守土之责，俱有弃职之罪。

译文

又考虑到南康地区一直以来土地贫瘠，百姓稀少，然而也是背山面水，虽然新创立的城池还没有修建完成，但是地方官依然有守卫领土的责任，哪怕为国捐躯也不应弃城逃跑。该府知府陈霖、同知陈禄、通判蔡让，星子县主簿杨永禄等官员，面对敌军胆怯退缩，毫无抵抗，抛弃城池逃跑。湖口、建昌二县知县章玄梅、方铎听闻叛贼到来先行奔逃，致使叛贼攻破县城，生民涂炭。安义县知县王轼，叛军在境内肆虐，不知道预先做好防备，后来虽然立下了功劳，但也不能挽救地方遭到的创伤。彭泽县知县潘琨、都昌县主簿王鼎等官，所掌印信、仓库虽然没有被劫掠，但是都昌县有衙役被贼匪杀害，彭泽县有居民被贼匪烧杀抢掠，也都要承担失职的责任。星子县县丞曹时中、安义县主簿董国宣，一个是擅自逃脱至今没有自首，一个是随从自己的儿子投靠叛贼。至于各府县首领、儒学训导、仓场、局务等官员，虽然没有守护疆土的责任，但也都有抛弃岗位职责的罪行。

以上各官，求情固有轻重，揆义俱犯宪条；虽有后获之功，难掩先失之罪。又照近年以来，士气不振，兵律欠严，盖由姑息屡行，激励之方不立，规利避害者获免，委身效职者难容，是以偷靡成习，节义鲜彰。伏望皇上大奋乾刚，肃清纲纪，乞敕法司参详情罪轻重，通将各官究治如律。虽或量功末减，亦必各示惩创，庶有作新之机，足为将来之警。

译文

以上各级官员，按情理来说固然有轻重，依据义法推测却都触犯了律例；虽然后来取得了一些功绩，但也掩盖不了先前失职的罪行。又因为近年来，军中士兵的战斗意志萎靡不振，军队纪律懒散松懈，这都是由于犯错后屡次姑息，也没有激励人们奋发向上的方法，趋利避害的人可以得到赦免，拼死效力的人却被孤立，因此苟且偷生成为了习惯，忠义操守得不到彰显。恳望陛下振作精神，弘扬天道的刚健，清除违反纲纪的人，请敕令法司根据情节和罪行的轻重，一并将各官按照律法处置。虽然可以根据功劳减少罪责，但也必须各自给予惩处，这样才能有革新求治的机会，也足够作为对于将来的警戒。